OBRAS PÚBLICAS
MANUAL DE PLANEJAMENTO, CONTRATAÇÃO E FISCALIZAÇÃO

PAULO SÉRGIO DE MONTEIRO REIS

Prefácio
Benjamin Zymler

OBRAS PÚBLICAS
MANUAL DE PLANEJAMENTO, CONTRATAÇÃO E FISCALIZAÇÃO

3ª edição revista, ampliada e atualizada

Belo Horizonte

2025

2019 2ª edição
2025 3ª edição

É proibida a reprodução total ou parcial desta obra, por qualquer meio eletrônico, inclusive por processos xerográficos, sem autorização expressa do Editor.

Conselho Editorial

Adilson Abreu Dallari
Alécia Paolucci Nogueira Bicalho
Alexandre Coutinho Pagliarini
André Ramos Tavares
Carlos Ayres Britto
Carlos Mário da Silva Velloso
Cármen Lúcia Antunes Rocha
Cesar Augusto Guimarães Pereira
Clovis Beznos
Cristiana Fortini
Dinorá Adelaide Musetti Grotti
Diogo de Figueiredo Moreira Neto (*in memoriam*)
Egon Bockmann Moreira
Emerson Gabardo
Fabrício Motta
Fernando Rossi
Flávio Henrique Unes Pereira

Floriano de Azevedo Marques Neto
Gustavo Justino de Oliveira
Inês Virgínia Prado Soares
Jorge Ulisses Jacoby Fernandes
Juarez Freitas
Luciano Ferraz
Lúcio Delfino
Marcia Carla Pereira Ribeiro
Márcio Cammarosano
Marcos Ehrhardt Jr.
Maria Sylvia Zanella Di Pietro
Ney José de Freitas
Oswaldo Othon de Pontes Saraiva Filho
Paulo Modesto
Romeu Felipe Bacellar Filho
Sérgio Guerra
Walber de Moura Agra

FÓRUM
CONHECIMENTO JURÍDICO

Luís Cláudio Rodrigues Ferreira
Presidente e Editor

Coordenação editorial: Leonardo Eustáquio Siqueira Araújo
Thaynara Faleiro Malta
Revisão: Renata Sangeon
Capa e projeto gráfico: Walter Santos
Diagramação: João Oliveira

Rua Paulo Ribeiro Bastos, 211 – Jardim Atlântico – CEP 31710-430
Belo Horizonte – Minas Gerais – Tel.: (31) 99412.0131
www.editoraforum.com.br – editoraforum@editoraforum.com.br

Técnica. Empenho. Zelo. Esses foram alguns dos cuidados aplicados na edição desta obra. No entanto, podem ocorrer erros de impressão, digitação ou mesmo restar alguma dúvida conceitual. Caso se constate algo assim, solicitamos a gentileza de nos comunicar através do *e-mail* editorial@editoraforum.com.br para que possamos esclarecer, no que couber. A sua contribuição é muito importante para mantermos a excelência editorial. A Editora Fórum agradece a sua contribuição.

Dados Internacionais de Catalogação na Publicação (CIP) de acordo com ISBD

R375o   Reis, Paulo Sérgio de Monteiro
          Obras públicas: manual de planejamento, contratação e fiscalização / Paulo Sérgio de Monteiro Reis. -- 3. ed. rev. ampl. e atual. --. Belo Horizonte: Fórum, 2025.

          315 p. 14,5x21,5cm

          ISBN impresso 978-65-5518-939-1
          ISBN digital 978-65-5518-936-0

          1. Direito administrativo. 2. Obras públicas. 3. Contratos públicos. I. Título

                                                  CDD: 342
                                                  CDU: 342

Ficha catalográfica elaborada por Lissandra Ruas Lima – CRB/6 – 2851

Informação bibliográfica deste livro, conforme a NBR 6023:2018 da Associação Brasileira de Normas Técnicas (ABNT):

REIS, Paulo Sérgio de Monteiro. *Obras públicas*: manual de planejamento, contratação e fiscalização. 3. ed. rev. ampl. e atual. Belo Horizonte: Fórum, 2025. 315 p. ISBN 978-65-5518-939-1.

Dedico esta obra a todos aqueles que exercem a difícil e nobre tarefa de conduzir os interesses públicos da contratação de obras e serviços de engenharia.

Além de todas as dificuldades inerentes ao exercício de atividade pública, sempre cercado por pressões internas e externas, ora decorrentes da pressa causada pela ausência ou precariedade do planejamento, ora decorrentes de interesses contrariados, o servidor é obrigado a agir com extrema prudência e zelo, para evitar futuros embaraços perante os órgãos de controle. Muitas vezes, as decisões estão acima de sua competência, vendo-se, então, na posição de espectador nem sempre privilegiado, mas, igualmente, corresponsável pelas consequências.

Engenharia é uma ciência exata, exigindo formação específica para o seu exercício. Ao mesmo tempo, qualquer atividade na Administração Pública exige conhecimento de disposições legais e interpretações jurídicas. Tudo isso precisa ser conjugado, buscando uma solução harmoniosa, técnica, legal e que atenda aos interesses públicos.

Este livro poderá ajudá-los a encontrar essa solução, compatibilizada com os posicionamentos dos órgãos de controle, fazendo com que a contratação e a execução de obras públicas passem a ser atividades acessíveis, levando em conta a defesa do erário.

Nesta terceira edição, a obra, inteiramente revisada, está totalmente compatível com a NLLC, a Lei nº 14.133, de 1º de abril de 2021, novo estatuto jurídico das contratações da administração pública direta, autárquica e fundacional. Nova Lei, novas regras, novos parâmetros, mais objetividade, mais planejamento, mais cautela na busca dos melhores resultados.

Que os servidores públicos saibam utilizar adequadamente as novas disposições do ordenamento jurídico brasileiro, demonstrando competência para o sucesso dos processos.

AGRADECIMENTOS

À minha mulher, Nilma, companheira de tantas jornadas, meus agradecimentos pelo carinho, pela compreensão e pelo apoio de sempre.

Ao meu filho, Rodrigo, e à minha neta, Amanda, pelo permanente incentivo e pela competência que sempre demonstram em tudo que fazem, incentivando-me a tentar alcançar sempre o melhor de mim.

A meus pais, Georgina e Clementino (*in memoriam*), que me deram a base para chegar até aqui.

A todos que me ajudaram a alcançar esse objetivo de tentar ajudar os servidores públicos a fazer sempre o melhor nas contratações de obras públicas.

Particularmente, aos colegas e amigos Cláudio Sarian Altounian, Jorge Ulisses Jacoby Fernandes, Murilo Jacoby Fernandes e Benjamin Zymler, grandes mestres do direito pátrio, incentivadores permanentes do meu trabalho, que tanto me ajudaram a concluir esta terceira edição.

SUMÁRIO

PREFÁCIO DA TERCEIRA EDIÇÃO
Benjamin Zymler 13

PREFÁCIO DA PRIMEIRA EDIÇÃO
Cláudio Sarian Altounian 15

APRESENTAÇÃO DA TERCEIRA EDIÇÃO 19

APRESENTAÇÃO DA SEGUNDA EDIÇÃO 21

APRESENTAÇÃO DA PRIMEIRA EDIÇÃO 23

CAPÍTULO 1
VISÃO BÁSICA E FUNDAMENTAL SOBRE AS NOVAS
DISPOSIÇÕES LEGAIS 25

CAPÍTULO 2
DIFERENCIAÇÃO ENTRE OBRA E SERVIÇO DE
ENGENHARIA 31

CAPÍTULO 3
PROGRAMA DE NECESSIDADES 47

CAPÍTULO 4
ESTUDOS DE VIABILIDADE TÉCNICA
OU ESTUDOS TÉCNICOS PRELIMINARES 51

CAPÍTULO 5
DEFINIÇÃO DA ALTERNATIVA 61

CAPÍTULO 6
ANTEPROJETO DE ENGENHARIA/ARQUITETURA 63

CAPÍTULO 7
ELABORAÇÃO DO ORÇAMENTO CORRESPONDENTE À
FASE DE ANTEPROJETO 77

CAPÍTULO 8
PROJETO BÁSICO 83

CAPÍTULO 9
LICENCIAMENTO AMBIENTAL 109

CAPÍTULO 10
PROJETO EXECUTIVO 115

CAPÍTULO 11
PROJETO *AS BUILT* 119

CAPÍTULO 12
DEFINIÇÃO DO REGIME DE EXECUÇÃO 121

CAPÍTULO 13
ELABORAÇÃO DO ORÇAMENTO ESTIMADO 153

CAPÍTULO 14
FORMAÇÃO DA PLANILHA DE BDI 165

CAPÍTULO 15
EXIGÊNCIAS DE QUALIFICAÇÃO TÉCNICA PARA
EFEITO DE HABILITAÇÃO 175

CAPÍTULO 16
EXIGÊNCIAS DE QUALIFICAÇÃO ECONÔMICO-
FINANCEIRA PARA EFEITO DE HABILITAÇÃO 187

CAPÍTULO 17
EXIGÊNCIA DE VISTORIA PRÉVIA 189

CAPÍTULO 18
DEFINIÇÃO DOS PRAZOS DE EXECUÇÃO E DE
VIGÊNCIA 193

CAPÍTULO 19
PENALIDADES QUE PODERÃO SER APLICADAS..................197

CAPÍTULO 20
POSSIBILIDADE DE SUBCONTRATAÇÃO NAS OBRAS PÚBLICAS..................203

CAPÍTULO 21
CONDIÇÕES A SEREM OBSERVADAS NO JULGAMENTO DAS PROPOSTAS NAS LICITAÇÕES..................209

CAPÍTULO 22
PROCEDIMENTOS PARA FISCALIZAÇÃO DA EXECUÇÃO DOS CONTRATOS..................221

CAPÍTULO 23
FISCALIZAÇÃO CONTRATUAL..................235

CAPÍTULO 24
ATUAÇÃO DA FISCALIZAÇÃO ADMINISTRATIVA EM FACE DA INSTRUÇÃO NORMATIVA SEGES-MPDG Nº 6/2018..................241

CAPÍTULO 25
ADITIVOS CONTRATUAIS..................253

CAPÍTULO 26
MANUTENÇÃO DO EQUILÍBRIO DA EQUAÇÃO ECONÔMICO-FINANCEIRA..................269

CAPÍTULO 27
PAGAMENTO DE FATURAS..................289
a) Pagamento de faturas em obras contratadas pelos regimes de preço global..................289

b) Pagamento de faturas em obras contratadas pelos regimes de empreitada por preço unitário e tarefa..................290

CAPÍTULO 28
PAGAMENTOS REFERENTES À ADMINISTRAÇÃO
LOCAL..295

CAPÍTULO 29
RECEBIMENTO DO OBJETO...297

CAPÍTULO 30
GARANTIA QUINQUENAL..303

CAPÍTULO 31
OUTRAS INOVAÇÕES IMPORTANTES DA LEI
Nº 14.133/2021..309

REFERÊNCIAS..315

PREFÁCIO DA TERCEIRA EDIÇÃO

Em uma era em que a infraestrutura representa o alicerce do desenvolvimento econômico e social, a elaboração de um guia que oriente os processos de planejamento, contratação e fiscalização de obras públicas torna-se não apenas relevante, mas imprescindível. A terceira edição do livro *"Obras públicas: manual de planejamento, contratação e fiscalização*, de Paulo Reis, surge como uma resposta erudita e detalhada às complexas demandas impostas pela modernização do setor público no Brasil.

Por meio de uma análise meticulosa e profundamente embasada, o autor oferece uma visão panorâmica e crítica sobre as novas disposições legais trazidas pela Lei nº 14.133, de 1º de abril de 2021. Essa legislação, que substitui a antiga Lei nº 8.666/1993, carrega em seu bojo a esperança de uma administração pública mais eficiente, transparente e alinhada com as melhores práticas internacionais.

Paulo Reis, com a maestria de quem tem vasta experiência e profundo conhecimento na área, desvela os intricados aspectos da nova lei, apresentando não somente suas inovações, mas também os desafios e as oportunidades que ela encerra. O leitor é convidado a refletir sobre a necessidade de uma aplicação correta e interpretativa da legislação, destacando que o sucesso das contratações públicas depende menos do texto normativo em si e mais da competência e do compromisso dos agentes envolvidos.

Não há como falar de obras públicas no Brasil sem mencionar o professor Paulo Reis. Sua contribuição ao estudo e à prática do Direito Administrativo é inestimável, sendo reconhecido como referência incontornável para todos que atuam nesse campo. Sua obra transcende o academicismo, oferecendo soluções práticas e inovadoras que moldam o futuro das contratações públicas no país.

Esta obra se distingue por sua abordagem didática e abrangente, que perpassa desde os princípios fundamentais da licitação até as especificidades dos processos de contratação e fiscalização de obras públicas. O autor não se furta a criticar pontos controversos da nova legislação, ao mesmo tempo que sugere caminhos e soluções para a superação de obstáculos práticos, sempre com o objetivo de alcançar resultados que atendam ao interesse público com máxima eficiência e integridade.

A responsabilidade atribuída à alta administração pela governança das contratações, conforme enfatizado na nova lei, é um dos pontos centrais discutidos neste manual. Paulo Reis sublinha a importância de uma gestão estratégica bem informada, que possibilite um ambiente íntegro e confiável para a realização de licitações e a execução de contratos. A nova legislação coloca, assim, a governança no cerne do processo de contratação, promovendo uma cultura de responsabilidade e excelência na administração pública.

Ademais, a obra destaca a necessidade de um contínuo aprimoramento dos agentes públicos e dos profissionais da iniciativa privada que interagem com o setor público. A qualificação, o preparo e a formação são apontados como pilares essenciais para a evolução e o sucesso das contratações públicas, evitando-se a perpetuação de falhas e ineficiências que, historicamente, marcaram o cenário das obras públicas no Brasil.

Portanto, ao leitor desta terceira edição é oferecida uma ferramenta preciosa, um verdadeiro manual que transcende a mera exposição normativa e se propõe a ser um guia prático e reflexivo para todos aqueles que, de alguma forma, se envolvem com o universo das obras públicas. Que este livro inspire e capacite gestores, engenheiros, advogados e demais profissionais a contribuir para uma administração pública mais eficiente, justa e transparente.

Boa leitura e um profícuo aprendizado!

Benjamin Zymler
Ministro do Tribunal de Contas da União.

PREFÁCIO DA PRIMEIRA EDIÇÃO

Transformar algo complexo em simples é desafio a ser vencido por poucos profissionais. Neste livro, o autor supera com maestria esse desafio.

Não era de se esperar outro caminho!

Paulo Reis apresenta nesta publicação, com sua formação nas áreas de Engenharia e de Direito, os meandros do conhecimento necessário a uma boa condução da contratação de Obras Públicas, temperados com sua notável experiência prática em várias funções exercidas na Administração Pública, como Presidente de Comissão de Licitação, Pregoeiro, Diretor de Departamento de Engenharia, Diretor-Geral de Tribunal Eleitoral e Chefe do Controle Interno.

Tive a oportunidade de conhecer Paulo Reis em um seminário realizado em Curitiba há aproximadamente 10 anos. Naquele dia, em meio a diversos professores renomados, fiquei impressionado com a palestra por ele proferida. De maneira clara, simples e envolvente, seus ensinamentos prendiam a atenção de todos que estavam naquela sala. Era quase uma hipnose!

No retorno a Brasília, perguntei-me qual seria o segredo daquele professor que havia encantado todos os presentes naquele seminário. Além da inteligência e do conhecimento, habilidades próprias de todos os demais apresentadores, percebi que havia naquele palestrante uma característica ímpar que lhe dava todo aquele encantamento e o fazia diferente: a humildade. Não é por acaso que Miguel de Cervantes afirmava que "a humildade é a base e o fundamento de todas as virtudes, e sem ela não há nenhuma que o seja". Na mesma linha, Leonardo da Vinci enriquecia a ideia dizendo que "pouco conhecimento faz com que as pessoas se sintam orgulhosas. Muito conhecimento, que se sintam humildes. É assim que as espigas sem grãos erguem desdenhosamente a cabeça para o Céu, enquanto as cheias as baixam para a terra, sua mãe".

Neste livro, finalmente Paulo nos presenteou com seus ensinamentos. Já não era sem tempo! Da mesma maneira que sempre fez em suas palestras, agora universaliza seu conhecimento. Enquanto em uma sala de aula é possível alcançar 100 alunos, em média, com o livro é viável extrapolar essas fronteiras, ampliando muitas vezes o alcance de suas lições.

E a disseminação do conhecimento não é uma opção para quem o tem; é, sim, uma obrigação. A razão é simples! Quantas pessoas de boa-fé cometem equívocos por falta de conhecimento? Como poderia um profissional que teve a oportunidade e a luz divina de adquirir a compreensão de soluções para problemas frequentes cometidos por outros profissionais deixar de socializá-las?

No caso de contratação de obras públicas, esses equívocos têm consequências devastadoras. A uma, em face da vultosa quantia de recursos desperdiçados; a duas, pelo mau aproveitamento de valores públicos arrecadados junto a cidadãos brasileiros; a três, pelos custos sociais decorrentes da ausência do empreendimento; e a quatro, pelo alto custo de retomada dos projetos paralisados. Além do custo social, vale lembrar que pequenos erros podem, em diversas situações, trazer sérias consequências na vida pessoal dos agentes responsáveis, com danos irreversíveis aos seus patrimônios.

As dúvidas a respeito da matéria são muitas: Como planejar de forma adequada a execução de uma obra pública? Quais são os cuidados na elaboração de estudos de viabilidade e dos projetos? Quais são as diretrizes para a definição da qualificação dos licitantes? Como definir o regime de execução apropriado? De que maneira deve se comportar a fiscalização do empreendimento? Como gerenciar os aditivos para que os limites legais não sejam extrapolados? Quais são os limites para subcontratação?

Aqui está um presente para todos que lidam direta ou indiretamente com as obras públicas, com respostas objetivas para as mais variadas perguntas que afligem os responsáveis pela condução de processos de contratação. Para os iniciantes, há toda a base necessária para que possam conduzir adequadamente as medidas necessárias para a licitação e a fiscalização dos contratos. Para os especialistas, comentários e observações relevantes a respeito de falhas que passam despercebidas muitas vezes aos olhos mais atentos de bons profissionais e que impactam negativamente a qualidade do empreendimento.

Com segurança, o autor trouxe as boas ideias que nortearam os acertos em sua vida profissional e, também, as lições apreendidas com os erros que vivenciou – estes, muito mais relevantes e relatados somente por aqueles que têm humildade e, por missão de vida, o ideal de ajudar o próximo a encontrar o caminho da luz.

Segundo Francis Bacon, um dos fundadores da ciência moderna, "há livros de que apenas é preciso provar, outros que têm de se devorar, outros, enfim, mas são poucos, que se tornam indispensáveis, por assim dizer, mastigar e digerir". Tenho a certeza de que o presente trabalho representa uma espécie pertencente a este último grupo.

Boa leitura a todos!

Janeiro de 2018.

Cláudio Sarian Altounian
Auditor do Tribunal de Contas da União, onde exerceu vários cargos de direção e assessoramento. Engenheiro, advogado e autor de livros afetos a obras, governança e gestão pública.

APRESENTAÇÃO DA TERCEIRA EDIÇÃO

A publicação da Lei nº 14.133, em 1º de abril de 2021, obrigou-nos a fazer uma revisão completa nesta obra, tão bem recebida pelo público em suas duas edições iniciais. Afinal, passamos a ter um novo estatuto jurídico comandando as contratações da administração pública direta, autárquica e fundacional. Tão ansiosamente esperada, a nova lei veio substituir definitivamente, a partir de 1º de janeiro de 2024, as antigas e agora revogadas Leis nº 8.666, de 21 de junho de 1993, nº 10.520, de 17 de julho de 2002, e nº 12.462, de 4 de agosto de 2011, e o fez de modo completo, inovando desde a fase preparatória até a execução contratual, passando por novos institutos de instrumento auxiliares, novos artefatos, como o seguro-garantia com cláusula de retomada, novos modos de disputa etc. Trata-se de uma inovação marcante, cheia de boas novidades.

Esta terceira edição traz uma revisão completa dos assuntos abordados nas edições anteriores, que eram totalmente baseadas na legislação antiga. Houve a necessidade de uma completa revisão dos temas aqui tratados, ao lado da inclusão de outros que não constavam das edições anteriores e da evolução da jurisprudência, como também a própria análise doutrinária. Em alguns pontos, a análise dos temas enfocados mudou radicalmente, para permitir à administração pública a visão mais completa das novas disposições legais, possibilitando o aproveitamento integral das boas inovações trazidas pela lei.

Pode-se indagar se a Lei nº 14.133, de 2021, é uma lei perfeita. A resposta, obviamente, é negativa. Dizemos até que, se dela fôssemos autores, diversas outras considerações seriam feitas. É natural que a lei espelhe o pensamento dos seus autores, mas é inegável o avanço que ela traz ao ordenamento jurídico brasileiro, nesse importante segmento das contratações públicas, especialmente das obras e serviços de engenharia, sempre tão discutidos, não só pelos valores envolvidos, como também pelas especificidades representadas por profissões (engenharia e arquitetura) devidamente regulamentadas em nosso país e, igualmente, pela imensa e indesejada quantidade de insucessos registrados, que podem muito bem ser sintetizados pela enorme quantidade de obras públicas não concluídas e que, consequentemente, nada representam de positivo para a sociedade.

Se a lei não é perfeita, ela é, sem qualquer dúvida, uma norma legal que permitirá grandes avanços positivos nos processos de contratação e que poderá levar a bons ou maus resultados dependendo de sua aplicação. Afinal, lei perfeita só existiu uma: a Lei dos Dez Mandamentos, que, apesar de perfeita, nem sempre consegue alcançar os melhores resultados, não por falhas próprias, mas sim pela má aplicação. A Lei nº 14.133/2021 será tanto melhor ou tanto pior na medida em que for bem ou mal aplicada. Ferramentas ela traz, em profusão. Basta à administração pública saber utilizá-las adequadamente. Se o fizer, teremos bons resultados nos processos dela decorrentes. Se não o fizer, em pouco tempo estaremos pleiteando pela existência de uma nova lei, em um processo contínuo e que a nada leva. A bola está com a administração; que saiba jogar com ela.

Acreditamos que esta obra, completamente atualizada como foi, poderá contribuir muito mais para a correta contratação e execução de obras públicas e serviços de engenharia, neste momento em que nosso país caminha para atingir novos horizontes, que podem levá-lo definitivamente ao caminho irreversível do desenvolvimento econômico e social.

Junho de 2024.

O autor

APRESENTAÇÃO DA SEGUNDA EDIÇÃO

Esta segunda edição traz uma revisão completa dos assuntos abordados na primeira, ao mesmo tempo que estes são devidamente atualizados, considerando não só a evolução da jurisprudência como também a própria análise doutrinária. Além disso, foram acrescidos alguns temas não abordados anteriormente, de forma a tornar a obra mais completa, pronta para servir efetivamente como um manual referencial para a contratação de obras públicas, desde a fase inicial do processo até a fase posterior ao recebimento definitivo, abrangendo, assim, a garantia quinquenal.

Entre os novos assuntos abordados, destaque para a Instrução Normativa (IN) nº 6, de 6 de julho de 2018, da Secretaria de Gestão do Ministério do Planejamento, Desenvolvimento e Gestão, que dispõe sobre cláusulas assecuratórias de direitos trabalhistas na execução indireta de obras públicas. Essa nova IN é analisada não só em termos do seu conteúdo, mas igualmente em razão de disposições legais sobre o tema, especialmente da justiça trabalhista, e da abordagem realizada pelo Tribunal de Contas da União.

Acreditamos que, revista, ampliada e atualizada, esta obra poderá contribuir muito mais para a correta contratação e execução de obras públicas, neste momento em que nosso país caminha para atingir novos horizontes, que podem levá-lo definitivamente ao caminho irreversível do desenvolvimento econômico e social.

Fevereiro de 2019.

O autor

APRESENTAÇÃO DA PRIMEIRA EDIÇÃO

A contratação de obras públicas continua sendo um calcanhar de aquiles dentro da Administração Pública. Diversos são os questionamentos usualmente apresentados no curso da licitação e diversos são os embates entre contratante e contratado durante a fase de execução contratual, sempre sob os olhares vigilantes dos órgãos de controle, que, representando a sociedade, buscam detectar falhas que possam vir a originar prejuízo ao erário.

No meio de tudo isso, temos servidores públicos nem sempre bem qualificados, de um lado, e representantes de empreiteiras interessadas, do outro lado, estes, sim, sempre conhecedores dos meandros legais do processo, que buscam o caminho mais adequado para a obtenção de seu maior objetivo, o de conseguir ser contratado para a execução da obra, sob as melhores condições possíveis, olhando seus interesses.

O *tertius* é a sociedade, que sempre paga a conta, mas que nem sempre consegue obter uma obra de qualidade, contratada por um preço justo, que possa realmente atender suas necessidades e os objetivos para os quais foi construída.

Pequeno é, ainda, o investimento feito pela Administração Pública em geral, para definir adequadamente, em termos de quantidade e de qualificação, seus quadros nas áreas de engenharia e arquitetura. Encontramos, muitas vezes, um único servidor responsável pela elaboração de toda a documentação exigida na fase preparatória e ainda, futuramente, responsável pela fiscalização da execução contratual, o que faz simultaneamente com diversos outros contratos, relativos a obras quase sempre localizadas em municípios distintos. Tudo isso faz com que a obra, que foi licitada sob uma documentação precária, insuficiente e inadequada, seja fiscalizada, quando muito, uma vez por mês. O resultado tende a ser desastroso.

O objetivo desta obra é tentar ajudar a Administração Pública a conduzir o certame licitatório de modo a conseguir selecionar, como dispõe a legislação vigente, a proposta que lhe seja mais vantajosa, planejando adequadamente as ações a serem executadas, inclusive na fase de execução contratual. Com isso, busca-se conseguir resultados positivos, eximindo-se de recorrentes questionamentos por parte dos órgãos de controle, atuando com segurança para a defesa do interesse público.

Janeiro de 2018.

O autor

CAPÍTULO 1

VISÃO BÁSICA E FUNDAMENTAL SOBRE AS NOVAS DISPOSIÇÕES LEGAIS

Finalmente, temos uma nova Lei de Licitações e Contratos Administrativos vigente em nosso país. A Lei nº 8.666, de 21 de junho de 1993, desapareceu do mundo jurídico, ainda que continue produzindo efeitos durante vários anos, por força das disposições do art. 190 da nova norma:

> Art. 190. O contrato cujo instrumento tenha sido assinado antes da entrada em vigor desta Lei continuará a ser regido de acordo com as regras previstas na legislação revogada.

Antiga, com uma visão regulatória própria da época em que veio ao mundo, a Lei nº 8.666/1993, muito criticada, acabou por produzir alguns bons resultados. Não era ela, afirmamos sem qualquer dúvida, a grande culpada pelo insucesso de muitas contratações, especialmente no campo das obras públicas, mas precisava ser substituída por um instrumento mais moderno, que possibilitasse contratações mais céleres e com resultados mais positivos, com certeza. Será a Lei nº 14.133, de 1º de abril de 2021, capaz de constituir esse instrumento? Só o tempo dirá. Pode-se afirmar, no entanto, que esses resultados dependem menos do texto legal e mais de sua aplicação, de sua interpretação. Lei perfeita só existiu uma: a Lei dos Dez Mandamentos. Será que ela, em sendo perfeita, funciona perfeitamente? Fácil entender que não. Basta lembrar de seu *mandamus* 6º: Não matarás! Sem necessidade de qualquer análise mais profunda, pode-se afirmar que a humanidade descumpre o sexto mandamento com muita frequência. Será culpa da Lei? Ou a culpa deve recair sobre alguns que, mesmo conhecendo a lei, aplicam-na de forma inadequada, errada? Essa é a questão que deve ser trazida para a Lei Geral de Contratações da Administração Pública. Busca-se culpar a Lei por erros que nós cometemos, como se essa fosse a solução.

É importante analisar, interpretar e aplicar adequadamente os novos comandos legais, para que não volte a ocorrer, em pouco tempo, aquilo que víamos com muita frequência: a ânsia por uma nova lei, pois todos os problemas decorreriam da antiga. Isso é um problema cultural. Enquanto não entendermos que é indispensável o zelo pela coisa pública, a *res publica*, não conseguiremos evoluir nesse campo. Essa evolução virá, fundamentalmente, do aprendizado, da qualificação, do preparo, da formação dos agentes públicos e dos particulares que com eles lidam.

É inegável a evolução que a Lei nº 14.133/2021 traz em relação aos diplomas legais anteriores, especialmente em pontos importantes, fundamentais, do processo de contratação na administração pública. Nesse aspecto, vale destacar, em uma primeira abordagem, a questão relativa aos objetivos a serem alcançados. Em seu art. 3º, a antiga Lei nº 8.666/1993 assim abordou o tema:

> Art. 3º. A licitação destina-se a garantir a observância do princípio constitucional da isonomia, a seleção da proposta mais vantajosa para a administração e a promoção do desenvolvimento nacional sustentável e será processada e julgada em estrita conformidade com os princípios básicos da legalidade, da impessoalidade, da moralidade, da igualdade, da publicidade, da probidade administrativa, da vinculação ao instrumento convocatório, do julgamento objetivo e dos que lhes são correlatos.

Entre esses princípios, queremos destacar o sempre citado da seleção da proposta mais vantajosa para a administração. Muitos questionavam a (im)possibilidade de alcançar esse objetivo, diante da regra de licitar pelo tipo "menor preço", o que não nos parecia bem o caso, mas não é o que queremos destacar neste momento.

Era possível, sim, alcançar a proposta mais vantajosa, mas seria essa a efetiva solução para a administração pública? Afinal, a proposta não passa, na realidade, de uma promessa. Uma boa, ótima proposta não significa necessariamente que o resultado alcançado na contratação seja aquele almejado. Muitas vezes, aliás, havia (e há) uma grande distância entre os dois. Prometer é uma coisa; executar é outra. Claro que o licitante prometia (e vai continuar prometendo) mundos e fundos, na tentativa de ser declarado o vencedor e alcançar o objetivo de ser contratado. Na hora da execução, no entanto, aquelas promessas nem sempre eram realistas, ficando a execução muitos furos abaixo, em termos de qualidade.

Nesse ponto, é significativo lembrar a diferença entre contratar projetos de engenharia/arquitetura por licitação, ainda que com critério de julgamento "técnica e preço", e contratar pela modalidade *concurso*. No primeiro caso, contrata-se uma *promessa* de futuro projeto, com todos os preceitos básicos ainda indefinidos. No segundo caso, contrata-se um *projeto* já definido em seus contornos. É óbvio que a segurança é muito maior no segundo caso.

Nesse ponto, mais firme é o objetivo colimado na nova Lei. Em seu art. 11, temos:

> Art. 11. O processo licitatório tem por objetivos:
> I – assegurar a seleção da proposta apta a gerar o resultado de contratação mais vantajoso para a Administração Pública, inclusive no que se refere ao ciclo de vida do objeto;
> II – assegurar tratamento isonômico entre os licitantes, bem como a justa competição;
> III – evitar contratações com sobrepreço ou com preços manifestamente inexequíveis e superfaturamento na execução dos contratos;
> IV – incentivar a inovação e o desenvolvimento nacional sustentável.
> Parágrafo único. A alta administração do órgão ou entidade é responsável pela governança das contratações e deve implementar processos e estruturas, inclusive de gestão de riscos e controles internos, para avaliar, direcionar e monitorar os processos licitatórios e os respectivos contratos, com o intuito de alcançar os objetivos estabelecidos no *caput* deste artigo, promover um ambiente íntegro e confiável, assegurar o alinhamento das contratações ao planejamento estratégico e às leis orçamentárias e promover eficiência, efetividade e eficácia em suas contratações.

Duas condições muito importantes devem ser observadas. A primeira é o objetivo expresso logo no inc. I: a administração deve ter como preocupação fundamental selecionar a proposta *"apta a gerar o resultado de contratação que lhe seja mais vantajoso"*. Agora sim. Proposta vantajosa é apenas uma promessa. O que se deve buscar é uma proposta que, pelas suas condições, pelas suas características, pelo seu autor, possa realisticamente gerar um resultado excelente para o contrato, este representando o objetivo do processo. Não se deve querer apenas selecionar uma boa proposta; esta pode não se confirmar como boa na hora da execução do objeto. Deve-se buscar, talvez até como objetivo principal, selecionar a proposta que, entre todas as apresentadas, seja capaz de, na realidade, traduzir-se no melhor resultado do contrato. Isso passa pelas condições formuladas, pelo preço proposto, que, em não podendo superar limites estabelecidos, também não pode ficar na faixa da inexequibilidade, pela qualificação do licitante e, especificamente no caso da engenharia, do responsável técnico, pela qualidade do projeto básico elaborado etc.

Um segundo ponto a ser destacado em relação ao art. 11 da Lei nº 14.133/2021 é o destaque para a governança das contratações, responsabilidade expressamente atribuída à alta administração do órgão ou entidade. Todos são responsáveis, claro, e a área técnica exerce papel fundamental no tema das contratações de obras e serviços de engenharia. Contudo, não há como deixar de fora, como responsável maior, a alta administração, que deve, especialmente, possibilitar à sua área técnica as condições ideais para o desenvolvimento do seu trabalho. Sem qualificação, sem conhecimento técnico, de nada adiantarão apenas a dedicação, o empenho. A nova lei deixa clara a responsabilidade da mais alta faixa da administração pelas condições que possam gerar a perfeita governança dos processos de contratação.

É necessário que a alta administração entenda perfeitamente o seu relevante papel de governança em nível estratégico. O nível operacional é da área técnica. O nível estratégico é fundamental para a definição do programa de necessidades. O nível operacional é fundamental para executá-lo. Afinal, a obra é pública, e não do dirigente.

Enfim, há muita coisa boa. É a lei perfeita? Por certo que não. Fôssemos nós os autores e muito provavelmente teríamos algumas diferenças significativas em relação ao texto sancionado. Porém, é a lei que temos, e, com ela, temos todos a obrigação de fazer o melhor nas contratações de obras públicas e dos serviços de engenharia, para que os melhores resultados possam idealmente ser alcançados.

Esta obra objetiva contribuir nesse sentido. Vamos explorar aquilo que consideramos que a nova lei tem de bom, de muito bom. Vamos, também, analisar detidamente os pontos não tão bons, procurando indicar caminhos que possam levar à superação de dificuldades. Façamos, cada um de nós, nossa parte nessa construção.

CAPÍTULO 2

DIFERENCIAÇÃO ENTRE OBRA E SERVIÇO DE ENGENHARIA

Como diferenciar uma obra de um serviço de engenharia? Qual é a necessidade de ser feita essa diferenciação?

Comecemos pela segunda pergunta. É, sim, importante estabelecer essa diferença, para que o enquadramento do objeto seja feito de modo correto. Por meio desse enquadramento perfeito, a administração poderá definir, com precisão, o regime a ser utilizado na execução, os documentos que devem ser elaborados na fase preparatória, qual será a modalidade a ser utilizada na licitação e qual será a forma adequada de fiscalização da execução do futuro contrato.

Não existe uma definição precisa, matemática, a respeito dessa situação. Vários são os entendimentos doutrinários; no âmbito do Tribunal de Contas da União (TCU), também encontramos posicionamentos.

A Lei nº 14.133/2021 trouxe, sem qualquer dúvida, uma evolução em relação a essa conceituação. Ao incorporar um antigo entendimento doutrinário francês, assim dispõe, em seu art. 6º – o artigo das definições legais:

> Art. 6º. Para os fins desta Lei, consideram-se:
> (...)
> XII – obra: toda atividade estabelecida, por força de lei, como privativa das profissões de arquiteto e engenheiro que implica intervenção no meio ambiente por meio de um conjunto harmônico de ações que, agregadas, formam um todo que inova o espaço físico da natureza ou acarreta alteração substancial das características originais de bem imóvel;

(...)
XXI – serviço de engenharia: toda atividade ou conjunto de atividades destinadas a obter determinada utilidade, intelectual ou material, de interesse para a Administração e que, não enquadradas no conceito de obra a que se refere o inciso XII do *caput* deste artigo, são estabelecidas, por força de lei, como privativas das profissões de arquiteto e engenheiro ou de técnicos especializados, que compreendem:
a) serviço comum de engenharia: todo serviço de engenharia que tem por objeto ações, objetivamente padronizáveis em termos de desempenho e qualidade, de manutenção, de adequação e de adaptação de bens móveis e imóveis, com preservação das características originais dos bens;
b) serviço especial de engenharia: aquele que, por sua alta heterogeneidade ou complexidade, não pode se enquadrar na definição constante da alínea "a" deste inciso;

Para o novo diploma legal, obra é, então, uma intervenção direta do ser humano no meio ambiente, alterando-o de forma a adaptá-lo às suas necessidades. Uma construção nova, independentemente do porte, dos materiais utilizados ou de seu custo, altera o espaço físico da natureza e, consequentemente, deve ser enquadrada como obra de engenharia. De forma complementar, a Lei enquadra na categoria de obra os trabalhos na área de engenharia e arquitetura que acarretem alteração substancial das características originais do bem imóvel. Como são disposições alternativas (intervenção na natureza *ou* alteração substancial das características originais), entendemos que esta última hipótese deve ser reservada para a reconstrução de um imóvel (como no caso do Museu Nacional, fortemente atingido por um incêndio e cuja reconstrução teve forte alteração das características originais, ainda que sem alterar o espaço físico da natureza, que já estava ocupado pela edificação anterior; ou, alternativamente e como mais um exemplo, para o caso de mudanças de grande porte em pontos críticos de uma obra existente, como a alteração de um prédio originalmente projetado para escritórios, de tal forma que se transforme em um ambiente escolar ou hospitalar. Ou, como ocorreu objetivamente em Florianópolis, na alteração do prédio do antigo aeroporto da capital em instalações para atendimento à saúde-hospital).

É bom salientar a introdução, no novo texto legal, da categoria dos arquitetos, ao lado dos engenheiros rotineiramente mencionados. Enquanto não houver uma Resolução conjunta dos órgãos de classe, Confea e CAU/BR, as Resoluções individuais continuarão produzindo efeitos. E, no âmbito dos dois Conselhos, a execução de obras é tarefa que pode ser cometida aos engenheiros e aos arquitetos.

É interessante notar que, ao contrário do que ocorreu com os serviços, como veremos adiante, a Lei não trouxe, no art. 6º, a expressa distinção entre o que seria uma obra *comum* e uma obra *especial*. No entanto, no mesmo art. 6º, encontramos a definição de concorrência:

> XXXVIII – concorrência: modalidade de licitação para contratação de bens e serviços especiais e de obras e serviços comuns e especiais de engenharia, cujo critério de julgamento poderá ser:
> (...)

No mesmo sentido, encontramos a seguinte disposição do art. 36, §1º, inc. IV, da nova Lei:

> Art. 36. O julgamento por técnica e preço considerará a maior pontuação obtida a partir da ponderação, segundo fatores objetivos previstos no edital, das notas atribuídas aos aspectos de técnica e de preço da proposta.
> §1º O critério de julgamento de que trata o *caput* deste artigo será escolhido quando estudo técnico preliminar demonstrar que a avaliação e a ponderação da qualidade técnica das propostas que superarem os requisitos mínimos estabelecidos no edital forem relevantes aos fins pretendidos pela Administração nas licitações para contratação de:
> (...)
> IV – obras e serviços especiais de engenharia;

Observa-se que a norma legal menciona expressamente "obras e serviços especiais de engenharia". O que seriam, então, as tais obras especiais? Existiria, efetivamente, essa distinção legal no tocante às obras? A resposta é positiva para a maioria dos doutrinadores. A análise que será feita adiante a respeito do vocábulo comum e do vocábulo especial, em relação aos serviços, pode e deve, assim, ser aplicada às obras de engenharia.

Em relação aos serviços, a Lei nº 14.133/2021 traz como destaque a ser observado atentamente o fato de, pelas suas características específicas, não poderem ser enquadrados no conceito de obra. Ora, se esta representa uma inovação no meio ambiente, a primeira e fundamental característica a destacar é que o serviço não implica intervenção no espaço físico da natureza. Assim, não pode ser enquadrado como serviço nem uma nova construção nem a demolição de uma construção antiga, pois ambos, em alterando o meio ambiente, devem ter o enquadramento como obra, independentemente do porte ou do valor envolvido.

Adicionalmente, a Lei dividiu os serviços de engenharia entre aqueles que devem ser enquadrados como comuns e os demais, denominados especiais. O legislador procurou definir mais precisamente o que são os serviços comuns, determinando que, em não sendo possível observar esse enquadramento, deve-se classificar como especial.

São comuns os serviços que, em não implicando qualquer intervenção no meio ambiente, representam um conjunto de atividades que trazem determinada utilidade para a administração pública, podendo ser intelectual ou material, com preservação das características originais do bem, móvel ou imóvel. São aqueles serviços, necessariamente conduzidos por profissional da área, para os quais o respectivo mercado tem procedimentos padronizados. Observe-se que não estamos aqui tratando de padronização por parte da administração que irá contratar. Tratamos de padronização *pelo respectivo segmento de mercado*.

Em relação às obras "comuns", trazemos à colação posicionamento expendido pelo Instituto Brasileiro de Auditoria de Obras Públicas (Ibraop), em sua Nota Técnica IBR nº 001/2021:

> Uma maneira prática de avaliar a complexidade de uma obra é verificar a participação (%) da parcela que lida com as incertezas da natureza. Por exemplo, obras de edificações com pouca área construída (m²) e poucos pavimentos podem ser classificadas como comum, já que embutem um baixo grau de incerteza na definição e execução. Como exemplo, têm-se os projetos-padrão de creches do Fundo Nacional de Desenvolvimento da Educação (FNDE), do tipo "Proinfância", que possuem menos de 2.000 m² de área construída e um único pavimento (à exceção da torre do reservatório de água). Por outro lado, edificações com grandes áreas construídas (por exemplo, acima de 5.000 m²) e com vários pavimentos (por exemplo, acima de 4 ou 5 pavimentos, a exigir a instalação de elevadores) tendem a se afastar da classificação de obras comuns, por possuírem um grau de incerteza maior, podendo ser classificadas como especiais.

Em termos estruturais, há que se avaliar também o comportamento de estruturas mais esbeltas em face das cargas variáveis, a exemplo da vibração de uma ponte frente à carga de vento. Estruturas mais protegidas das forças da natureza, que exigem apenas conhecimentos de estática das construções, tendem a ser classificadas como comuns. Por outro lado, estruturas edificadas a maiores alturas, submetidas a altas cargas variáveis (vento, vibração interna – provocada por pessoas ou máquinas), exigem conhecimentos mais aprofundados de dinâmica das construções e, assim, tendem a ser classificadas como especiais. É o caso, por exemplo, de edificações acima de 10 pavimentos, grandes torres (telecomunicações, transmissão de eletricidade), grandes pontes e outras obras marítimas (o impacto das ondas do mar é fonte de grande carga e incertezas, como nos casos de ressacas) etc. Cabe lembrar que o Brasil possui 8 (oito) zonas bioclimáticas, dificultando uma padronização da análise estrutural.

Uma estrutura/edificação de maior porte construída na região amazônica (submetida a temperaturas e umidades altas) pode ter exigências de conforto térmico totalmente diferentes de outra construída na região sul do país (submetida a frentes frias e até mesmo sujeita a impactos de chuva de granizo). Em termos de fundações, é possível avaliar que as estruturas com fundações superficiais, como radier ou mesmo sapatas de menores dimensões, tendem a ser classificadas como comuns. Já estruturas que exigem fundações mais profundas (como estacas e tubulões) tendem a se afastar da classificação de comuns. No caso de estruturas feitas dentro do mar, à exceção de pequenos *píers* (comuns, normalmente construídos em madeira ou concreto), em regra podem ser consideradas como especiais.[1]

Finalmente, deve-se salientar que a Lei define como obras e serviços de grande vulto aqueles cujo valor estimado supera R$200.000.000,00 (duzentos milhões de reais).[2] Ao analisar tais disposições legais à época da Lei nº 8.666/1993, Cláudio Sarian Altounian manifestou-se no sentido de que "Da avaliação das atividades listadas, parece que o legislador procurou definir serviços de engenharia como

---

[1] O texto completo da Nota Técnica pode ser lido em: www.ibraop.org.br/wp-content/uploads/2022/02/Nota-Tecnica-IBR-001_2021_obra-comum-e-especial-final.pdf (acesso em: 14 nov. 2024).

[2] Como dispõe o art. 182 da nova Lei, os valores monetários nela indicados passam a ser obrigatoriamente atualizados, no início de cada ano civil, pela variação registrada no Índice Nacional de Preços ao Consumidor Amplo Especial (IPCA-E) ou por outro índice que venha a substituí-lo. O Decreto nº 11.871, de 29 de dezembro de 2023, já atualizou esse valor, que passou a ser de R$239.624.058,14 (duzentos e trinta e nove milhões, seiscentos e vinte e quatro mil, cinquenta e oito reais e quatorze centavos).

aquelas atividades em que há predomínio do emprego de mão de obra em relação ao de material e, no caso de obra, o contrário".[3]

Também na vigência da legislação anterior, o TCU posicionou-se no sentido de que "Obra de engenharia é a alteração do ambiente pelo homem, sendo irrelevante, para sua caracterização, as técnicas construtivas utilizadas ou os materiais empregados".[4] No mesmo TCU, encontramos o Acórdão nº 2.079/07-P, do qual extraímos:

> 43. Convém que se tenha em mente, desde logo, que o objeto licitado no Pregão nº 13/2007 refere-se a serviços de engenharia, segundo a conceituação doutrinária que assim classifica as atividades do ramo nas quais o emprego de mão de obra e equipamentos prepondera sobre a aplicação técnica. Cai por terra, portanto, o pressuposto da peça inicial de que os serviços de escavação e remanejamentos se constituem de uma obra, na acepção exata do vocábulo.
>
> 44. Aliás, quase nunca, no cotidiano ou mesmo nos instrumentos jurídicos, existe, salvo se houver tal preocupação, o rigor terminológico dos livros de engenharia. Por essa razão, não se é de estranhar que em cláusulas editalícias esparsas e outros documentos os serviços de escavação e de remanejamentos, como apontado na representação, tenham sido chamados de obras, embora formalmente não o sejam.[5]

Observe-se que o TCU já se manifestava no sentido da adoção da teoria francesa, definindo obra de engenharia em relação à alteração do meio ambiente pelo homem mais próximo, portanto, da conceituação trazida pela nova Lei.

Para o Ibraop, "Obra de engenharia é a ação de construir, reformar, fabricar, recuperar ou ampliar um bem, na qual seja necessária a utilização de conhecimentos técnicos específicos envolvendo a participação de profissionais habilitados conforme o disposto na Lei Federal nº 5.194/66".[6]

---

[3] ALTOUNIAN, Cláudio Sarian. *Obras públicas*: licitação, contratação, fiscalização e utilização. 2. ed. rev. e ampl. Belo Horizonte: Fórum, 2010. p. 33.

[4] BRASIL. Tribunal de Contas da União. *Acórdão nº 2.470/13-P*. Disponível em: https://pesquisa.apps.tcu.gov.br/documento/acordao-completo/2740%252F2013/%2520/DTRELEVANCIA%2520desc%252C%2520NUMACORDAOINT%2520desc/0. Acesso em: 11 nov. 2024.

[5] *Idem Acórdão nº 2.079/07-P*. Disponível em: https://pesquisa.apps.tcu.gov.br/documento/acordao-completo/2079%252F2007/%2520/DTRELEVANCIA%2520desc%252C%2520NUMACORDAOINT%2520desc/0. Acesso em: 11 nov. 2024.

[6] IBRAOP. *OT-IBR 002/2009*. Disponível em: www.ibraop.org.br/wp-content/uploads/2013/06/OT-IBR-02-2009-Ibraop-01-07-10.pdf. Acesso em: 11 nov. 2024.

Na mesma Orientação Técnica, o Ibraop define serviço de engenharia como sendo "toda atividade que necessite da participação e acompanhamento de profissional habilitado conforme o disposto na Lei Federal nº 5.194, de 24 de dezembro de 1966, como: consertar, instalar, montar, operar, conservar, reparar, adaptar, manter, transportar, ou ainda, demolir. Incluem-se nesta definição as atividades profissionais referentes aos serviços técnicos profissionais especializados de projetos e planejamentos, estudos técnicos, pareceres, perícias, avaliações, assessorias, consultorias, auditorias, fiscalização, supervisão ou gerenciamento".

Esses entendimentos da época da legislação anterior devem vir a ser atualizados, de tal forma que a tendência é termos uma posição mais abrangente e uniforme.

Indagação que sempre se apresenta: se obra de engenharia é alteração intencional do ambiente pelo homem, a reforma predial deveria ser enquadrada como obra ou como serviço de engenharia? Afinal, a Lei nº 8.666/1993 expressamente enquadrava a reforma, genericamente, como obra. Já discordávamos desse enquadramento desde a vigência da Lei antiga.

A uma, devemos considerar que nem toda reforma altera o ambiente físico ocupado. Existem muitas reformas nas quais não há ampliação ou redução da área originalmente ocupada. Diríamos até que essa é a situação mais frequente. Nesse caso, a reforma irá alterar apenas ambientes internos, sem modificar a área ou o volume já ocupado pelo prédio. Parece-nos, então, que a reforma, em uma situação como essa, deveria ser enquadrada como serviço de engenharia, nunca como *obra*.

Não podemos esquecer, no entanto, que, ainda que a reforma não implique alteração de área/volume do meio ambiente já ocupado, se existir substancial modificação nas características originais do imóvel, a nova Lei remete o enquadramento para a classificação de obra.

A duas, precisamos levar em consideração que, eventualmente, a reforma predial pode ser acompanhada de um acréscimo da área/volume construída. Nesse caso, indubitavelmente, teremos uma alteração intencional do ambiente pelo homem, objetivando adaptar a natureza à sua conveniência. Assim, nessa hipótese, parece-nos que o enquadramento do objeto deve ser feito como obra de engenharia, para todos os efeitos legais, igualmente se a reforma implicar redução da área/volume construída.

E se o objeto for a chamada manutenção predial? Segundo a já citada OT-IBR 002/2009, do Ibraop, "manter" significa preservar em bom estado de operação, assegurando a plena funcionalidade.

Ao realizarmos a manutenção de um prédio, estaremos, então, procurando mantê-lo em bom estado de operação. Qual seria, assim, a diferença entre "reforma sem acréscimo de área" e "manutenção"? É uma diferença muito sutil, muito mais afeita ao rigor terminológico dos livros de engenharia. A reforma objetiva alterar partes de uma edificação, mesmo, muitas vezes, sem ampliação da área/volume ocupada. A manutenção, por sua vez, objetiva recompor partes que não funcionam adequadamente, fazendo-as retornar ao pleno funcionamento. A reforma pode alterar mesmo partes que estejam funcionando adequadamente, mas que, por algum motivo, desejamos modificar.

A caracterização como obra indica, adicionalmente, uma ideia de permanência, de uma construção realizada com objetivos de duração por um longo período. Em sentido contrário, o serviço de engenharia pode ter a caracterização de duração por um período mais curto, ainda que ocupe determinado espaço físico no meio ambiente, modificando-o. Um hospital de campanha, provisório, como tivemos à época da pandemia, deve ser enquadrado como serviço, pois não existe nele a ideia de permanência; é transitório. O mesmo raciocínio vale para qualquer instalação provisória, como, eventualmente, um canteiro que só vai existir enquanto uma obra estiver em execução, sendo, posteriormente, demolido.

Em resumo, podemos exemplificar com as fotografias a seguir:

Temos uma área da natureza ainda vazia. Qualquer intervenção feita pelo homem nessa área objetivando alterar o espaço físico da natureza com perspectiva de permanência por um longo período, independentemente de valor ou porte, será considerada obra de engenharia. Pode ser algo mais simples, como a construção de uma calçada, uma via de tráfego pavimentada ou um singelo ponto de ônibus. Também será obra de engenharia a situação seguinte:

Nesse caso exemplificativo do estádio do Maracanã, no Rio de Janeiro, podemos observar que não ocorreu acréscimo de área. Ou seja, a intervenção no meio ambiente foi feita por ocasião da construção original do estádio. Poderíamos, então, afirmar que, no caso concreto, na preparação do estádio para a Copa do Mundo de 2014, teria sido feito um serviço de reforma? Dizemos que não. O trabalho realizado deve ser caracterizado como uma obra de engenharia, tendo em conta, como demonstram as imagens, a alteração substancial das características originais do bem imóvel, mesmo sem acréscimo de ocupação do espaço da natureza e mesmo sem alteração do objetivo final da construção. Continua sendo um estádio destinado à prática do futebol, mas com características substancialmente diferentes.

Já no aeroporto da capital federal, Brasília, a situação foi a seguinte:

Nesse caso, tivemos uma grande alteração da área construída e, consequentemente, da ocupação do espaço físico da natureza, que implica, necessariamente, o enquadramento como obra.

Quando vamos apenas substituir o piso de uma edificação já existente, como na fotografia a seguir, temos um serviço de engenharia, pois não há ampliação do espaço da natureza ocupada nem tampouco alteração substancial das características originais.

Se for apenas uma recomposição do piso original, para substituir peças desgastadas, teremos um serviço de manutenção predial.

A correta classificação do objeto como obra ou serviço de engenharia é importante na medida em que a modalidade licitatória pregão não pode ser utilizada no primeiro caso, mas poderá ser no segundo. Segundo dispõe a Lei nº 14.133/2021, em seu art. 29:

> Art. 29. A concorrência e o pregão seguem o rito procedimental comum a que se refere o art. 17 desta Lei, adotando-se o pregão sempre que o objeto possuir padrões de desempenho e qualidade que possam ser objetivamente definidos pelo edital, por meio de especificações usuais de mercado.
> Parágrafo único. O pregão não se aplica às contratações de serviços técnicos especializados de natureza predominantemente intelectual e de obras e serviços de engenharia, exceto os serviços de engenharia de que trata a alínea "a" do inciso XXI do *caput* do art. 6º desta Lei.

Ainda que o rito procedimental dessas duas modalidades licitatórias seja rigorosamente o mesmo, há que se adotar a denominação correta, na medida em que se trata de uma disposição legal. Assim, não é viável utilizar a denominação pregão quando a administração licitar uma obra de engenharia. Em relação aos serviços, temos a exceção prevista na parte final do parágrafo único do art. 29, que permite o uso do pregão para licitações em que o objeto seja um serviço comum de engenharia. Nesse caso, aliás, não temos a mera possibilidade de usar o pregão; ele é obrigatório, como dispõe o inc. XLI do art. 6º:

> Art. 6º. Para os fins desta Lei, consideram-se:
> (...)
> XLI – pregão: modalidade de licitação obrigatória para aquisição de bens e serviços comuns, cujo critério de julgamento poderá ser o de menor preço ou o de maior desconto;

Entendemos que esse posicionamento, agora definido na Lei, já estava pacificado havia algum tempo, até pela edição da Súmula nº 257/2010, do TCU: "O uso do pregão nas contratações de serviços comuns de engenharia encontra amparo na Lei nº 10.520/2002".

Entretanto, tal entendimento não é aceito, até os dias de hoje, pelo Conselho Federal de Engenharia e Agronomia (Confea), que assim se manifestou na Decisão Plenária nº 365/2014:

> 2) Definir que, tecnicamente, no âmbito da Engenharia ou da Agronomia, os serviços de engenharia e agronomia que exigem habilitação legal para sua elaboração, com a obrigatoriedade de emissão da devida ART perante o Crea, tais como projetos, consultoria, fiscalização, supervisão, perícias, laudos e estudos técnicos jamais poderão ser classificados como serviços comuns, dada a sua natureza intelectual, científica, técnica, risco aos recursos hídricos, meio ambiente e humano, caracterizando-se como serviços técnicos profissionais especializados, de grande complexidade, exigindo portanto profissionais legalmente habilitados e com as devidas atribuições, conforme também detalha o art. 13 da Lei 8.666, de 1993.

Mais recentemente, o Confea, por meio da Resolução nº 1.116, de 26 de abril de 2019, resolveu:

> Art. 1º. Estabelecer que as obras e os serviços de Engenharia e de Agronomia, que exigem habilitação legal para sua elaboração ou execução, com a emissão da Anotação de Responsabilidade Técnica – ART, são serviços técnicos especializados.

§1º Os serviços são assim caracterizados por envolverem o desenvolvimento de soluções específica de natureza intelectual, científica e técnica, por abarcarem risco à sociedade, ao seu patrimônio e ao meio ambiente, e por sua complexidade, exigindo, portanto, profissionais legalmente habilitados e com as devidas atribuições.

§2º As obras são assim caracterizadas em função da complexidade e da multiprofissionalidade dos conhecimentos técnicos exigidos para o desenvolvimento do empreendimento, sua qualidade e segurança, por envolver risco à sociedade, ao seu patrimônio e ao meio ambiente, e por demandar uma interação de concepção físico-financeira que determinará a otimização de custos e prazos, exigindo, portanto, profissionais legalmente habilitados e com as devidas atribuições.

Particularmente, entendemos que a Lei nº 10.520, de 17 de julho de 2002, que instituiu o pregão na administração pública brasileira, não delimitou o tipo de serviço ao qual essa modalidade seria aplicável. De acordo com o brocardo jurídico latino, *"ubi lex non distinguit nec nos distinguere debemus"*, ou seja, onde a lei não distingue, não pode fazê-lo o intérprete. Se a Lei generalizou na aplicação do termo "serviços comuns", não há como fazer distinção. Se o serviço for efetivamente comum, o pregão poderá ser adotado como modalidade licitatória, independentemente da habilitação exigida para sua execução.

Não concordamos com o entendimento proferido na Resolução do Confea no sentido de que os serviços de engenharia, por exigirem habilitação legal para sua elaboração, são sempre serviços técnicos especializados, não se enquadrando, assim, em nenhuma hipótese, no conceito de serviço comum.

É preciso ter em mente que, ao utilizar o vocábulo "comum", a Lei não desejou caracterizar como sendo um serviço passível de ser executado por qualquer pessoa. É comum no meio daqueles profissionais devidamente habilitados, com formação específica, seja na engenharia, na arquitetura, no direito, na medicina ou em qualquer outra especialização que exija formação específica.

No entanto, na jurisprudência do TCU encontramos o Acórdão nº 6.543/2016-1ªC, do qual extraímos o seguinte excerto:

> 9. Vê-se que a própria norma traz a definição do que pode ser considerado bens e serviços comuns. Assim, é esperado que *serviços ou bens comuns não exijam habilitação especial para sua execução* e, portanto, *possam ser realizados por qualquer pessoa* ou empresa (grifos nossos).

O grande problema, dessa maneira, é caracterizar o que seria um *serviço comum de engenharia*. Agora, como visto alhures, a nova Lei deixou claro que serviço comum de engenharia é uma atividade que só pode ser desenvolvida sob o comando de um profissional com formação adequada, o que parece fulminar a discussão.

Há vários anos, o TCU tem se posicionado nesse mesmo sentido. No entanto, encontramos na jurisprudência daquele Corte de Contas alguns entendimentos contraditórios, que mais geram dúvidas que esclarecimentos. Temos, por exemplo, o Acórdão nº 1.092/2014-P, no qual encontramos a seguinte deliberação:

> 12. Ainda no que se refere ao emprego da modalidade pregão para contratação de serviços de engenharia consultiva, supervisão e elaboração de projetos de obras, a despeito do entendimento de que constitui uma opção válida e forçosa na maioria das situações, por outro lado é bom deixar claro, na mesma linha do Acórdão nº 2932/2011-Plenário, que o modelo tradicional de licitação por melhor técnica ou técnica e preço, previsto no art. 46 da Lei nº 8.666/1993 especialmente para as mencionadas atividades, não está excluído, obviamente, para o caso de trabalhos de alta complexidade que não possam ser enquadrados como comuns nem, portanto, ter padrões de desempenho e qualidade objetivamente definidos por meio de especificações usuais, segundo reconhecimento e justificativa prévia do contratante.

Pergunta-se: projetos de engenharia, caracterizados na Lei nº 9.610, de 19 de fevereiro de 1998, que trata dos direitos autorais, como criações do espírito (art. 7º, inc. X), podem ser definidos como serviços comuns?

Nesse Acórdão, a deliberação do Tribunal foi no sentido de que:

> 9.3.4. o emprego da modalidade pregão como regra para a contratação de serviços de engenharia consultiva, supervisão e elaboração de projetos de obras não exclui o modelo tradicional de licitação por melhor técnica ou técnica e preço, previsto no art. 46 da Lei nº 8.666/1993, para o caso de trabalhos de alta complexidade que não possam ser enquadrados como comuns nem, portanto, ter padrões de desempenho e qualidade objetivamente definidos por meio de especificações usuais, segundo reconhecimento e justificativa prévia do contratante (...).

Porém, no Acórdão nº 713/2019-P – mais recente, portanto –, a deliberação foi diametralmente oposta. O Tribunal determinou ao órgão envolvido que anulasse a licitação realizada na modalidade de Concorrência, cujo objeto era a contratação de serviços técnicos especializados de engenharia consultiva, considerando que deveria ter sido utilizada obrigatoriamente a modalidade de pregão.

Parece-nos necessário tratar do tema com a indispensável cautela. Há serviços de engenharia/arquitetura que, por serem específicos, criados pelo intelecto humano, com evidentes distinções de autor para autor, são, sim, serviços especializados, não se admitindo, no caso concreto, a classificação como comum. Exemplificativamente: se convocarmos dez arquitetos para a elaboração de um projeto arquitetônico a partir de um programa de necessidades previamente definido, teremos, por certo, dez soluções diferentes, cada profissional adotando o próprio "partido arquitetônico". Igual procedimento deve ser admitido no caso de elaboração de projetos de engenharia. Não existirá, no caso, uma padronização no mercado, pois não se padronizam criações da mente humana.

No entanto, determinados serviços, mesmo de engenharia consultiva, podem, sim, ser padronizados. Um serviço de sondagem de terreno, por ainda que dependa da análise técnica dos resultados obtidos, pode ser considerado padronizado em termos de resultado: o profissional da área, como regra, indica o mesmo tipo de fundação que os demais indicariam se estivessem em seu lugar.

Não nos parece válida, no entanto, a generalização, o que força a interpretação adequada da conclusão a que chegou o TCU nas deliberações citadas. O pregão não nos parece regra para as contratações de engenharia consultiva, o que não exclui, no entanto, sua utilização em determinadas situações concretas. Como regra, diríamos, a criação do espírito humano não pode ser enquadrada como comum. A uma, pelas próprias especificidades do objeto, enquadrado como especializado. A duas, porque não existem duas criações do espírito humano que sejam idênticas, o que já elimina a possibilidade de enquadramento como *comum*, mesmo se considerarmos apenas e exclusivamente o universo da área técnica com formação específica.

Pode ser algo muito simples, que, depois de criado, se torna quase irrelevante. No entanto, na sua criação, o ser humano colocou em prática todo seu espírito inventivo, toda sua racionalidade, toda sua inteligência, que é dele, e de mais ninguém. Vale citar, neste momento, o grande arquiteto Louis Kahn, que, ao analisar a criação de um objeto simples – no caso, uma colher –, afirmou:

Colher caracteriza uma forma que possui duas partes inseparáveis, a haste e a concha. Uma colher implica um projeto específico, uma colher feita de prata ou madeira, grande ou pequena, rasa ou funda.[7]

Enfim, como, agora, com as novas disposições legais, o pregão e a concorrência seguem o mesmo rito procedimental, essa discussão semântica torna-se totalmente despicienda. O que os profissionais da administração pública precisam cuidar, fundamentalmente, é daquilo que é, em cada caso, indispensável para a busca da melhor solução. Até porque, como veremos adiante, temos outras modalidades de licitação disponíveis, valendo citar, por ser importante neste momento, o caso do concurso, que pode se mostrar como a solução mais adequada nas contratações de serviços especializados que surjam no intelecto humano.

Para facilitar o enquadramento do objeto como obra ou serviço de engenharia, sugerimos a utilização do seguinte fluxograma, expressamente criado pelo Ibraop, com as devidas cautelas. A uma, pela ausência de expressa menção às atividades desenvolvidas pelos profissionais de arquitetura e urbanismo, nos termos da Lei nº 12.378, de 31 de dezembro de 2010. A duas, porque o fluxograma foi elaborado em compatibilidade com a Lei nº 8.666/1993, trazendo, assim, algumas disposições superadas, como o caso das reformas, já analisado acima. Mas vale a sugestão.

---

[7] KAHN, L. *Forma e design*. 1. ed. São Paulo: Martins Fontes, 2010.

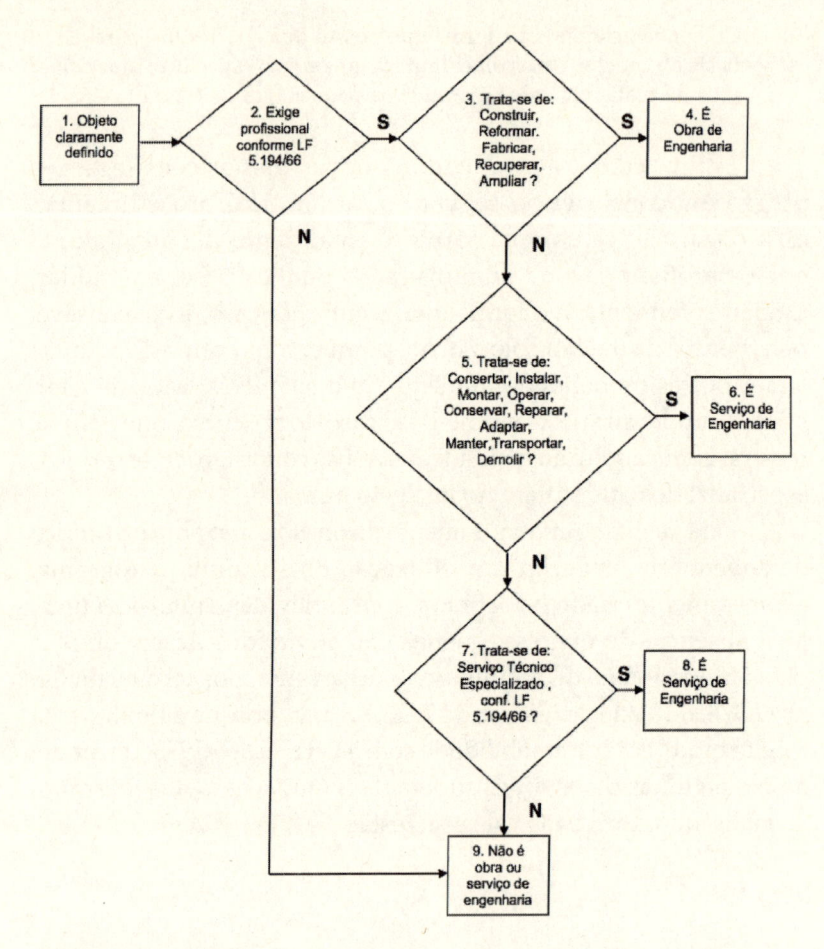

```
┌──────────┐      ◇              ◇              ┌──────────┐
│1. Objeto │   2. Exige      3. Trata-se de:    │ 4. É     │
│claramente│-> profissional -S-> Construir,  -S->│ Obra de  │
│ definido │   conforme LF    Reformar.         │Engenharia│
└──────────┘   5.194/66       Fabricar,         └──────────┘
                              Recuperar,
                              Ampliar?
                     N              N
                     │              │
                     │              ▼
                     │      ◇
                     │   5. Trata-se de:
                     │   Consertar, Instalar,   ┌──────────┐
                     │   Montar, Operar,        │ 6. É     │
                     │   Conservar, Reparar, -S->│Serviço de│
                     │   Adaptar,               │Engenharia│
                     │   Manter,Transportar,    └──────────┘
                     │   Demolir?
                     │        N
                     │        ▼
                     │      ◇
                     │   7. Trata-se de:        ┌──────────┐
                     │   Serviço Técnico        │ 8. É     │
                     │   Especializado,     -S->│Serviço de│
                     │   conf. LF               │Engenharia│
                     │   5.194/66?              └──────────┘
                     │        N
                     │        ▼
                     │   ┌──────────┐
                     └──>│ 9. Não é │
                         │ obra ou  │
                         │serviço de│
                         │engenharia│
                         └──────────┘
```

Fonte: Orientação Técnica OT-IBR 002/2009, do Ibraop. Disponível em: www.ibraop.org.br/wp-content/uploads/2013/06/OT-IBR-02-2009-Ibraop-01-07-10.pdf. Acesso em: 11 nov. 2024.

CAPÍTULO 3

PROGRAMA DE NECESSIDADES

O programa de necessidades é um documento que deverá conter as exigências a serem atendidas pela obra/serviço, considerando suas características básicas fundamentais, o tipo de população a ser atendida e a região onde se localizará, entre outros dados que podem ser considerados fundamentais em cada caso. Serão definidos, também, o fim a que se destina a obra/serviço, quem serão os futuros usuários, o padrão de acabamento, a área aproximada a ser construída, a durabilidade que se pretende atingir, a qualidade da obra e a destinação. A Resolução nº 361, de 10 de dezembro de 1991, do Confea denomina o programa de necessidade de *critérios de projeto*.

Como bem afirmou o arquiteto Louis Kahn,[8] "O programa [de necessidades] não é arquitetura – são meramente instruções, assim como é uma receita médica. Porque no programa há um *lobby* que o arquiteto deve transformar em um local de entrada. Corredores devem ser transformados em galerias (...), áreas devem ser transformadas em espaços".

Sem nenhuma dúvida, a elaboração do programa de necessidades é uma atividade que envolve diretamente a alta administração, como parte fundamental da governança. Quem pensa obrigatoriamente nos objetivos estratégicos é que deve definir a

---

[8] KAHN, Louis, 1977, p. 325, *apud* Arthur C. Tavares Filho e Guilherme Lassance. Transições entre os planos conceitual e material da concepção arquitetônica em Louis I. Kahn. *Arquitetura Revista*, v. 4, n. 1, p. 33, 2008.

necessidade a ser atendida por aquele imóvel que se pretende construir, reformar ou adaptar.

Esse documento deve conter, entre outros, os seguintes elementos:

- Relação dos serviços que serão instalados no novo prédio.
- Definição das áreas que necessitam de instalações especiais (tecnologia da informação, biblioteca, almoxarifado, auditório).
- Informação sobre o valor máximo disponível para a obra/serviço.
- Definição do prazo máximo aceitável para a obra/serviço.

O Programa de Necessidades vai delinear a rota a ser adotada primeiramente no projeto arquitetônico. É com base nele que o profissional da área vai definir o assim denominado partido arquitetônico, que constitui o conjunto de parâmetros e diretrizes a serem adotados.

Diversos são os parâmetros em que o profissional deve se basear para definir o partido arquitetônico. Ele vai depender, de forma fundamental, do terreno disponível, analisado em termos de dimensões, relevo, posição em relação à incidência solar e dos ventos predominantes etc. A finalidade da obra planejada também é muito importante no Programa de Necessidades. Uma obra, para funcionar como posto de saúde, terá diferenças importantes e fundamentais em relação à outra projetada para funcionar como uma escola municipal, uma creche ou uma escola de nível superior.

A parte estética também é muito importante, pois servirá, após a conclusão da execução da obra, como cartão de visitas do seu autor.

Por meio do Programa de Necessidades, será possível aos profissionais responsáveis a elaboração dos Estudos Técnicos Preliminares (ETP) de arquitetura/engenharia, também denominados Estudos de Viabilidade. Esses estudos são alternativas que o profissional apresentará para a administração pública, através das quais poderemos ter uma ideia real da futura obra, especialmente com a definição do partido arquitetônico adotado, das áreas a serem ocupadas e o custo estimado.

Os Critérios de Projeto servem de base para a elaboração dos ETP, como analisaremos no próximo capítulo desta obra.

Sem nenhuma dúvida, o projeto arquitetônico é a mãe de todos os projetos. Os demais, dele derivam e com ele precisam estar perfeitamente compatibilizados.

Da ABNT NBR 16636-2:2017, norma brasileira que trata da elaboração e do desenvolvimento de serviços técnicos especializados de projetos arquitetônicos e urbanísticos, extraímos:

> 6.4 Requisitos das fases e etapas dos projetos arquitetônicos e especialidades complementares (Edificação)
> 6.4.1 Fase de preparação (atividades a serem desenvolvidas para produção de subsídios ao projeto, a serem fornecidos pelo empreendedor)
> – levantamentos de informações preliminares (LV-PRE);
> – programa geral de necessidades (PGN);
> – estudo de viabilidade do empreendimento (EV-EMP);
> – levantamento de informações técnicas especificas (LVIT-ARQ) – a serem fornecidas pelo empreendedor ou contratadas como etapa do projeto.

Vemos que o programa geral de necessidades é parte fundamental da fase de preparação para o futuro desenvolvimento do projeto arquitetônico e, em seguida, de todos os demais projetos complementares.

CAPÍTULO 4

ESTUDOS DE VIABILIDADE TÉCNICA OU ESTUDOS TÉCNICOS PRELIMINARES

Definido o programa de necessidades, deve ser providenciada a elaboração dos Estudos de Viabilidade Técnica ou ETP. Trata-se da elaboração de alternativas para a obra completa, baseadas no partido arquitetônico adotado pelo profissional responsável, incluindo todos os seus componentes, de forma a definir o empreendimento sob os aspectos técnico, ambiental, econômico, financeiro e social. Essas alternativas são baseadas fundamentalmente nas condições estabelecidas no Programa de Necessidades e no orçamento disponível para a execução da obra/serviço. Como afirmou o já citado arquiteto Louis Kahn: "O programa de necessidades *não é necessariamente arquitetura*, e sim instruções a serem seguidas e que podem sim ser alteradas durante o processo de projeto" (grifo nosso).

Como *criar* algo a partir do nada? Como um profissional, por mais inteligente e criativo que seja, poderia imaginar uma solução arquitetônico sem a prévia definição do que se pretende ali instalar? Idêntico raciocínio deve ser aplicado à engenharia. Como se poderia criar um projeto estrutural sem identificar previamente a utilização? Onde colocar os pilares de apoio sem saber se o imóvel vai ser utilizado como escritório, almoxarifado ou um auditório?

Esses estudos, apresentados sob a forma de *layout*, mostram a divisão operacional dos espaços disponíveis, com as respectivas áreas estimadas, de modo a proporcionar a visualização da ideia arquitetônica e a mensuração da área total estimada da construção a ser executada.

Quando for o caso, os ETP apresentarão a ideia relativa às demolições a serem executadas.

A ABNT (Associação Brasileira de Normas Técnicas) tem em seu acervo a norma brasileira ABNT NBR 16636, que trata da elaboração e desenvolvimento de serviços técnicos especializados de projetos arquitetônicos e urbanísticos. Nela, encontramos a seguinte definição:

> 3.91
> programa geral de necessidades (PGN)
> conjunto sistematizado de necessidades humanas, socioambientais e funcionais do contratante, objetivando a materialização do projeto

Os ETP devem atender obrigatoriamente a toda a legislação vigente.

Embora constem formalmente da Resolução nº 361/1991, do Confea, tendo sido, também, expressamente citados na Lei nº 8.666/1993, em seu art. 6º, inc. IX, os ETP ganharam relevância nos últimos anos para todos os tipos de contratação da administração pública, relevância formalizada nas disposições da Lei nº 14.133/2021. Em seu art. 6º, inc. XX, a norma legal assim define esse documento:

> Art. 6º Para os fins desta Lei, consideram-se:
> (...)
> XX – estudo técnico preliminar: documento constitutivo da primeira etapa do planejamento de uma contratação que caracteriza o interesse público envolvido e a sua melhor solução e dá base ao anteprojeto, ao termo de referência ou ao projeto básico a serem elaborados caso se conclua pela viabilidade da contratação;

Entende-se, portanto, que, a partir do programa de necessidades, o estudo técnico preliminar ou, simplesmente, ETP deve buscar a melhor solução para atender às necessidades do órgão ou entidade, baseando-se, ao menos em um primeiro momento, nas alternativas disponibilizadas pelo mercado, pois, como regra, essas necessidades podem ser perfeitamente atendidas por aquilo que o mercado já contém. Excepcionalmente, poderá haver a necessidade da busca de uma solução específica, inédita, conclusão que se obterá, também, no ETP.

O art. 18 da nova Lei detalha o conteúdo do ETP, a ser observado consoante as características de cada processo:

Art. 18. A fase preparatória do processo licitatório é caracterizada pelo planejamento e deve compatibilizar-se com o plano de contratações anual de que trata o inciso VII do caput do art. 12 desta Lei, sempre que elaborado, e com as leis orçamentárias, bem como abordar todas as considerações técnicas, mercadológicas e de gestão que podem interferir na contratação, compreendidos:
(...)
I – a descrição da necessidade da contratação fundamentada em estudo técnico preliminar que caracterize o interesse público envolvido;
(...)
§1º O estudo técnico preliminar a que se refere o inciso I do *caput* deste artigo deverá evidenciar o problema a ser resolvido e a sua melhor solução, de modo a permitir a avaliação da viabilidade técnica e econômica da contratação, e conterá os seguintes elementos:
I – descrição da necessidade da contratação, considerado o problema a ser resolvido sob a perspectiva do interesse público;
II – demonstração da previsão da contratação no plano de contratações anual, sempre que elaborado, de modo a indicar o seu alinhamento com o planejamento da Administração;
III – requisitos da contratação;
IV – estimativas das quantidades para a contratação, acompanhadas das memórias de cálculo e dos documentos que lhes dão suporte, que considerem interdependências com outras contratações, de modo a possibilitar economia de escala;
V – levantamento de mercado, que consiste na análise das alternativas possíveis, e justificativa técnica e econômica da escolha do tipo de solução a contratar;
VI – estimativa do valor da contratação, acompanhada dos preços unitários referenciais, das memórias de cálculo e dos documentos que lhe dão suporte, que poderão constar de anexo classificado, se a Administração optar por preservar o seu sigilo até a conclusão da licitação;
VII – descrição da solução como um todo, inclusive das exigências relacionadas à manutenção e à assistência técnica, quando for o caso;
VIII – justificativas para o parcelamento ou não da contratação;
IX – demonstrativo dos resultados pretendidos em termos de economicidade e de melhor aproveitamento dos recursos humanos, materiais e financeiros disponíveis;
X – providências a serem adotadas pela Administração previamente à celebração do contrato, inclusive quanto à capacitação de servidores ou de empregados para fiscalização e gestão contratual;
XI – contratações correlatas e/ou interdependentes;

XII – descrição de possíveis impactos ambientais e respectivas medidas mitigadoras, incluídos requisitos de baixo consumo de energia e de outros recursos, bem como logística reversa para desfazimento e reciclagem de bens e refugos, quando aplicável;

XIII – posicionamento conclusivo sobre a adequação da contratação para o atendimento da necessidade a que se destina.

§2º O estudo técnico preliminar deverá conter ao menos os elementos previstos nos incisos I, IV, VI, VIII e XIII do §1º deste artigo e, quando não contemplar os demais elementos previstos no referido parágrafo, apresentar as devidas justificativas.

§3º Em se tratando de estudo técnico preliminar para contratação de obras e serviços comuns de engenharia, se demonstrada a inexistência de prejuízo para a aferição dos padrões de desempenho e qualidade almejados, a especificação do objeto poderá ser realizada apenas em termo de referência ou em projeto básico, dispensada a elaboração de projetos.

Embora seja uma descrição do ETP válida para qualquer tipo de objeto, nada impede que seja considerada básica também para as situações específicas de contratações na área de engenharia/arquitetura, observando-se, especialmente, as disposições do §2º do art. 18, que relaciona os pontos fundamentais.

É interessante observar, também, as disposições do §3º do mesmo artigo. Dispõe a Lei que, em se tratando de objeto constituído por obras e serviços de engenharia de menor porte, sem grandes exigências técnicas, a especificação do objeto poderá ser realizada apenas em termo de referência ou em projeto básico, dispensada a elaboração dos projetos executivos.

Fazemos ressalva à menção a termo de referência *ou* projeto básico, como sendo alternativas. Na realidade, como regra, todos os trabalhos na área de engenharia, seja obra ou serviço, ainda que de pequeno porte, devem conter projeto básico. Termo de referência, vale lembrar, foi um documento cuja criação veio por meio dos decretos regulamentadores da modalidade licitatória pregão, modalidade que não se aplica às obras de engenharia, como confirmado pela nova Lei. Assim, na melhor das hipóteses, o termo de referência seria aplicável apenas aos serviços de engenharia, nunca às obras, e, ainda assim, não como substituto do projeto básico, mas como complemento, em algumas situações específicas. A existência de projeto básico só pode ser dispensada nas hipóteses definidas na já citada Resolução nº 361/1991, do Confea:

Art. 5º. Poderá ser dispensado o Projeto Básico com as características descritas nos artigos anteriores, para os empreendimentos realizados nas seguintes situações:
I – nos casos de guerra ou graves perturbações da ordem;
II – nos casos de obras ou serviços de pequeno porte, isolados e sem complexidade técnica de gerenciamento e execução;
III – nos casos de emergência, quando caracterizada a urgência de atendimento de situação que possa ocasionar prejuízo ou comprometer a segurança de pessoas, obras, serviços, equipamentos e outros bens, públicos e privados.
Parágrafo único – O responsável técnico do órgão contratante deverá justificar a urgência para o atendimento dos casos de emergência, referida neste artigo, emitindo respectivo laudo técnico com Anotação de Responsabilidade Técnica – ART.

O §3º do art. 28 da Nova Lei de Licitações e Contratos (NLLC), na realidade, parece referir-se especificamente à possibilidade de tornar desnecessária a elaboração do projeto executivo no caso de pequenas obras ou pequenos serviços de engenharia, situação que, na prática, já ocorre. Nesses casos, o projeto básico é o documento necessário e suficiente para que os trabalhos sejam realizados, não havendo, então, necessidade de elaboração do projeto executivo. Mesmo em determinados serviços será possível substituir o projeto básico pelo termo de referência. A própria contratação da elaboração de projetos de engenharia/arquitetura não demanda necessariamente a existência de um projeto básico. Pode ser feita, tranquilamente, a partir de um termo de referência que contenha todas as condições indispensáveis para que o trabalho venha a ser executado.

Para a elaboração desses estudos, a administração poderá utilizar profissionais de seus quadros de recursos humanos, se houver, ou terceirizar por meio da contratação de um profissional/empresa.

No caso de contratação, a melhor alternativa é a realização de licitação na modalidade Concurso (art. 28, inc. III, da Lei nº 14.133/2021). Os órgãos de classe (Confea e CAU/BR) costumam contestar a realização de certame do tipo "menor preço", considerando tratar-se de seleção de trabalho técnico. No entanto, temos visto com frequência órgãos/entidades da administração pública fazerem essa seleção por meio de licitação do tipo menor preço, usando, inclusive, a modalidade pregão.

Tal opção parece-nos questionável, uma vez que que a Lei nº 9.610/1998, que consolida a legislação sobre direitos autorais, considera, em seu art. 7º, como já afirmado, que são obras intelectuais protegidas as criações do espírito humano, como os projetos, esboços e obras plásticas concernentes à engenharia e à arquitetura, entre outras (inc. X). Ora, considerar uma criação do espírito humano, protegida pela Lei dos Direitos Autorais, como um serviço comum, passível de ser contratado mediante pregão, discutindo apenas o valor cotado pelos pretensos contratados, parece-nos algo difícil de justificar.

Lembremos que, em relação às áreas a serem ocupadas, o profissional deverá se basear em padrões arquitetônicos usualmente utilizados para o tipo de ocupação prevista. No caso específico de obras públicas no âmbito do Poder Judiciário, deverão ser considerados os padrões de área definidos na Resolução nº 114, de 20 de abril de 2010, alterada pela Resolução nº 132, de 21 de junho de 2011, ambas do Conselho Nacional de Justiça (CNJ).

Em relação ao custo, o profissional deverá elaborar um orçamento expedito, baseando-se em custos históricos, índices, gráficos, estudos de ordens de grandeza, correlações ou comparação com projetos similares. Esse orçamento é denominado Estimativa de Custo e tem uma faixa de precisão de mais ou menos 30% para obras de edificação, de acordo com o Ibraop.[9]

A administração contratante deverá optar por uma das alternativas apresentadas, levando em consideração, particularmente, o valor que poderá disponibilizar para a obra a ser contratada.

No âmbito da administração federal, foi publicada a Instrução Normativa nº 58, de 8 de agosto de 2022, do Ministério da Economia/ Secretaria Especial de Desburocratização, Gestão e Governo Digital/ Secretaria de Gestão, que, como indica sua ementa, dispõe sobre a elaboração dos ETP para a aquisição de bens e a contratação de serviços e obras. Muito embora se trate de uma Instrução Normativa (IN) de observância obrigatória somente pelos órgãos e entidades da administração pública direta, autárquica e fundacional, bem como

---

[9] Orientação Técnica Ibraop OT–IBR 004/2012. Disponível em: www.ibraop.org.br/wp-content/uploads/2013/04/OT_IBR0042012.pdf. Acesso em: 11 nov. 2024.

pelos órgãos e entidades das administrações distrital, estaduais e municipais, estas apenas quando executarem recursos da União decorrentes de transferências voluntárias, vamos fazer uma análise sobre essa norma, na medida em que muitos Estados e Municípios acabam se valendo dos regulamentos federais para aplicação em seus processos de contratação, ainda que facultativamente.

No art. 8º da IN há expressa menção aos responsáveis pela elaboração do ETP, em cada caso. Dispõe o artigo: "Art. 8º. O ETP será elaborado conjuntamente por servidores da área técnica e requisitante ou, quando houver, pela equipe de planejamento da contratação, observado o §1º do art. 3º".

O art. 3º, §1º, mencionado na parte final, dispõe que um mesmo agente público ou um mesmo setor podem exercer simultaneamente os papéis de requisitante e de área técnica, desde que detenham conhecimento técnico-operacional sobre o objeto. Parece-nos ser o caso, por exemplo, da área de engenharia, quando exercer o papel de requisitante, pois sempre será a área técnica no processo.

Os elementos que devem compor o ETP, descritos na IN, são os mesmos constantes da Lei nº 14.133/2021, anteriormente transcritos. Deles, vale comentar mais detalhadamente os seguintes:

1. O inc. IV do art. 9º da IN cita literalmente a necessidade da análise da solução como um todo. Isso é muito importante na engenharia, na medida em que a edificação, por si só, não é suficiente para atender à necessidade pública. Uma obra precisa estar acompanhada dos equipamentos, indispensáveis em determinadas situações, como ar-condicionado, rede lógica, grupo gerador, subestação de energia elétrica, equipamentos de auditório, mobiliário em geral etc. Todas essas necessidades precisam ser definidas dentro do ETP, para evitar que somente após a conclusão da obra a administração comece a providenciar esses complementos, o que significaria enorme perda de tempo e de recursos. Da mesma forma, no caso da contratação de serviços de engenharia, as providências devem ser analisadas como um todo dentro do ETP. Infelizmente, tem sido muito comum em nosso país a situação em que a administração pública adquire determinados equipamentos e não pode utilizá-los por falta de ambiente adequado. Exemplificativamente, temos visto hospitais públicos que

adquirem equipamentos de primeira linha para o atendimento aos cidadãos e ficam por longo tempo sem usá-los, porque não foram providenciados tempestivamente as instalações elétricas e lógicas, o ambiente físico etc.

2. O inc. VI menciona a necessidade da definição da estimativa do valor da contratação. Não se está a falar de um orçamento detalhado; este será elaborado em outro momento, quando da preparação do projeto básico. Na fase de ETP, a administração precisa ter conhecimento do custo estimado, com razoável margem de segurança, até para definir que a solução ao final apontada como a mais adequada possa ser viabilizada por meio de recursos disponíveis no orçamento do órgão/entidade. É uma definição mais empírica, realizada com base em custos históricos e na comparação com obras similares, por exemplo.

Muito apropriadamente, a OT – IBR 004/2012, do Ibraop, que trata da precisão do orçamento de obras públicas, denomina essa análise de custo provável como Estimativa de Custo.

3. Da mesma forma, o inc. V do art. 9º, ao mencionar a definição dos quantitativos a serem contratados, fala em estimativa. Em se tratando de obra, teremos uma estimativa da área a ser construída para atender ao programa de necessidades. A precisão virá quando da elaboração do projeto básico.

É importante destacar que, ao final da elaboração do ETP, a equipe responsável deverá assumir um posicionamento claro e objetivo, não só sobre a melhor solução a ser adotada, como também sobre a adequação dessa solução para o atendimento às necessidades da administração. Isso vai permitir à autoridade competente deliberar de forma consciente sobre a sua aprovação, que dará sequência ao processo, ou sobre a sua recusa, justificadamente, que implicará a sustação da continuidade do processo, ao menos naquele momento.

Destacamos, ainda, por considerarmos importantes em termos de contratações de engenharia na administração pública, as disposições do art. 10 da IN:

> Art. 10. Durante a elaboração do ETP deverão ser avaliadas:
> I – a possibilidade de utilização de mão de obra, materiais, tecnologias e matérias-primas existentes no local da execução, conservação e

operação do bem, serviço ou obra, desde que não haja prejuízos à competitividade do processo licitatório e à eficiência do respectivo contrato, nos termos do §2º do art. 25 da Lei nº 14.133, de 2021;
II – a necessidade de ser exigido, em edital ou em aviso de contratação direta, que os serviços de manutenção e assistência técnica sejam prestados mediante deslocamento de técnico ou disponibilizados em unidade de prestação de serviços localizada em distância compatível com suas necessidades, conforme dispõe o §4º do art. 40 da Lei nº 14.133, de 2021; e
III – as contratações anteriores voltadas ao atendimento de necessidade idêntica ou semelhante à atual, como forma de melhorar a *performance* contratual, em especial nas contratações de execução continuada ou de fornecimento contínuo de bens e serviços, com base, inclusive, no relatório final de que trata a alínea "d" do inciso VI do §3º do art. 174 da Lei nº 14.133, de 2021.

A possibilidade de utilização de mão de obra e matérias-primas existentes no local da execução é sempre extremamente relevante no caso de obras e serviços de engenharia. A uma, por ser uma forma de fomentar a economia local, implicando diretamente o desenvolvimento regional. A duas, especialmente em relação às matérias-primas, porque o Brasil é, realisticamente, constituído por vários países reunidos sob uma ordem única. Cada país tem suas características próprias, culturais, materiais disponíveis, variações climáticas etc. Tudo isso precisa ser respeitado por ocasião da elaboração do ETP e dos estudos subsequentes, para que tenhamos, ao final, uma obra perfeitamente harmonizada com o meio ambiente, com facilidade de manutenção e operação.

Importante, também, é a questão relativa às contratações anteriores. Diz-se que errar é humano, mas repetir os mesmos erros não pode ser admitido, especialmente quando trabalhamos com recursos públicos. Assim, é indispensável que seja feita uma análise das contratações realizadas anteriormente, para que os erros e as falhas eventualmente cometidos venham a ser escoimados do novo processo. Afinal, a administração está sujeita ao princípio constitucional da eficiência, como expressamente previsto no *caput* do art. 37 da nossa Constituição Federal.

CAPÍTULO 5

DEFINIÇÃO DA ALTERNATIVA

Os estudos preliminares serão apresentados pela equipe responsável por sua elaboração ao órgão/entidade da administração pública que pretende executar a obra/serviço. Cabe à administração, por meio da autoridade que detenha competência para decidir, examinar se todos os seus pleitos, definidos no Programa de Necessidades, foram atendidos e se foi apresentada a melhor solução para o alcance dos resultados almejados, solicitando esclarecimentos da equipe sempre que dúvidas existirem.

É natural que os estudos preliminares apresentados não atendam integralmente aos anseios do órgão/entidade em um primeiro momento. Ajustes deverão ser feitos quando necessário.

A administração deverá, ao final dessa etapa, escolher a alternativa considerada mais vantajosa, a que melhor atende aos interesses definidos no Programa de Necessidades, inclusive em relação ao valor estimado. Nessa escolha, deve-se levar em consideração que o orçamento estimativo apresentado nessa fase admite uma faixa de precisão de mais ou menos 30% para obras de edificações, variação que pode ser superior em outras tipologias de obras.

Assim, se a administração dispõe de 1 milhão de reais para executar a obra, deve exigir que o orçamento correspondente à essa fase não ultrapasse esse valor, já considerando a variação decorrente da faixa de precisão, para que não venha a ter embaraços futuros, com a paralisação da obra por falta dos recursos necessários para sua conclusão.

CAPÍTULO 6

ANTEPROJETO DE ENGENHARIA/ARQUITETURA

Definida a alternativa escolhida nos estudos preliminares, esta passará a ser desenvolvida pelos profissionais responsáveis, de forma a atingirmos a fase de anteprojeto. Esta pode ser considerada uma fase intermediária do processo, pois já apresenta as condições mais definitivas daquilo que foi definido na fase anterior, porém sem o detalhamento completo.

Para a Lei nº 14.133/2021, anteprojeto é:

Art. 6º. Para os fins desta Lei, consideram-se:
(...)
XXIV – anteprojeto: peça técnica com todos os subsídios necessários à elaboração do projeto básico, que deve conter, no mínimo, os seguintes elementos:
a) demonstração e justificativa do programa de necessidades, avaliação de demanda do público-alvo, motivação técnico-econômico-social do empreendimento, visão global dos investimentos e definições relacionadas ao nível de serviço desejado;
b) condições de solidez, de segurança e de durabilidade;
c) prazo de entrega;
d) estética do projeto arquitetônico, traçado geométrico e/ou projeto da área de influência, quando cabível;
e) parâmetros de adequação ao interesse público, de economia na utilização, de facilidade na execução, de impacto ambiental e de acessibilidade;
f) proposta de concepção da obra ou do serviço de engenharia;
g) projetos anteriores ou estudos preliminares que embasaram a concepção proposta;
h) levantamento topográfico e cadastral;
i) pareceres de sondagem;

j) memorial descritivo dos elementos da edificação, dos componentes construtivos e dos materiais de construção, de forma a estabelecer padrões mínimos para a contratação;

O anteprojeto já representa, portanto, um trabalho técnico, especificamente voltado às áreas de engenharia e arquitetura. Segundo o Ibraop, anteprojeto é a representação técnica da opção aprovada nos estudos preliminares, que serve para subsidiar a elaboração do projeto básico, apresentado em desenhos em número, escala e detalhes suficientes para a compreensão da obra planejada, contemplando especificações técnicas, memorial descritivo e orçamento estimativo, e deve ser elaborado como parte da sequência lógica das etapas que compõem o desenvolvimento de uma obra, precedido obrigatoriamente de estudos preliminares, programa de necessidades e estudo de viabilidade.[10]

A partir dessa fase, começa o desenvolvimento dos assim denominados projetos complementares, como o de estrutura e instalações hidrossanitárias e elétricas.

O anteprojeto de engenharia conterá, no que couber em cada caso, os seguintes documentos:

a) Programa de necessidades.
b) Nível do serviço desejado.
c) Identificação e titularidade de terrenos nos quais a obra será executada.
d) Condições de solidez, segurança, durabilidade e prazo de entrega da obra.
e) Levantamentos preliminares que embasaram a concepção adotada, como geológicos, geotécnicos, hidrológicos, batimétricos, topográficos, sociais, ambientais e cadastrais, conforme o caso.
f) Desenhos preliminares da concepção da obra.
g) Parâmetros de adequação ao interesse público, à economia na utilização, à facilidade na execução, aos impactos ambientais e à acessibilidade.
h) Previsão de utilização de produtos, equipamentos e serviços que, comprovadamente, reduzam o consumo de energia e de recursos naturais.

---

[10] Orientação Técnica Ibraop OT – IBR 006/2016. Disponível em: www.ibraop.org.br/orientacoes-tecnicas. Acesso em: 11 nov. 2024.

i) Projetos anteriores, caso existam e sejam de interesse para demonstrar a solução pretendida.

j) Diagnóstico ambiental da área de influência do projeto, incluindo a avaliação do passivo ambiental, o estudo dos impactos ao meio ambiente e as prováveis medidas mitigadoras ou compensatórias, conforme o caso.

k) Avaliação de impactos de vizinhança, quando exigida pela legislação aplicável.

l) Proteção do patrimônio cultural, histórico, arqueológico e imaterial, inclusive por meio da avaliação do impacto direto ou indireto causado pelas obras contratadas, quando exigida pelas legislações aplicáveis.

m) Memorial descritivo da obra, indicando os componentes construtivos e os materiais de construção a serem empregados, de forma a estabelecer padrões mínimos para a contratação.

n) Estudo de tráfego, no caso de vias terrestres.

o) Compatibilidade com o Plano Diretor e com o Plano de Saneamento Básico, no caso de obras de saneamento básico.

Como veremos em capítulo posterior, o anteprojeto é fundamental para a realização da licitação quando for adotado o regime de execução denominado contratação integrada. Por isso mesmo, dele devem constar todas as soluções técnicas, como a definição dos materiais e dos equipamentos a serem utilizados, o dimensionamento de estruturas e componentes da obra, entre outras.

Especialmente aqueles que não detêm conhecimentos técnicos sobre engenharia/arquitetura costumam imaginar que o anteprojeto ainda é uma fase muita vaga do desenvolvimento da solução. Ao revés, já nessa fase temos muitos elementos perfeitamente definidos, sendo, inclusive, possível definir o custo estimado da obra com um nível de precisão que permite perfeitamente a adequação dos orçamentos do órgão ou entidade. Nesse sentido, da já citada OT – IBR 006/2016, do Ibraop, que trata especificamente do anteprojeto, destacamos:

> As soluções técnicas, tais como definição de materiais e equipamentos a serem empregados, dimensionamento de estruturas e componentes da obra e metodologias executivas, são elementos obrigatórios do

anteprojeto quando assim definidos no instrumento convocatório, constituindo-se em obrigações de meio. Em caso contrário, podem ser estabelecidas posteriormente à licitação, no projeto básico.

As especificações técnicas atinentes às características finais do produto, tais como dimensões, acabamentos, qualidade e desempenho, por se constituírem em obrigações de resultado (finalísticas) devem estar previamente definidas no edital, o qual também deverá explicitar quais dessas características poderão ser alteradas quando da elaboração do projeto básico.

Considerando-se os tipos de obras mais comuns, os elementos técnicos mínimos que devem compor o anteprojeto de engenharia são os seguintes:[11]

A. Obras de edificações.

(continua)

Especialidade	Elemento	Conteúdo
Concepção geral	Memorial	Memorial descritivo da obra
Topografia	Desenho	• Levantamento planialtimétrico do terreno • Levantamento cadastral das principais interferências (tubulações, linhas de energia etc.)
Geotecnia	Desenho	• Locação dos furos de sondagem • Desenhos de perfis resultantes das sondagens SPT • Desenhos de perfis resultantes de eventuais outras sondagens (rotativa etc.)
	Memorial	• Descrição das características do solo, estimativa de resistência de solo superficial e recomendação de tipo de fundação

---

[11] Orientação Técnica OT-IBR 006/2016, do Ibraop. Disponível em: www.ibraop.org.br/orientacoes-tecnicas. Acesso em: 11 set. 2024.

(continua)

Especialidade	Elemento	Conteúdo

Arquitetura	Desenho	• Desenhos em escala com cotas principais (detalhes de abertura são opcionais) de:
		  • planta geral de implantação (localização do terreno e da obra)
		  • plantas dos pavimentos
		  • plantas das coberturas
		  • cortes (longitudinal e transversal)
		  • elevações (fachadas)

	Memorial	• Descritivo da edificação • Materiais de construção que caracterizem os padrões esperados para a edificação

Terraplenagem	Desenho	• Desenhos em escala 1 : 100 ou maior, com cotas principais (detalhes são opcionais) de:
		  • planta de terraplenagem
		  • cortes de terraplenagem

	Memorial	• Descrição da solução prevista para a terraplenagem
Fundações	Desenho	• Desenhos em escala 1 : 50 ou maior, com cotas principais (detalhes são opcionais) de: • plantas de lançamento preliminar (posição e dimensões pré-dimensionadas da seção transversal) de elementos da fundação (sapatas, blocos, estacas etc.)
	Memorial	• Descrição da solução prevista para a fundação

Estrutura	Desenho	• Desenhos em escala 1 : 50 ou maior, com cotas principais (detalhes são opcionais) de:
		  • plantas de lançamento preliminar (posição e medidas pré-dimensionadas das seções transversais de elementos estruturais de pavimentos (vigas, pilares, lajes, escadas etc.)
		  • corte de lançamento preliminar de elementos estruturais da edificação

	Memorial	• Descrição da solução prevista para a estrutura

(continua)

Especialidade	Elemento	Conteúdo
Instalações hidrossanitárias	Desenho	• Desenhos em escala 1 : 75 ou maior, com cotas principais (detalhes são opcionais) de: • locação preliminar, em planta, dos pontos e elementos hidrossanitários • locação preliminar, em planta, de reservatórios, bombas e outros dispositivos relevantes • locação pretendida para entrada de água e saída de esgoto e de águas pluviais
	Memorial	• Descrição das características principais e as demandas da instalação pretendida • Informações quanto à qualidade dos materiais empregados e situações específicas a serem consideradas nas instalações hidráulicas
Instalações elétricas	Desenho	• Desenhos em escala 1 : 75 ou maior, com cotas principais (detalhes são opcionais) de: • locação em planta dos pontos elétricos • locação em planta de quadros de distribuição, medidores e transformadores. • locação em planta da entrada de energia
	Memorial	• Descrição da demanda pretendida para as instalações elétricas, características de iluminação, demandas de cargas para todos os equipamentos elétricos • Informações quanto à qualidade dos materiais empregados e situações específicas a serem consideradas nas instalações elétricas
Instalações telefônicas	Desenho	• Desenhos em escala 1 : 75 ou maior, com cotas principais (detalhes são opcionais) de: • locação em planta dos pontos telefônicos, inclusive quadros de distribuição • locação da entrada do serviço de telefonia
	Memorial	• Descrição da demanda pretendida para as instalações telefônicas • Informações quanto à qualidade dos materiais empregados e situações específicas a serem consideradas nas instalações telefônicas

(continua)

Especialidade	Elemento	Conteúdo
Prevenção de incêndios	Desenho	• Desenhos em escala 1 : 75 ou maior, com cotas principais (detalhes são opcionais) de: • locação em planta dos elementos para prevenção de incêndio
	Memorial	• Informações quanto à qualidade dos materiais empregados e situações específicas a serem consideradas nas instalações de prevenção de incêndios

Climatização	Desenho	• Desenhos em escala 1 : 75 ou maior, com cotas principais (detalhes são opcionais) de:
		  • locação em planta dos pontos de condicionamento de ar
		  • locação de equipamentos (unidades condensadoras e evaporadoras)

	Memorial	• Descrição da demanda pretendida para as instalações de condicionamento de ar • Informações quanto à qualidade dos materiais empregados e situações específicas a serem consideradas nas instalações de condicionamento de ar
Instalações especiais	Desenho	• Desenhos em escala 1 : 75 ou maior, com cotas principais (detalhes são opcionais) de: • locação em planta de pontos de utilização dos dispositivos e outros elementos de interesse específico do contratante
	Memorial	• Descrição da demanda pretendida para as instalações especiais • Informações quanto à qualidade dos materiais empregados e situações específicas a serem consideradas nas instalações especiais (lógica, vídeo, alarme, detecção de fumaça etc.)
Transporte vertical	Desenho	• Desenhos em escala 1 : 75 ou maior, com cotas principais (detalhes são opcionais) de: • locação em planta dos equipamentos para transporte vertical
	Memorial	• Informações quanto à qualidade dos materiais empregados e situações específicas a serem consideradas nas instalações de transporte vertical

(conclusão)

Especialidade	Elemento	Conteúdo
Orçamento	Planilha	• Orçamento elaborado de acordo com as regras especificadas adiante • Cronograma físico-financeiro preliminar • Matriz de alocação de riscos, quando for adotado o regime de contratação integrada (RDC)

B. Obras rodoviárias.

(continua)

Especialidade	Elemento	Conteúdo
Concepção geral	Planilha	• Quadro de características técnicas
	Desenho	• Mapa de situação
	Memorial	• Memorial descritivo da obra
Topografia	Desenho	• Levantamento planialtimétrico
Desapropriação	Desenho	• Identificação de áreas ocupadas passíveis de desapropriação ou reassentamento
	Memorial	• Descrição das áreas ocupadas passíveis de desapropriação ou reassentamento
Geotecnia	Memorial	• Estudos geotécnicos que caracterizam a ocorrência e a localização de jazidas, bem como o comportamento do subleito
Terraplenagem	Desenho	• Seções transversais-tipo • Identificação das áreas de empréstimos e bota-fora
	Memorial	• Estimativa de volumes de corte e aterro por categoria de material
Geometria da via	Desenho	• Definição do traçado • Seções transversais-tipo • Traçado em planta que contenha interseções, acesso, projeções de obras de arte • Traçado em perfil longitudinal que contenha linha do terreno natural, greide e posição das obras de arte

(conclusão)

Especialidade	Elemento	Conteúdo
Pavimentação	Desenho	• Seções transversais-tipo
	Memorial	• Pré-dimensionamento da estrutura do pavimento
Concepções complementares	Desenho	• Identificação de interferências com equipamentos e serviços públicos para remoção ou realocação • Características geométricas, topográficas e hidrológicas das obras de arte especiais
	Memorial	• Soluções de drenagem com base em estudos hidrológicos • Especificações básicas de sinalização horizontal e vertical, defensas, cercas, proteção vegetal • Estudos ambientais que identifiquem áreas protegidas legalmente, passivos e condicionantes ambientais
Orçamento	Planilha	• Orçamento elaborado de acordo com as regras especificadas adiante • Cronograma físico-financeiro • Matriz de alocação de riscos, quando for adotado o regime de contratação integrada (RDC)

C. Obras de saneamento – tratamento de água e de esgotamento sanitário.

(continua)

Especialidade	Elemento	Conteúdo
Concepção geral	Desenho e fotografias	Concepção básica em planta topográfica da área abrangida pelo sistema, localizando em única planta e em escala conveniente: • Sistema de Abastecimento de Água (SAA): captação, rede de água bruta, Estação de Tratamento de Água (ETA), rede de distribuição, estações elevatórias, reservação e demais instalações existentes • Sistema de Tratamento de Esgoto (SES): rede de coleta, Estação de Tratamento de Esgoto (ETE), estações de recalque, disposição final e emissário, poços de visita (PVs), demais instalações existentes e a delimitação de bacias de esgotamento, quando for o caso Para SAA ou SES: • Cadastramento populacional • Zoneamento urbano (plano de urbanização com base na legislação relativa ao uso e ocupação do solo) • Registro fotográfico das instalações existentes e das áreas disponíveis para os elementos do sistema
	Memorial	Estudo de concepção, baseado no Plano Diretor do Município e no Plano Municipal de Saneamento Básico, para SAA ou SES: • População a ser atendida (estimativa avaliada ano a ano, inclusive densidade sazonal) • Projeção detalhada da demanda • Justificativas das características técnicas e operacionais do sistema • Justificativas da definição da alternativa de tecnologia utilizada no tratamento • Registro de eventuais problemas relacionados com a configuração topográfica e características geológicas da região de localização dos elementos constituintes do sistema • Definição de prazos para as metas progressivas e graduais de expansão dos serviços • Estimativas de ações para emergências e contingências

(continua)

Especialidade	Elemento	Conteúdo
Concepção geral	Memorial	Para SAA: • Vazão de projeto (quantidade de água exigida) • Escolha do manancial • Estudo de tratabilidade da água • Estudo para redução de perdas • Dimensionamento preliminar de captação, rede de água bruta, ETA, rede de distribuição, estações elevatórias e reservação etc. • Memórias de cálculos dos dimensionamentos • Memorial descritivo das unidades operacionais do sistema • Proposição de medidas de fomento à moderação do consumo de água Para SES: • Volume de esgoto tratado • Fixação preliminar das características do esgoto, cargas poluidoras atuais e futuras • Padrões de lançamento dos efluentes • Destinação dos esgotos tratados (condições sanitárias dos corpos receptores) • Avaliação da população de saturação • Dimensionamento preliminar da rede de coleta, ETE, estações elevatórias, disposição final e emissário etc. • Definição da rede coletora simples ou dupla, utilização de poços de visitas (PVs) ou terminais de inspeção e limpeza (TLS e TILS) • Memórias de cálculos dos dimensionamentos • Memorial descritivo das unidades operacionais do sistema

(conclusão)

Especialidade	Elemento	Conteúdo
Topografia	Desenho	• Levantamento planialtimétrico da área do sistema e de suas zonas de expansão, em escala mínima de 1 : 2000 (com curvas de nível de metro em metro e pontos cotados onde necessários), com detalhes do arruamento, tipo de pavimento, obras especiais, interferências e cadastro da rede existente
	Memorial	• Levantamento cadastral de rede existente • Levantamento de obstáculos superficiais e subterrâneos nos logradouros em que, provavelmente, devem ser traçadas as redes • Descrição de possíveis interferências com redes e elementos do sistema
Desapropriação	Desenho	• Identificação de áreas ocupadas passíveis de desapropriação ou reassentamento (principalmente para traçados em áreas ribeirinhas)
	Memorial	• Descrição das áreas ocupadas passíveis de desapropriação ou reassentamento
Geotecnia	Desenho	• Sondagens de reconhecimento para determinação da natureza do terreno e dos níveis do lençol freático • Locação de furos de sondagem em áreas de ETE ou ETA e estações elevatórias • Desenhos de perfis resultantes de sondagens
	Memorial	• Descrição das características do solo (para ETE, ETA, estações elevatórias e do traçado das redes)
Orçamento	Planilha	• Orçamento elaborado de acordo com as regras especificadas adiante • Cronograma físico-financeiro preliminar • Matriz de alocação de riscos quando for adotado o regime de contratação integrada (RDC)

Em determinado momento de sua Orientação Técnica, o Ibraop menciona a existência de obrigações de meio. Para o perfeito entendimento do assunto, indaga-se: o que seriam essas obrigações?

Obrigações de meio são determinações oriundas da administração pública contratante às quais o contratado não pode se furtar, ainda que delas discorde. Ele, contratado, será cobrado pelo cumprimento dessas obrigações, por meio da fiscalização da administração. Em contraposição a elas, temos as obrigações de resultado. Nestas, a administração determina somente os resultados que pretende alcançar, deixando caminho livre para que o contratante escolha a melhor maneira de atingi-los. Mais adiante, esse tema será melhor explicitado.

CAPÍTULO 7

ELABORAÇÃO DO ORÇAMENTO CORRESPONDENTE À FASE DE ANTEPROJETO

O orçamento estimativo, elaborado na fase de anteprojeto de engenharia, é denominado orçamento sintético e representa o preço estimado para a construção. É composto do custo global da obra, dos Benefícios e Despesas Indiretas (BDI) e, se for adotado o regime de contratação integrada, do adicional excepcional relativo ao risco transferido ao contratado.

O profissional encarregado da elaboração do orçamento sintético deve fazer o levantamento dos quantitativos de serviços com base no anteprojeto de engenharia. Esse levantamento deve ter precisão compatível com o nível de detalhamento já disponível nessa fase do projeto, indicando a descrição, a unidade de medida, o preço unitário, a quantidade e o preço total de cada serviço da obra.

Nos serviços para os quais ainda não houver detalhamento suficiente no anteprojeto de engenharia, os quantitativos deverão ser estimados por meio de índices médios. Nesse caso, o orçamento será elaborado com base na metodologia paramétrica: serão utilizados parâmetros de custos ou de quantidades de parcelas do empreendimento obtidos a partir de obras com características similares, a exemplo de:

- percentual do custo total da obra: mobilização e desmobilização, administração local e projetos;
- custo por unidade de comprimento: defensa, meio-fio e sarjeta;
- custo por unidade de área: canteiro de obras, impermeabilização e limpeza final da obra;

- custo por unidade de volume: demolição, movimentação de terra e sistemas de climatização de ar;
- custo por ponto de utilização: instalações hidráulicas, instalações sanitárias, instalações elétricas e circuito fechado de vídeo (CFTV).

Se a obra envolver um empreendimento absolutamente singular em nosso país, tornando inviável a elaboração do orçamento mesmo por meio de metodologia paramétrica, dever-se-á utilizar a metodologia expedita, que é baseada em preços por unidade de capacidade ou na utilização de indicadores de preços médios por unidade característica do empreendimento. Exemplos:
- Obras de edificação: preço por metro quadrado de área construída.
- Obras de geração de energia: preço por megawatt (MW) de potência instalada.
- Estações de tratamento de água ou de esgoto: preço por unidade de volume tratado.
- Linhas de transmissão de energia: preço por quilômetro de linha com as mesmas características técnicas.
- Estádios de futebol: preço por assento disponibilizado.

No caso de utilização da metodologia expedita, para cálculo do orçamento estimativo será aplicada a fórmula:

$$Oe = Q \times P$$

em que:
Oe – orçamento estimativo do empreendimento;
Q – quantidade de unidades relativas à execução do empreendimento;
P – preço por unidade característica ou de capacidade do empreendimento.

Em se tratando de obra pública, mesmo, como regra, estadual ou municipal, passa a ser obrigatória, com a Lei nº 14.133/2021, a utilização dos referenciais SINAPI ou SICRO, conforme o caso, como balizamento principal dos preços a serem utilizados nos orçamentos. Esses referenciais poderão ser alterados se o serviço não estiver contemplado nesses sistemas ou se, comprovadamente, os preços neles constantes não estiverem compatíveis com a realidade do mercado do local onde a obra vai ser realizada ou não forem compatíveis com as características peculiares da obra. Tais situações devem ser demonstradas nos autos do respectivo processo. É o que vemos nas disposições do art. 23 da nova Lei:

> Art. 23. O valor previamente estimado da contratação deverá ser compatível com os valores praticados pelo mercado, considerados os preços constantes de bancos de dados públicos e as quantidades a serem contratadas, observadas a potencial economia de escala e as peculiaridades do local de execução do objeto.
> (...)
> §2º No processo licitatório para contratação de obras e serviços de engenharia, conforme regulamento, o valor estimado, acrescido do percentual de Benefícios e Despesas Indiretas (BDI) de referência e dos Encargos Sociais (ES) cabíveis, será definido por meio da utilização de parâmetros na seguinte ordem:
> I – composição de custos unitários menores ou iguais à mediana do item correspondente do Sistema de Custos Referenciais de Obras (Sicro), para serviços e obras de infraestrutura de transportes, ou do Sistema Nacional de Pesquisa de Custos e Índices de Construção Civil (Sinapi), para as demais obras e serviços de engenharia;
> II – utilização de dados de pesquisa publicada em mídia especializada, de tabela de referência formalmente aprovada pelo Poder Executivo federal e de sítios eletrônicos especializados ou de domínio amplo, desde que contenham a data e a hora de acesso;
> III – contratações similares feitas pela Administração Pública, em execução ou concluídas no período de 1 (um) ano anterior à data da pesquisa de preços, observado o índice de atualização de preços correspondente;
> IV – pesquisa na base nacional de notas fiscais eletrônicas, na forma de regulamento.
> §3º Nas contratações realizadas por Municípios, Estados e Distrito Federal, desde que não envolvam recursos da União, o valor previamente estimado da contratação, a que se refere o *caput* deste artigo, poderá ser definido por meio da utilização de outros sistemas de custos adotados pelo respectivo ente federativo.

Vemos no §3º do art. 23 que, em se tratando de obra a ser executada integralmente com recursos do tesouro estadual ou municipal, esses referenciais deixam de ser obrigatórios, podendo ser utilizado outro referencial oficial do respectivo ente federativo. No entanto, em não existindo o referencial oficial estadual/municipal, o SINAPI e o SICRO podem/devem ser adotados, com os devidos ajustes para a realidade do mercado local e para as especificidades da obra a ser executada.

Deve-se alertar, ainda, que, em se tratando da contratação de obras pelas assim chamadas empresas estatais, a utilização do referencial SINAPI/SICRO também é obrigatória, ainda que se trate de estatal estadual ou municipal. Isso porque a Lei nº 13.303, de 30 de junho de 2016 – o estatuto jurídico das empresas estatais –, tem abrangência nacional, não se limitando à esfera federal, como é o caso do Decreto Federal nº 7.983, de 8 de abril de 2013. Nesse sentido, já se manifestou o TCU:

> 36. Percebe-se que a Lei 13.303/2016, por ser uma Lei Nacional, aplicável às empresas estatais das três esferas da Federação, conferiu uma abrangência ainda maior para o Sinapi, estatuindo o seu uso para todos os entes federativos, e não mais apenas para os empreendimentos que contam com o aporte de recursos federais.[12]

Cuidado especial deve ser tomado no caso da elaboração do orçamento sintético no caso específico da utilização do regime de execução denominado contratação integrada. Deve-se recordar que, nesse regime, a licitação é feita a partir do anteprojeto, cabendo ao contratado o desenvolvimento do projeto básico e, em seguida, do projeto executivo. Assim, na contratação integrada, o orçamento elaborado a partir do anteprojeto é que servirá para o estabelecimento do critério de aceitabilidade das propostas apresentadas no certame licitatório. Ganha importância, desse modo, considerando-se que falhas cometidas nesse orçamento podem levar a uma contratação que poderá ser futuramente questionada, especialmente pela presença de sobrepreço, ou, inversamente, poderá conduzir a uma licitação fracassada, no caso de falhas que tornem irrisório o valor do orçamento de referência.

---

[12] BRASIL. Tribunal de Contas da União. *Acórdão nº 719/18-P*. Disponível em: https://pesquisa.apps.tcu.gov.br/documento/acordao-completo/*/NUMACORDAO%253A719%2520ANOACORDAO%253A2018%2520COLEGIADO%253A%2522Plen%25C3%25A1rio%2522/DTRELEVANCIA%2520desc%252C%2520NUMACORDAOINT%2520desc/0. Acesso em: 11 nov. 2024.

Preocupado com o assunto, o TCU já se posicionou no sentido das cautelas que devem ser observadas pela administração nessa fase do processo. Colacionamos a seguir excertos de proficiente deliberação nesse sentido:

> Explico: o resultado do orçamento estimativo será o balizador do critério de aceitabilidade de preços. Tal parâmetro é a informação primeira para o julgamento das propostas. Levando em conta que o resultado da licitação será um valor de mercado apenas presumido (o que dependerá do nível de competição efetiva do certame), o poder público carece de um parâmetro tão preciso quanto se consiga. É uma garantia primeira da vantajosidade do preço ofertado, barreira essencial para obstar ganhos espúrios ou enriquecimentos sem causa.
>
> Em um projeto básico, tendo em vista o seu detalhamento, é viável a orçamentação com base em todas as composições de custo unitário. Em um anteprojeto, por outro lado, existem lacunas de dimensionamento de partes do projeto ainda não elaboradas – cada qual com o seu preço. Costuma-se, então, utilizar procedimentos expeditos e paramétricos para o balizamento preliminar de custos.
>
> É importante assumir que cada fase do ciclo de vida de um empreendimento possibilita a estimativa orçamentária com um grau de precisão. Quanto mais tenros os estudos, menor a chance de acerto sobre o quanto a obra irá custar. É um princípio básico da engenharia de custos. Estudos preliminares de uma edificação, por exemplo, baseiam-se em conjecturas assentadas em R\$/m^2; em uma usina, em R\$/MW de potência instalada de energia gerada; em estádios de futebol em R\$/assento.
>
> Na medida em que os estudos progridem, também avança o grau de precisão do orçamento respectivo. Na fase de anteprojeto já se fazem viáveis outras conjecturas, que podem – e devem – ser tão específicas quanto o anteprojeto permitir. Em um procedimento licitatório, afinal, a Administração necessita, em razão dos elementos de que dispõe, esmerar-se para melhor contratar; e sem dúvida que as estimativas balizadoras de preço são protagonistas nessa avaliação de vantajosidade.
>
> Logo, se, em uma contratação integrada, o anteprojeto conta com elementos arquitetônicos de execução obrigatória, o orçamento proveniente dessa peça deve ter grau de precisão condizente. Com essas informações já se faz possível a parametrização, por exemplo, de custos específicos de alvenaria, reboco, piso, forro, pintura, revestimentos, esquadrias, louças, etc. É uma boa fatia da obra. Por outro lado, caso a elaboração dos demais projetos seja incumbência de conta e risco das contratadas, natural que para o orçamento dos elementos elétricos, hidráulicos, estruturais, se utilizem – aí sim – de relações paramétricas ou comparativas.
>
> Mesmo nesses casos, repiso, por tudo o que disse, que, diante de duas ou mais metodologias expeditas ou paramétricas possíveis para abalizar

o valor do empreendimento, deve-se preferir a que viabilize a maior precisão orçamentária, para guarda de valores fundamentais licitatórios, como a eficiência e a economicidade, sem esquecer, claro, o da obtenção da melhor proposta possível.[13]

Não se pode, portanto, partir da ideia equivocada de que, como a documentação disponível nesse momento ainda não está completa, o orçamento elaborado na fase de anteprojeto possa ser considerado simplório e sem maiores responsabilidades. Ao revés, deve-se explorar completamente essa documentação, para obter um orçamento que seja o mais preciso possível, com precisão compatível com aquela hoje adotada, que será examinada adiante.

Claro que a precisão desse orçamento não pode ser igual àquela que se obtém quando o projeto básico completo já está disponível, mas cabe ao profissional responsável buscar o máximo de precisão.

---

[13] *Idem. Acórdão nº 1.510/13-P.* Disponível em: ww.tcu.gov.br. Acesso em: 11 nov. 2024.

CAPÍTULO 8

PROJETO BÁSICO

Assim dispõe a Lei nº 14.133/2021, em seu art. 18, §3º:

Art. 18. A fase preparatória do processo licitatório é caracterizada pelo planejamento e deve compatibilizar-se com o plano de contratações anual de que trata o inciso VII do *caput* do art. 12 desta Lei, sempre que elaborado, e com as leis orçamentárias, bem como abordar todas as considerações técnicas, mercadológicas e de gestão que podem interferir na contratação, compreendidos:
(...)
§3º Em se tratando de estudo técnico preliminar para contratação de obras e serviços comuns de engenharia, se demonstrada a inexistência de prejuízo para a aferição dos padrões de desempenho e qualidade almejados, a especificação do objeto poderá ser realizada apenas em termo de referência ou em projeto básico, dispensada a elaboração de projetos.

Esse parágrafo não tem sido muito bem entendido por alguns intérpretes. Dispõe a Lei que, se o ETP indicar que estamos diante de uma obra ou um serviço de engenharia mais simples, que possa ser entendido de maneira mais fácil, ficará dispensada a elaboração do projeto executivo, podendo a obra ser executada a partir de um projeto básico ou o serviço ser realizado a partir de um termo de referência. Mas, efetivamente, o que é o projeto básico na área de engenharia?

O projeto básico é uma continuidade do anteprojeto, como se depreende da normatização a respeito, constituída basicamente da Resolução nº 361/1991, do Confea, e da Orientação Técnica IBRAOP/

OT-IBR 001/2006, do Ibraop. A Lei nº 14.133/2021 define projeto básico em seu art. 6º, inc. XXV, nos seguintes termos:

> Art. 6º. Para os fins desta Lei, consideram-se:
>
> (...)
>
> XXV – projeto básico: conjunto de elementos necessários e suficientes, com nível de precisão adequado para definir e dimensionar a obra ou o serviço, ou o complexo de obras ou de serviços objeto da licitação, elaborado com base nas indicações dos estudos técnicos preliminares, que assegure a viabilidade técnica e o adequado tratamento do impacto ambiental do empreendimento e que possibilite a avaliação do custo da obra e a definição dos métodos e do prazo de execução, devendo conter os seguintes elementos:
>
> a) levantamentos topográficos e cadastrais, sondagens e ensaios geotécnicos, ensaios e análises laboratoriais, estudos socioambientais e demais dados e levantamentos necessários para execução da solução escolhida;
>
> b) soluções técnicas globais e localizadas, suficientemente detalhadas, de forma a evitar, por ocasião da elaboração do projeto executivo e da realização das obras e montagem, a necessidade de reformulações ou variantes quanto à qualidade, ao preço e ao prazo inicialmente definidos;
>
> c) identificação dos tipos de serviços a executar e dos materiais e equipamentos a incorporar à obra, bem como das suas especificações, de modo a assegurar os melhores resultados para o empreendimento e a segurança executiva na utilização do objeto, para os fins a que se destina, considerados os riscos e os perigos identificáveis, sem frustrar o caráter competitivo para a sua execução;
>
> d) informações que possibilitem o estudo e a definição de métodos construtivos, de instalações provisórias e de condições organizacionais para a obra, sem frustrar o caráter competitivo para a sua execução;
>
> e) subsídios para montagem do plano de licitação e gestão da obra, compreendidos a sua programação, a estratégia de suprimentos, as normas de fiscalização e outros dados necessários em cada caso;
>
> f) orçamento detalhado do custo global da obra, fundamentado em quantitativos de serviços e fornecimentos propriamente avaliados, obrigatório exclusivamente para os regimes de execução previstos nos incisos I, II, III, IV e VII do *caput* do art. 46 desta Lei;

Uma pergunta que sempre se propõe: podemos ou não licitar um serviço de engenharia sem projeto básico, ou seja, a partir apenas de um termo de referência?

Em princípio, podemos entender que o projeto básico é indispensável em qualquer trabalho relativo às profissões de engenharia e arquitetura. Afinal, a Resolução nº 361/1991, do Confea, é clara nesse sentido, dispondo que o projeto básico só poderá ser dispensado em situações especiais:

> Art. 5º. Poderá ser dispensado o Projeto Básico com as características descritas nos artigos anteriores, para os empreendimentos realizados nas seguintes situações:
> I – nos casos de guerra ou graves perturbações da ordem;
> II– nos casos de obras ou serviços de pequeno porte, isolados e sem complexidade técnica de gerenciamento e execução;
> III – nos casos de emergência, quando caracterizada a urgência de atendimento de situação que possa ocasionar prejuízo ou comprometer a segurança de pessoas, obras, serviços, equipamentos e outros bens, públicos e privados.
> Parágrafo único – O responsável técnico do órgão contratante deverá justificar a urgência para o atendimento dos casos de emergência, referida neste artigo, emitindo respectivo laudo técnico com Anotação de Responsabilidade Técnica – ART.

Nesse mesmo sentido, a Súmula nº 261, de 2010, do TCU:

> Em licitações de obras e serviços de engenharia, é necessária a elaboração de projeto básico adequado e atualizado, assim considerado aquele aprovado com todos os elementos descritos no art. 6º, inciso IX, da Lei nº 8.666, de 21 de junho de 1993, constituindo prática ilegal a revisão de projeto básico ou a elaboração de projeto executivo que transfigure o objeto originalmente contratado em outro de natureza e propósito diversos.

Entretanto, uma interpretação mais atenta, conjugada com uma interpretação adequada das disposições da nova Lei, deve levar à conclusão de que, em certas situações, a utilização de um termo de referência é perfeitamente factível.

Vale lembrar a definição correta de termo de referência, constante da própria Lei:

> Art. 6º. Para os fins desta Lei, consideram-se:
> (...)
> XXIII – termo de referência: documento necessário para a contratação de bens e serviços, que deve conter os seguintes parâmetros e elementos descritivos:

a) definição do objeto, incluídos sua natureza, os quantitativos, o prazo do contrato e, se for o caso, a possibilidade de sua prorrogação;
b) fundamentação da contratação, que consiste na referência aos estudos técnicos preliminares correspondentes ou, quando não for possível divulgar esses estudos, no extrato das partes que não contiverem informações sigilosas;
c) descrição da solução como um todo, considerado todo o ciclo de vida do objeto;
d) requisitos da contratação;
e) modelo de execução do objeto, que consiste na definição de como o contrato deverá produzir os resultados pretendidos desde o seu início até o seu encerramento;
f) modelo de gestão do contrato, que descreve como a execução do objeto será acompanhada e fiscalizada pelo órgão ou entidade;
g) critérios de medição e de pagamento;
h) forma e critérios de seleção do fornecedor;
i) estimativas do valor da contratação, acompanhadas dos preços unitários referenciais, das memórias de cálculo e dos documentos que lhe dão suporte, com os parâmetros utilizados para a obtenção dos preços e para os respectivos cálculos, que devem constar de documento separado e classificado;
j) adequação orçamentária;

De início, deve-se afastar totalmente a possibilidade de utilização do termo de referência para obras de engenharia. A própria Lei deixa isso muito claro ao definir que esse documento é necessário para contratação de bens e serviços, apenas.

Exemplar, em relação a esse tema, é a Nota Técnica IBR nº 01/2024, do Ibraop. Dela, transcrevemos o seguinte excerto:[14]

> Ressalta-se, entretanto, que "termo de referência" é o documento que pode ser utilizado para a contratação de bens e serviços – conforme dispositivo a seguir transcrito –, ou seja, inexiste previsão na Lei nº 14.133/2021 para contratações de obras embasadas apenas com este tipo de documentação.

Mas, em se tratando de *serviços*, a Lei não fez qualquer distinção entre os de engenharia e os demais. Assim, para qualquer serviço, é válida a utilização de um termo de referência. Aliás, como

---

[14] Nota técnica nº 01/2024, do Ibraop. Disponível em: www.ibraop.org.br/wp-content/uploads/2024/05/Nota-Tecnica_IBR_SRP_obras2.pdf. Acesso em: 11 nov. 2024.

contratar, por exemplo, projetos da área de engenharia/arquitetura sem uma prévia definição por parte do contratante de suas premissas fundamentais? Essas premissas devem constar de um documento oficial. Nessa hipótese, por exemplo, o documento oficial será exatamente o termo de referência.

Consideramos que a Orientação Técnica OT-IBR 001/2006 representa uma atualização da Resolução nº 361/1991, do Confea. Não vemos incompatibilidades entre as duas normas, apenas a atualização da mais antiga pela mais moderna.[15] Aliás, o TCU já determinou a observação das disposições dessa Orientação Técnica em suas fiscalizações, como vemos a seguir:

> 9.1. determinar à Segecex que dê conhecimento às unidades jurisdicionadas ao Tribunal que as orientações constantes da OT IBR 01/2006, editada pelo Instituto Brasileiro de Auditoria de Obras Públicas (Ibraop), passarão a ser observadas por esta Corte, quando da fiscalização de obras públicas;
> 9.1.1. para os órgãos/entidades que dispõem de normativos próprios para regular a elaboração de projetos básicos das obras por eles licitadas e contratadas, os conceitos da referida norma serão aplicados subsidiariamente;
> 9.1.2. a adoção da OT IBR 01/2006 não dispensa os gestores de providenciar os elementos técnicos adicionais, decorrentes das especificidades de cada obra auditada;
> 9.2. determinar à Segecex que, nas fiscalizações de futuras licitações de obras públicas, passe a avaliar a compatibilidade do projeto básico com a OT IBR 01/2006 e, na hipótese de inconformidades relevantes, represente ao relator com proposta de providências (...).[16]

Segundo o Ibraop:

> Projeto Básico é o conjunto de desenhos, memoriais descritivos, especificações técnicas, orçamento, cronograma e demais elementos técnicos necessários e suficientes à precisa caracterização da obra a

---

[15] Sugerimos a leitura da Nota Técnica IBR nº 02/2024, do Ibraop, que trata da validade das produções técnicas do Instituto frente à vigência da Lei nº 14.133/2021 (disponível em: www.ibraop.org.br/wp-content/uploads/2024/05/Nota-Tecnica_IBR_Validade-das-Producoes-Tecnicas.pdf; acesso em: 11 nov. 2024).

[16] BRASIL. Tribunal de Contas da União. *Acórdão nº 632/12-P*. Disponível em: www.tre-sp.jus.br/legislacao/compilada/resolucoes-tre-sp/2023/resolucao-no-632-de-12-de-dezembro-de-2023#:~:text=Disp%C3%B5e%20sobre%20o%20cadastramento%20de,de%20primeiro%20e%20segundo%20graus. Acesso em: 11 nov. 2024.

ser executado, atendendo às Normas Técnicas e à legislação vigente, elaborado com base em estudos anteriores que assegurem a viabilidade e o adequado tratamento ambiental do empreendimento. Deve estabelecer com precisão, através de seus elementos constitutivos, todas as características, dimensões, especificações, e as quantidades de serviços e de materiais, custos e tempo necessários para execução da obra, de forma a evitar alterações e adequações durante a elaboração do projeto executivo e realização das obras.[17]

Muito embora a Orientação Técnica do Ibraop careça de uma atualização, tendo em vista a evolução dos conceitos, evolução natural com o passar do tempo, como reconheceu o próprio Instituto, o importante é entender que o projeto básico *define* a obra. Quer dizer que, de posse de um projeto básico completo, bem elaborado, qualquer profissional da área conseguirá visualizar perfeitamente como ficará a obra, quais são as dificuldades para a sua execução, qual é o prazo de construção, quais são os materiais e equipamentos necessários etc. Desse modo, não é válido licitar uma obra pública disponibilizando, no instrumento convocatório, exclusivamente o projeto arquitetônico, sob a alegação de que os demais projetos constituiriam o projeto executivo. Não! Se o projeto básico define a obra, como podemos ter uma obra pública definida sem os projetos complementares (estrutura, instalações, fundação etc.)? Nesse mesmo sentido, temos o seguinte posicionamento do TCU:

> 9.4.2.2. admite-se que sejam entregues à responsabilidade das empresas contratadas, como encargo, e desde que expressamente previsto no edital, apenas a elaboração do projeto executivo da obra, cujo principal escopo é o de continuação e detalhamento do projeto básico, não se admitindo, por isso, que o projeto executivo traga alterações significativas nos quantitativos dos serviços mais relevantes, em termos financeiros, estimados pelo projeto básico e nas principais soluções técnicas nele adotadas (...).[18]

---

[17] IBRAOP. OT-IBR 001/2006. Disponível em: www.ibraop.org.br/wp-content/uploads/2013/06/orientacao_tecnica.pdf. Acesso em: 11 nov. 2024.

[18] BRASIL. Tribunal de Contas da União. *Acórdão nº 80/10-P*. Disponível em: https://pesquisa.apps.tcu.gov.br/documento/acordao-completo/*/KEY%253AACORDAO-COMPLETO-1143575/DTRELEVANCIA%2520desc/0/sinonimos%253Dfalse. Acesso em: 11 nov. 2024.

De acordo com a Decisão Normativa nº 106, de 17 de abril de 2015, do Confea, o projeto básico é composto dos seguintes elementos técnicos:
- Levantamento topográfico.
- Sondagem.
- Projeto arquitetônico.
- Projeto de terraplenagem.
- Projeto de fundações.
- Projeto estrutural.
- Projeto de instalações hidráulicas.
- Projeto de instalações elétricas.
- Projeto de instalações telefônicas, de dados e som.
- Projeto de instalações de prevenção de incêndio.
- Projeto de instalações especiais (lógica, CFTV, alarme, detecção de fumaça).
- Projeto de instalações de ar-condicionado.
- Projeto de instalações de transporte vertical.
- Projeto de paisagismo.

Outros projetos poderão ser necessários diante de cada caso concreto. Se a situação exigir, os mesmos deverão ser incluídos no projeto básico.

Além dos projetos acima relacionados, o projeto básico é composto, também, de outros documentos, a seguir discriminados:
- Memorial descritivo.
- Especificação técnica.
- Orçamento discriminado em planilha de custos e serviços.
- Composição de custo unitário de cada serviço.
- Cronograma físico-financeiro.

A OT-IBR 001/2006, do Ibraop, assim define cada um desses elementos:

Memorial descritivo. É uma descrição detalhada da obra a ser executada, em forma de texto, apresentando as soluções técnicas adotadas necessárias ao pleno entendimento do conjunto de projetos, devidamente justificadas, servindo, portanto, como complemento aos desenhos.

Especificação técnica. Também em forma de texto, é um documento no qual são fixadas todas as regras e condições a serem atendidas para a execução da obra ou do serviço de engenharia, caracterizando individualmente os materiais, equipamentos, elementos componentes, sistemas construtivos e o modo como serão executados os serviços, incluindo, também, os critérios para medição. Essas especificações não podem simplesmente reproduzir catálogos de determinador fornecedor ou fabricante, permitindo, assim, alternativas de fornecimento. No entanto, as especificações técnicas devem ser rigorosas, de forma a manter o padrão de qualidade almejado. Em sendo indispensável a determinação de marca ou modelo, essa condição deve ser devidamente fundamentada, sempre permitindo a apresentação, por parte do licitante, de alternativa rigorosamente similar. Nesse caso, a especificação deve definir adequadamente as características de similaridade indispensáveis.

Orçamento. É a avaliação do custo total da obra, baseado nos preços dos insumos praticados no mercado ou valores de referência e no levantamento de quantidade de materiais e serviços obtidos a partir do conteúdo dos projetos. Não são aceitas apropriações genéricas ou imprecisas (verba, ponto, conjunto etc.) nem tampouco a inclusão de materiais e serviços sem a previsão dos respectivos quantitativos.

Planilha de custos e serviços. Representa a síntese do orçamento elaborado. Deve ser composta, no mínimo, de:
- discriminação de cada serviço, unidade de medida, quantidade, custo unitário e custo parcial;
- custo total orçado, representado pelo somatório dos custos parciais de cada serviço e/ou material;
- nome completo do responsável técnico pela elaboração do orçamento, seu número de registro no Conselho Regional de Engenharia e Agronomia (Crea) e a respectiva assinatura.

Composição de custo unitário de cada serviço. É a definição do valor financeiro a ser despendido na execução do serviço, elaborada com base em coeficientes de produtividade, de consumo e de aproveitamento de insumos e seus preços de mercado, devendo conter, no mínimo:

- discriminação de cada insumo, unidade de medida, incidência na realização do serviço, preço unitário e custo parcial;
- custo unitário total do serviço, representado pela soma dos custos parciais de cada insumo.

Se forem utilizadas as composições de custo unitário de entidade especializada (tipo SINAPI, SICRO), a fonte de consulta deverá ser indicada, não havendo, nesse caso, necessidade de elaboração de composição de custo unitário própria.

Cronograma físico-financeiro. É a representação gráfica do desenvolvimento dos serviços a serem executados durante a obra, demonstrando-se, em cada período (parcela), o percentual a ser executado e o respectivo valor financeiro. Atenção especial deve ser dada, na elaboração do cronograma, aos valores correspondentes à administração local da obra. O pagamento mensal deve ser sempre, obrigatoriamente, compatível com o percentual de desenvolvimento da obra. Exemplo: se, na primeira parcela do cronograma, será executado um percentual de 4,2% da obra, o valor a ser pago nessa parcela correspondente à administração local deverá ser igual a 4,2% do total desse item do orçamento. Assim, a administração local só será paga integralmente quando da conclusão da obra.

Considerando os tipos de obras mais comuns, os elementos técnicos mínimos que devem compor o projeto básico são os seguintes:

A. Edificações.

(continua)

Especialidade	Elemento	Conteúdo
Levantamento topográfico	Desenho	• Levantamento planialtimétrico
Sondagem	Desenho	• Locação dos furos
	Memorial	• Descrição das características do solo • Perfil geológico do terreno

(continua)

Especialidade	Elemento	Conteúdo
Projeto arquitetônico	Desenho	• Situação • Implantação com níveis • Plantas baixas e de cobertura • Cortes e elevações • Detalhes (que possam influir no valor do orçamento) • Indicação de elementos existentes, a demolir e a executar, em caso de reforma e/ou ampliação
	Especificação	• Materiais, equipamentos, elementos, componentes e sistemas construtivos
Projeto de terraplenagem	Desenho	• Implantação com indicação dos níveis originais e dos níveis propostos • Perfil longitudinal e seções transversais-tipo, com indicação da situação original e da proposta e definição de taludes e contenção de terra
	Memorial	• Cálculo de volume de corte e aterro • Quadro-resumo corte/aterro
	Especificação	• Materiais de aterro
Projeto de fundações	Desenho	• Locação, características e dimensões dos elementos de fundação
	Memorial	• Método construtivo • Cálculo de dimensionamento
Projeto estrutural	Desenho	• Planta baixa com lançamento da estrutura, com cortes e elevações, se necessários
	Especificação	• Materiais, componentes e sistemas construtivos
	Memorial	• Método construtivo • Cálculo do dimensionamento
Projeto de instalações hidráulicas	Desenho	• Planta baixa com marcação da rede de tubulação (água, esgoto, águas pluviais e drenagem), prumadas e reservatório • Esquema de distribuição vertical
	Especificação	• Materiais • Equipamentos
	Memorial	• Cálculo do dimensionamento das tubulações e reservatório

(continua)

Especialidade	Elemento	Conteúdo
Projeto de instalações elétricas	Desenho	• Planta baixa com marcação dos pontos, circuitos e tubulações • Diagrama unifilar
	Especificação	• Materiais • Equipamentos
	Memorial	• Determinação do tipo de entrada de serviço • Cálculo do dimensionamento
Projeto de instalações telefônicas	Desenho	• Planta baixa com marcação dos pontos e tubulações
	Especificação	• Materiais • Equipamentos
Projeto de instalações de prevenção de incêndio	Desenho	• Planta baixa indicando tubulações, prumadas, reservatório, caixas de hidrante e/ou equipamentos
	Especificação	• Materiais • Equipamentos
	Memorial	• Cálculo do dimensionamento das tubulações e reservatório
Projeto de instalações especiais (lógica, CFTV, alarme, detecção de fumaça)	Desenho	• Planta baixa com marcação dos pontos e tubulações
	Especificação	• Materiais • Equipamentos
Projeto de instalações de ar-condicionado	Desenho	• Planta baixa com marcação de dutos e equipamentos fixos (unidades condensadoras e evaporadoras)
	Especificação	• Materiais • Equipamentos
	Memorial	• Cálculo do dimensionamento dos equipamentos e dos dutos
Projeto de instalação de transporte vertical	Especificação	• Materiais • Equipamentos
	Memorial	• Cálculo

(conclusão)

Especialidade	Elemento	Conteúdo
Projeto de paisagismo	Desenho	• Implantação com níveis
	Especificação	• Espécies vegetais • Materiais e equipamentos

B. Obras rodoviárias.

(continua)

Especialidade	Elemento	Conteúdo
Desapropriação	Desenho	• Planta cadastral individual das propriedades compreendidas total ou parcialmente na área
	Memorial	• Levantamento cadastral da área assinalada • Determinação do custo de desapropriação de cada unidade
Projeto geométrico	Desenho	• Planta e perfil representando o terreno original, curvas de nível, eixo de implantação estaqueado, inclinação de rampas, largura das pistas, acostamentos, *tapers*, retornos, acessos, canteiros central e laterais, indicando, também, elementos de drenagem e obras de arte • Seções transversais típicas, indicando largura e inclinações das pistas, acostamentos, canteiros central e laterais
	Memorial	• Relatório do projeto contendo sua concepção e justificativa • Folha de convenções • Notas de serviço de terraplenagem e pavimentação
Projeto de terraplenagem	Desenho	• Perfil geotécnico • Seções transversais típicas • Planta geral da situação de empréstimos e bota-foras • Plantas dos locais de empréstimos

(continua)

Especialidade	Elemento	Conteúdo
Projeto de terraplenagem	Memorial	• Relatório do projeto contendo sua concepção e justificativa • Memória justificativa contendo cálculo estrutural e classificação dos materiais a escavar • Cálculo de volumes • Quadro e orientação de terraplenagem • Plano de execução contendo: relação de serviços, cronograma físico, relação de equipamento mínimo e *layout* do canteiro de obras, posicionando as instalações, jazidas, fontes de materiais e acessos
	Especificação	• Materiais • Serviços
Projeto de drenagem	Desenho	• Plantas e desenhos-tipo dos diversos dispositivos de drenagem utilizados • Planta esquemática da localização das obras de drenagem
	Memorial	• Relatório do projeto contendo: concepção, quadro de quantidades, discriminação de todos os serviços e distâncias de transporte • Justificativas das alternativas aprovadas • Plano de execução contendo: relação de serviços, cronograma físico; relação de equipamento mínimo e *layout* do canteiro de obras, posicionando as instalações, jazidas, fontes de materiais e acessos
	Especificação	• Materiais • Serviços

(continua)

Especialidade	Elemento	Conteúdo
Projeto de pavimentação	Desenho	• Seções transversais-tipo das pistas de rolamento, acostamentos, acessos e áreas de instalações para operação da rodovia • Seções transversais em tangente e em curva • Esquema longitudinal representando as soluções de pavimento adotadas ao longo da rodovia • Gráfico de distribuição dos materiais e espessuras das camadas
	Memorial	• Relatório do projeto contendo: concepção, quadro de quantidades, discriminação de todos os serviços e distâncias de transporte; • Justificativa das alternativas aprovadas • Memória de cálculo do dimensionamento do pavimento • Quadro-resumo contendo os quantitativos e as distâncias de transporte dos materiais que compõem a estrutura do pavimento • Plano de execução contendo: relação de serviços, cronograma físico, relação de equipamento mínimo e *layout* do canteiro de obras, posicionando as instalações, jazidas, fontes de materiais e acessos
	Especificação	• Materiais • Serviços

(continua)

Especialidade	Elemento	Conteúdo
Projeto de obras de arte especiais	Desenho	• Geometria da estrutura; • Fundações; • Formas e detalhes; • Armaduras, protensões e detalhes; • Detalhes de drenagem; • Detalhes dos aparelhos de apoio e juntas de dilatação • Iluminação e sinalização
	Memorial	• Relatório do projeto contendo: concepção, quadro de quantidades, discriminação de todos os serviços e distâncias de transporte • Justificativa das alternativas aprovadas • Memória de cálculo do dimensionamento da estrutura • Plano de execução contendo: relação de serviços, cronograma físico, relação de equipamento mínimo
	Especificação	• Materiais • Serviços
Projeto de sinalização	Desenho	• Planta contendo a localização e os tipos dos dispositivos de sinalização ao longo das vias • Desenhos dos dispositivos • Detalhes estruturais de montagem e fixação de elementos como pórticos e placas
	Memorial	• Relatório do projeto contendo: concepção, quadro de quantidades, discriminação de todos os serviços • Justificativa das alternativas aprovadas • Quadros-resumo e notas de serviço contendo a localização, modelo, tipo e quantidade dos elementos de sinalização empregados • Plano de execução contendo: relação de serviços, seus custos e cronograma físico; relação de equipamento mínimo
	Especificação	• Materiais • Serviços

(conclusão)

Especialidade	Elemento	Conteúdo
Projeto de iluminação	Desenho	• Planta localizando postes e redes de distribuição • Detalhes de luminárias • Detalhes construtivos e de interferências
	Memorial	• Relatório do projeto contendo: concepção, quadro de quantidades, discriminação de todos os serviços • Memória de cálculo
Projeto de proteção ambiental	Desenho	• Esquema linear contendo os locais de bota-fora, empréstimos, jazidas, pedreiras, passivo ambiental e pontos notáveis • Detalhes de soluções • Detalhes específicos para tratamento de jazidas, empréstimos, áreas de uso e outras
	Memorial	• Listas de espécies vegetais a empregar, fontes de aquisição, técnicas de plantio e de conservação • Quadro de quantidades contendo código, discriminação das espécies e de todos os serviços e distâncias de transporte • Justificativa do projeto • Cálculo dos quantitativos
	Especificação	• Materiais • Serviços

C. Pavimentação urbana.

(continua)

Especialidade	Elemento	Conteúdo
Levantamento topográfico	Desenho	• Levantamento planialtimétrico

(continua)

Especialidade	Elemento	Conteúdo
Projeto geométrico	Desenho	• Planta geral • Representação planimétrica • Perfis longitudinais • Seções transversais-tipo contendo, no mínimo, a largura; declividade transversal; posição dos passeios; dimensões das guias, sarjetas e canteiros centrais • Indicação de jazidas e áreas de bota-fora
	Memorial	• Descritivo do projeto, incluindo condicionantes, concepção, parâmetros e interferências com equipamentos públicos
	Especificação	• Materiais • Serviços
Projeto de pavimentação	Desenho	• Planta geral • Seções transversais-tipo de pavimentação, indicando as dimensões horizontais, as espessuras e características de cada camada estrutural, detalhes da pintura ou imprimação ligante
	Memorial	• Descritivo do projeto, incluindo condicionantes, concepção, parâmetros e interferências com equipamentos públicos • Memória de cálculo do pavimento
	Especificação	• Materiais • Serviços
Projeto de drenagem	Desenho	• Planta geral • Perfil longitudinal ou planta contendo cotas altimétricas para implantação dos elementos de drenagem • Seções transversais-tipo dos elementos de drenagem
	Memorial	• Descritivo do projeto, incluindo condicionantes, concepção, parâmetros e interferências com equipamentos públicos
	Especificação	• Materiais • Serviços

(conclusão)

Especialidade	Elemento	Conteúdo
Projeto de iluminação	Desenho	• Planta localizando e especificando os elementos de iluminação
	Memorial	• Memorial de cálculo do projeto
	Especificação	• Materiais • Serviços
Projeto de paisagismo	Desenho	• Projeto em planta indicando a localização e discriminação das espécies • Seções transversais quando houver terraplenagem
	Memorial	• Memorial descritivo do projeto
	Especificação	• Materiais • Serviços
Projeto de sinalização	Desenho	• Projeto em planta
	Memorial	• Memorial descritivo do projeto
	Especificação	• Materiais • Serviços

Fonte: OT – IBR 001/2006 – Ibraop.

É necessário verificar, em seguida, se o empreendimento a ser executado necessita de licenciamento ambiental, conforme dispõem a Resolução nº 001/1986 e 237/1997, do Conselho Nacional do Meio Ambiente (Conama), e a Lei nº 6.938/1981. Se houver necessidade, devem ser elaborados o Estudo de Impacto Ambiental (EIA) e o Relatório de Impacto Ambiental (RIMA), que integrarão obrigatoriamente o projeto básico. Conforme o art. 45 da Lei nº 14.133/2021, deve ser observado:

> Art. 45. As licitações de obras e serviços de engenharia devem respeitar, especialmente, as normas relativas a:
> I – disposição final ambientalmente adequada dos resíduos sólidos gerados pelas obras contratadas;
> II – mitigação por condicionantes e compensação ambiental, que serão definidas no procedimento de licenciamento ambiental;
> III – utilização de produtos, de equipamentos e de serviços que, comprovadamente, favoreçam a redução do consumo de energia e de recursos naturais;

IV – avaliação de impacto de vizinhança, na forma da legislação urbanística;
V – proteção do patrimônio histórico, cultural, arqueológico e imaterial, inclusive por meio da avaliação do impacto direto ou indireto causado pelas obras contratadas;
VI – acessibilidade para pessoas com deficiência ou com mobilidade reduzida.

Algumas disposições do projeto básico precisam ser analisadas adequadamente, até para escoimar da administração pública alguns mitos que foram criados e que tanto podem prejudicar a obtenção de resultados mais positivos.

De início, é necessário considerar que, conforme dispõe o art. 6º, inc. XXV, alínea "b", da Lei nº 14.133/2021, o projeto básico deve ser elaborado "de forma a evitar, por ocasião da elaboração do projeto executivo e da realização das obras e montagem, a necessidade de reformulações ou variantes quanto à qualidade, ao preço e ao prazo inicialmente definidos".

Alguns órgãos/entidades da administração pública entendem que a possibilidade de alterar os contratos, prevista no art. 124 da NLLC (que será examinada adiante), representaria uma faculdade de deixar para um momento posterior – o momento da execução – a definição de alguns pontos do projeto básico. Assim, mesmo que essa definição posterior implicasse alteração de valor, estaria perfeitamente enquadrada nas hipóteses legais de alterações contratuais. Não entendemos assim. A Lei dispõe claramente que o projeto básico deve ser elaborado de tal forma que venha a evitar a necessidade de reformulações ou a adoção de variantes, em fase posterior. Ou seja, esse conjunto de documentos deve representar, precisamente, os anseios da administração no momento em que for elaborado. É claro que o interesse público é dinâmico e, considerando-se o tempo necessário para a execução de uma obra de engenharia, novas necessidades e conveniências podem surgir futuramente, implicando a formalização de aditivos contratuais de alteração. Isso é completamente diferente de elaborar um projeto básico falho, deficiente, que possa ser complementado no futuro. Alterações decorrentes de novas necessidades para atendimento do interesse público são aceitas; já alterações para corrigir falhas do projeto básico constituem irregularidade.

Nesse mesmo sentido, na jurisprudência do TCU podemos obter o seguinte entendimento:

> 7. Ademais, a unidade técnica constatou (peças 19 e 61) diversas impropriedades no projeto básico e no processo de contratação, especialmente:
> a) projeto básico deficiente da contratação, com pesquisas mercadológicas restritivas à competição, especificações técnicas genéricas, ausência de definições dos quantitativos de serviços a serem prestados e ausência de planilha de custos unitários (cf. peça 19, p. 5-8) (...).[19]

Outra consideração importante é o fato de que a Lei de Licitações, ao definir projeto básico, exige que este contenha a identificação dos "tipos de serviços a executar e dos materiais e equipamentos a incorporar à obra, bem como das suas especificações, de modo a assegurar os melhores resultados para o empreendimento e a segurança executiva na utilização do objeto, para os fins a que se destina, considerados os riscos e os perigos identificáveis, sem frustrar o caráter competitivo para a sua execução".

Discussão relevante e rotineira no âmbito da administração pública está relacionada à possibilidade ou não da especificação da marca dos materiais e equipamentos a serem utilizados na obra. É comum ouvirmos a informação de que essa definição de marca seria peremptoriamente vedada pela legislação vigente. Será? Com a nova Lei de Licitações, esse tipo de entendimento ainda é possível?

De um lado, devemos considerar que a própria Lei nº 14.133/2021, ao definir projeto básico, exige que este traga a especificação dos materiais e equipamentos *que assegurem os melhores resultados para o empreendimento*. Ora, não é difícil entender que, por meio de uma especificação genérica, imprecisa, dificilmente conseguiremos assegurar os melhores resultados. É muito comum encontrarmos notícias de obras públicas com pouquíssimo tempo de utilização, já apresentando falhas e defeitos, em enormes proporções, exigindo que serviços de

---

[19] *Idem. Acórdão nº* 2.793/17-P. Disponível em: https://pesquisa.apps.tcu.gov.br/documento/acordao-completo/2793%252F2017/%2520/DTRELEVANCIA%2520desc%252C%2520NUMACORDAOINT%2520desc/0. Acesso em: 12 nov. 2024.

recuperação sejam executados. Não podemos nos esquecer de que o objetivo primeiro de qualquer obra pública é o atendimento ao interesse público primário, o interesse da coletividade. Uma obra cheia de defeitos dificilmente atenderá adequadamente às necessidades da coletividade. É até natural que, diante de uma especificação imprecisa, o construtor procure utilizar materiais e equipamentos mais baratos, os quais, via de regra, apresentam qualidade deficiente. As consequências virão pouco tempo depois do início da utilização do imóvel. Perguntamos: isso atende à Lei, no momento em que esta determina que o projeto básico assegure os melhores resultados para o empreendimento? Respondemos negativamente.

De outro lado, estaria peremptoriamente vedada a especificação de marca? A resposta também é negativa. A nova Lei de Licitações, no art. 41, assim dispõe, *in verbis*:

> Art. 41. No caso de licitação que envolva o fornecimento de bens, a Administração poderá excepcionalmente:
> I – indicar uma ou mais marcas ou modelos, desde que formalmente justificado, nas seguintes hipóteses:
> a) em decorrência da necessidade de padronização do objeto;
> b) em decorrência da necessidade de manter a compatibilidade com plataformas e padrões já adotados pela Administração;
> c) quando determinada marca ou modelo comercializados por mais de um fornecedor forem os únicos capazes de atender às necessidades do contratante;
> d) quando a descrição do objeto a ser licitado puder ser mais bem compreendida pela identificação de determinada marca ou determinado modelo aptos a servir apenas como referência;

Duas análises precisam ser feitas, até para esclarecimento de dúvidas que possam surgir. A uma, dizem alguns intérpretes que as disposições do art. 41 são específicas para licitações que envolvam o fornecimento de bens, exclusivamente. Não se aplicariam, portanto, para licitações que envolvam obras e serviços de engenharia.

Não podemos esquecer, no entanto, que, em relação à execução de obras, o contrato envolverá necessariamente o fornecimento de mão de obra e dos materiais necessários à construção. Se há fornecimento de materiais, não há como desigualar a situação prevista no art. 41. Quanto aos serviços, a Lei também traz disposição expressa, a seguir transcrita, que deve ser interpretada no mesmo sentido:

> Art. 47. As licitações de serviços atenderão aos princípios:
> I – da padronização, considerada a compatibilidade de especificações estéticas, técnicas ou de desempenho;
> II – do parcelamento, quando for tecnicamente viável e economicamente vantajoso.

Ora, se a Lei estabelece o atendimento do princípio da padronização, envolvendo especificações *estéticas, técnicas ou de desempenho*, parece evidente que não há peremptória vedação à definição da marca dos materiais a serem utilizados. Vale lembrar que o princípio subordina a própria regra. Se a Lei elegeu a padronização como princípio, deu bem a ideia da importância de tal condição na contratação de serviços.

De outra banda, é evidente – e a Lei deixa muito claro – que a indicação de marca é excepcional. A regra é definir os materiais e equipamentos por meio de especificação precisa. Excepcionalmente, em havendo motivação técnica suficiente, a marca poderá/deverá ser indicada, até para efeito de garantia do princípio da padronização. Por esse motivo, a Lei, no art. 41, deixa claro que a indicação de marca é excepcional, tornando-se indispensável, dessa maneira, a devida motivação nos autos do respectivo processo. Em havendo justificativa técnica, a regra poderá ser excepcionada, havendo, no caso, a prevalência do princípio da supremacia do interesse público. Será ilegal a identificação de marca sem justificativa técnica.

Alegam alguns, no entanto, que, ao definir que o projeto básico deve assegurar os melhores resultados (o que poderia ser entendido como permissão para identificação de marcas, quando tecnicamente justificável), a Lei também afirma que tal condição não pode frustrar o caráter competitivo para a sua execução, e a identificação da marca, muitas vezes, viria exatamente de encontro a essa disposição legal, pois algumas delas poderiam ser fornecidas somente por um determinado licitante, que levaria vantagem na competição. Entendemos que não.

Quando a administração pública licita a construção de uma obra de engenharia, os licitantes serão empresas empreiteiras de obras, legalmente constituídas no mercado. Qualquer um deles que venha a ser declarado vencedor e adjudicatário e que venha a ser contratado para executar a obra poderá ir ao mercado, no momento adequado, e adquirir os materiais especificados, qualquer que tenha sido a marca especificada. Portanto, não haveria qualquer frustração à competição. Esta haveria, sim, se a administração licitasse a compra do material ou do equipamento, mas, mesmo nesse caso, entendemos que a existência de justificativa técnica bem fundamentada daria amparo à excepcionalidade que a própria Lei indica, pois o interesse público não pode ser colocado em risco.

Na jurisprudência do TCU, encontramos deliberação que, muito embora antiga, serve como subsídio para estudo nesse sentido:

> 32. Na Planilha Orçamentária da Licitação (fls. 108/116 do Vol. 1), realmente houve a indicação de marca do produto para alguns itens relativos a acessórios do prédio a ser construído (por exemplo: 8.3. Cerâmica Portobello (...) e 16.14. Ducha Cromada da DECA (...).
> 32.1. Entretanto, essas indicações de marca não implicaram violação ao disposto no art. 3º, §1º, inciso I, da Lei nº 8.666/93, como entendeu a Equipe de Auditoria, uma vez que, como todas as Construtoras interessadas têm amplo acesso a tais produtos, não se vislumbra que tais indicações tenham restringido o caráter competitivo do certame.
> 32.2. A situação seria diferente se a licitação tivesse por objeto principal a compra de tais produtos cujas marcas foram indicadas, haja vista a proibição constante do art. 15, §7º, da Lei n. 8.666/93, nos termos do qual nas compras deverão ser observados, ainda, a especificação completa do bem a ser adquirido sem indicação de marca.[20]

Claro que a indicação de marca, mesmo nessa situação, deve ser entendida como excepcional, só podendo ser aceita mediante justificativa técnica adequada. Talvez uma alternativa mais fácil seja a indicação, quando necessário, de uma ou mais marcas que tenham a mesma qualidade técnica, como indica a própria Lei, no art. 41, inc. I, ou, mediante justificativa técnica formalizada por profissional

---

[20] Idem. *Acórdão nº 394/02-P*. Disponível em: www.lexml.gov.br/urn/urn:lex:br:tribunal.superior.eleitoral;plenario:acordao;arp:2002-08-08;rp-394. Acesso em: 12 nov. 2024.

com qualificação adequada, a indicação das marcas que não seriam aceitas, como indicado no mesmo art. 41, inc. III:

> Art. 41. (...)
> (...)
> III – vedar a contratação de marca ou produto, quando, mediante processo administrativo, restar comprovado que produtos adquiridos e utilizados anteriormente pela Administração não atendem a requisitos indispensáveis ao pleno adimplemento da obrigação contratual;

Uma possibilidade do estabelecimento de marca específica para determinados materiais está na padronização destes. Desde que haja um processo de padronização, previamente aprovado pela autoridade máxima dentro do órgão/entidade, padronizando determinada marca, esta poderá ser estabelecida no projeto básico como obrigatória. Registre-se que, já nos termos da Lei nº 8.666/1993, padronizar era a regra para as aquisições realizadas pela administração. É o que víamos no art. 15 da antiga Lei:

> Art. 15. As compras, sempre que possível, deverão:
> I – atender ao princípio da padronização, que imponha compatibilidade de especificações técnicas e de desempenho, observadas, quando for o caso, as condições de manutenção, assistência técnica e garantia oferecidas (...).

Padronizar não significa, como regra, fixar marca. A padronização deve levar ao estabelecimento de especificações técnicas e de desempenho, condições de manutenção, assistência técnica e garantia, como diz o texto legal. Qualquer marca que atenda a essas condições servirá. Em casos especiais, no entanto, pode-se chegar à conclusão de que somente uma marca existente no mercado atende essas exigências. Nesses casos, a padronização levou ao estabelecimento da marca, situação absolutamente legal e expressamente prevista na Súmula nº 270/2012, do TCU:

> Em licitações referentes a compras, inclusive de softwares, é possível a indicação de marca, desde que seja estritamente necessária para atender a exigências de padronização e que haja prévia justificação.

Bem didática é a análise feita no Acórdão nº 1.521/2003-P, de cujo conteúdo extraímos:

100. Assim argumenta o MP/TCU em defesa desse posicionamento: "Segundo o mencionado dispositivo legal, o princípio da padronização deve ser adotado sempre que possível, de modo a impor a compatibilidade de especificações técnicas e de desempenho dos bens a serem adquiridos, considerando-se as condições de manutenção, assistência técnica e garantia oferecidas.

A nosso sentir, o texto legal, utilizando-se da expressão 'sempre que possível', confere ao princípio da padronização das compras natureza de dever legal. Isto é, a Administração deve, como regra, padronizar os bens que adquire.

(...)

Por certo que a padronização, no mais das vezes, finda por selecionar como modelo um produto identificável por determinada marca, de modo que o resultado do procedimento de padronização será a escolha, pela Administração, de uma marca, a qual será usada para identificar o bem a ser comprado.

Observe-se, porém, que se deve chegar a essa conclusão a partir das características do produto, e não por mera preferência pela marca. O contrário implicaria, é evidente, flagrante violação da Lei nº 8.666/93.

Até porque, nem sempre o resultado do procedimento de padronização é uma marca, uma vez que se pode chegar a um modelo próprio, inédito. Entretanto, no mundo fático, real, e isso não se pode evitar, a melhor maneira de indicar padrão, modelo, é por meio da marca.

(...)

Infere-se do acima exposto que o princípio da padronização deve ser adotado como regra no âmbito da Administração Pública e que a vedação de preferência de marca não é obstáculo à adoção desse princípio, desde que a decisão administrativa seja circunstanciadamente motivada".

101. Conforme esse entendimento, o princípio da padronização permite a indicação de marca do bem a ser adquirido pela Administração Pública, impondo, porém ao administrador a obrigatoriedade de fundamentar circunstanciadamente tal indicação em parâmetros que demonstrem de forma clara que esta opção é a melhor em termos técnicos e econômicos para a administração.[21]

Finalmente, ainda em relação ao projeto básico, algo que parece indiscutível, mas que ainda gera dúvidas. O cronograma físico-financeiro da obra é, sim, parte integrante desse projeto, como consta da OT-IBR 001/2006, do Ibraop, parcialmente transcrita. É

---

[21] *Idem. Acórdão nº 1.521/03-P*. Disponível em: https://pesquisa.apps.tcu.gov.br/documento/acordao-completo/1521%252F2003/%2520/DTRELEVANCIA%2520desc%252C%2520NUMACORDAOINT%2520desc/0. Acesso em: 12 nov. 2024.

a administração que sabe o prazo em que necessita da obra; é a administração que sabe qual é a sua disponibilidade financeira para pagar a execução da obra. Então, é a administração que deve elaborar o cronograma, no qual o andamento físico da obra, com o consequente desembolso para pagar o que for executado, fica definido. Não se pode deixar tal condição a critério do construtor, até para evitar o risco do jogo de cronograma.

Como curiosidade, adiantamos que já se discutiu a mudança da denominação de projeto básico para projeto completo, talvez com a intenção de mudar o equivocado entendimento que ainda prevalece em alguns setores da administração pública, no sentido de que, em se tratando de um conjunto de documentos que recebe a denominação *básico*, esse projeto poderia ser mais simples. Muitas vezes, isso tem servido de suporte para a justificativa da apresentação de um projeto básico incipiente e incompleto, o que, evidentemente, não pode ser aceito. Talvez, com a mudança da denominação para projeto *completo*, tal argumento errado pudesse ser definitivamente abandonado.

CAPÍTULO 9

LICENCIAMENTO AMBIENTAL

Deverá ser verificada a necessidade de obtenção do licenciamento ambiental, consoante estabelecido nas Resoluções nº 001/1986 e nº 237/1997, do Conama, bem como na Lei nº 6.938/1981. Em havendo necessidade, deverão ser elaborados o EIA e o RIMA, que passarão a integrar o projeto básico.

Segundo dispõe a Resolução nº 237/1997, denomina-se Licenciamento Ambiental o procedimento administrativo pelo qual o órgão ambiental competente licencia a localização, instalação, ampliação e operação de empreendimentos e atividades utilizadoras de recursos ambientais, consideradas efetivas ou potencialmente poluidoras, ou daquelas que, sob qualquer forma, possam causar degradação ambiental, considerando as disposições legais e regulamentares e as normas técnicas aplicáveis ao caso.

De acordo com as já mencionadas Resolução nº 237/1997, em seu Anexo I, e Resolução nº 001/1986, em seu art. 2º, os empreendimentos sujeitos a licenciamento ambiental são os seguintes:

- Estradas de rodagem com duas ou mais faixas de rolamento.
- Ferrovias.
- Portos e terminais de minério, petróleo e produtos químicos.
- Aeroportos.
- Oleodutos, gasodutos, minerodutos, troncos coletores e emissários de esgotos sanitários.
- Linhas de transmissão de energia elétrica acima de 230 kV.
- Obras hidráulicas para exploração de recursos hídricos.
- Extração de combustível fóssil.

- Extração de minério.
- Aterros sanitários, processamento e destino final de resíduos tóxicos ou perigosos.
- Usinas de geração de eletricidade.
- Complexo e unidades industriais e agroindustriais.
- Distritos industriais e zonas estritamente industriais.
- Exploração econômica de madeira ou de lenha.
- Projetos urbanísticos acima de 100 hectares ou em áreas consideradas de relevante interesse ambiental, a critério da Secretaria do Estado do Meio Ambiente (SEMA) e dos órgãos municipais e estaduais competentes.
- Qualquer atividade que utilize carvão vegetal em quantidade superior a 10 toneladas por dia.

A obtenção do licenciamento ambiental deve ser providenciada pelo órgão da administração pública interessada na obra. Isso porque, de acordo com as disposições do inc. I do art. 8º da Resolução Conama nº 237/1997, a licença prévia deve ser concedida na fase preliminar do planejamento do empreendimento ou da atividade, aprovando, no caso, sua localização e concepção, atestando a viabilidade ambiental e estabelecendo os requisitos básicos e condicionantes a serem atendidos nas próximas fases de sua implementação.

Ora, em se tratando de atividade a ser desenvolvida na fase preliminar do planejamento, deve ser providenciada antes da elaboração do projeto básico do empreendimento, que só poderá ser concluído após a expedição da licença prévia.

A Lei nº 14.133/2021, além de tratar da análise dos impactos ambientais no art. 18, XII, quando fala da elaboração dos ETP, aborda o tema no art. 45, dispondo:

> Art. 45. As licitações de obras e serviços de engenharia devem respeitar, especialmente, as normas relativas a:
> I – disposição final ambientalmente adequada dos resíduos sólidos gerados pelas obras contratadas;
> II – mitigação por condicionantes e compensação ambiental, que serão definidas no procedimento de licenciamento ambiental;
> III – utilização de produtos, de equipamentos e de serviços que, comprovadamente, favoreçam a redução do consumo de energia e de recursos naturais;

IV – avaliação de impacto de vizinhança, na forma da legislação urbanística;
V – proteção do patrimônio histórico, cultural, arqueológico e imaterial, inclusive por meio da avaliação do impacto direto ou indireto causado pelas obras contratadas;
VI – acessibilidade para pessoas com deficiência ou com mobilidade reduzida.

Os certames para contratação de obras e serviços de engenharia não poderão ser realizados se não houver projeto básico aprovado pela autoridade competente. Como o projeto básico inclui, obrigatoriamente, quando for o caso, a licença prévia, esta deverá ser providenciada pelo órgão interessado.

Já no caso das licitações promovidas sob o regime da contratação integrada, a característica fundamental é a realização do certame licitatório a partir do anteprojeto, fase que, como já visto, antecede a elaboração do projeto básico. Poder-se-ia, então, argumentar que, nessa hipótese, a licença prévia deveria ser providenciada pela contratada, considerando que cabe a esta a elaboração do projeto básico. Não é esse o entendimento predominante, no entanto. Licitar a obra pelo regime da contratação integrada, sem a prévia obtenção da licença prévia ambiental, significaria correr o enorme risco de contratar um empreendimento sem ter a convicção de que ele é ambientalmente viável, o que poderia conduzir todo o processo ao fracasso, com prejuízos para a administração.

Vale lembrar, aliás, que a Lei nº 12.462/2011, quando tratava da contratação integrada, dispunha expressamente:

> Art. 9º. Nas licitações de obras e serviços de engenharia, no âmbito do RDC, poderá ser utilizada a contratação integrada, desde que técnica e economicamente justificada e cujo objeto envolva, pelo menos, uma das seguintes condições:
> (...)
> §2º No caso de contratação integrada:
> I – o instrumento convocatório deverá conter anteprojeto de engenharia que contemple os documentos técnicos destinados a possibilitar a caracterização da obra ou serviço, incluindo:
> a) a demonstração e a justificativa do programa de necessidades, a visão global dos investimentos e as definições quanto ao nível do serviço desejado;
> b) as condições de solidez, segurança, durabilidade e prazo de entrega, observado o disposto no caput e no §1º do art. 6º desta Lei;

c) a estética do projeto arquitetônico; e
d) os parâmetros de adequação ao interesse público, à economia na utilização, à facilidade na execução, aos impactos ambientais e à acessibilidade;
(...)

Entendemos que essa antiga disposição legal deve continuar sendo atendida pela administração no caso da utilização da contratação integrada, de tal forma que o edital deve conter um anteprojeto que contemple, entre outros documentos, os parâmetros de adequação aos impactos ambientais. No entanto, o art. 25 da nova Lei, ao tratar do conteúdo do edital, estabelece:

> Art. 25. O edital deverá conter o objeto da licitação e as regras relativas à convocação, ao julgamento, à habilitação, aos recursos e às penalidades da licitação, à fiscalização e à gestão do contrato, à entrega do objeto e às condições de pagamento.
> (...)
> §5º O edital poderá prever a responsabilidade do contratado pela:
> I – obtenção do licenciamento ambiental;
> II – realização da desapropriação autorizada pelo poder público.
> §6º Os licenciamentos ambientais de obras e serviços de engenharia licitados e contratados nos termos desta Lei terão prioridade de tramitação nos órgãos e entidades integrantes do Sistema Nacional do Meio Ambiente (Sisnama) e deverão ser orientados pelos princípios da celeridade, da cooperação, da economicidade e da eficiência.

Assim, embora, como regra, seja tarefa de responsabilidade da administração pública, a obtenção do licenciamento ambiental pode ser transferida ao contratado, devendo ser mensurados os riscos de tal procedimento, em razão da possibilidade de agir com mais tempestividade, em contraposição aos custos envolvidos.

Na vigência da legislação anterior, a ideia prevalecente era de que tal procedimento deveria caber, como regra, à administração, mesmo no caso da utilização da contratação integrada. Nesse sentido, podemos destacar, na jurisprudência do TCU, o Acórdão nº 2.725/2016-P, do qual extraímos o seguinte excerto:

> 9.1.3. apresente ao Tribunal plano de ação com vistas a exigir a obtenção da licença prévia ambiental antes da licitação de obras pelo regime de contratação integrada do RDC, em conformidade com os princípios

da eficiência e da economicidade estabelecidos nos arts. 37 e 70 da Constituição Federal, de 5/10/1988, bem como com a alínea "d" do inciso I do §2º do art. 9º da Lei 12.462/2011 (Lei do RDC) c/c art. 10 da Lei 6.938, de 31 de agosto de 1981 (...).[22]

Mais recentemente, ao examinar caso concreto em que, entre outras irregularidades, constatou que a obra havia sido iniciada sem a licença prévia, o TCU determinou a suspensão da execução contratual até a adoção de medidas saneadoras, dentre as quais se destaca a obtenção da licença de instalação junto ao órgão ambiental competente.[23]

---

[22] *Idem. Acórdão nº 2.725/16-P*. Disponível em: https://pesquisa.apps.tcu.gov.br/documento/acordao-completo/2725%252F2016/%2520/DTRELEVANCIA%2520desc%252C%2520NUMACORDAOINT%2520desc/0. Acesso em: 12 nov. 2024.

[23] *Idem. Acórdão nº 2.773/18-P*. Disponível em: https://pesquisa.apps.tcu.gov.br/documento/acordao-completo/2773%252F2018/%2520/DTRELEVANCIA%2520desc%252C%2520NUMACORDAOINT%2520desc/0. Acesso em: 12 nov. 2024.

… CAPÍTULO 10

PROJETO EXECUTIVO

Segundo a Lei nº 14.133/2021, projeto executivo é o conjunto de elementos necessários e suficientes à execução completa da obra, com o detalhamento das soluções previstas no projeto básico, a identificação de serviços, materiais e equipamentos a serem incorporados à obra, bem como suas especificações técnicas, de acordo com as normas técnicas pertinentes (art. 6º, inc. XXVI, da NLLC).

O projeto executivo representa o detalhamento do projeto básico, objetivando a execução da obra. Nos termos do art. 46, §1º, da nova Lei, a realização de obras e serviços de engenharia não poderá ser feita sem projeto executivo, excepcionando-se a situação já abordada em capítulo anterior, em que tenhamos uma obra ou um serviço de pequeno porte, comum, para o qual o detalhamento completo já possa ser feito apenas com a utilização de projeto básico. Observe-se que a Lei trata da vedação à "execução" da obra sem projeto executivo, não podendo essa disposição ser confundida com possível vedação à "licitação" obra. Esta, como regra, é, sim, licitada somente com projeto básico, transferindo-se, então, ao contratado a obrigação da elaboração do projeto executivo.

Observe-se que o desenvolvimento do projeto executivo sempre precede a execução da obra. Isso significa que, antes de executar, por exemplo, a etapa 5 do cronograma físico-financeiro, o contratado deverá apresentar à administração o projeto executivo de todos os serviços envolvidos nessa etapa. Após a aprovação formal por parte da administração contratante, os serviços correspondentes a essa etapa poderão ser executados, e assim sucessivamente.

Não se pode exigir dos licitantes a apresentação, junto à sua proposta, do projeto executivo. Para atender a tal exigência, os concorrentes teriam custos. Esses custos só seriam aproveitados por aquele que viesse a ser declarado vencedor e adjudicatário. Para todos os demais, o custo seria arcado por eles mesmos. Isso poderia representar um entrave à participação no certame, pois, diante da possibilidade de prejuízos, muitos potenciais licitantes poderiam desistir de participar do certame.

Uma vez que a elaboração do projeto executivo será, como regra, tarefa obrigatória da empresa que vier a ser contratada, o custo correspondente deverá constar expressamente da planilha de quantitativos e preços.

Esclarecedor a respeito da diferença entre os projetos básico e executivo é o Acórdão nº 80/2010-P, do TCU, especialmente no seguinte excerto:

> 22. De qualquer sorte, o projeto executivo constitui-se em detalhamento do projeto básico, determinando, de forma minuciosa, as condições de execução. É dizer, trata-se de etapa complementar, não havendo sentido que seja deixado a cargo do projeto executivo a definição de itens essenciais como a construção de vigas, colunas, fundações (estrutura) e rede de água e esgoto.[24]

Para o Ibraop, conforme Orientação Técnica OT – IBR 008/2020, "O projeto executivo constitui-se de projeto básico (conforme OT – IBR 001/2006) acrescido de detalhes construtivos necessários e suficientes para a perfeita instalação, montagem e execução dos serviços e obras, elaborado de acordo com as normas técnicas pertinentes e sem alterar o projeto básico, inclusive seus quantitativos, orçamento e cronograma". Recomendamos consultar essa OT do Ibraop para verificar a listagem dos elementos técnicos típicos que deverão compor o projeto executivo, considerando as tipologias de obras de engenharia mais usuais.

É fundamental salientar que o projeto executivo não pode realizar alterações nas definições realizadas no projeto básico. Trata-se,

---

[24] *Idem. Acórdão nº 80/10-P.* Disponível em: www.lexml.gov.br/urn/urn:lex:br:tribunal.contas.uniao;plenario:acordao:2010-01-27;80. Acesso em: 12 nov. 2024.

apenas, de detalhamento do conteúdo anteriormente definido, objetivando realizar as definições indispensáveis para a perfeita execução da obra. Nesse sentido, entendemos oportuno transcrever a parte final da Orientação Técnica do Ibraop,[25] *in verbis*:

> 6.1 O projeto executivo é utilizado para detalhar os elementos do projeto básico (arquitetônico, estrutural, elétrico e hidráulico, entre outros) e não se confunde com a terminologia "projetos complementares".
>
> 6.2 O projeto executivo não serve para acrescentar ou complementar o projeto básico com dimensionamentos, memórias de cálculos, características ou especificações técnicas de materiais e equipamentos, modelos/marcas de referência, definição ou alteração de método construtivo, listagem de materiais ou elaboração de orçamento.
>
> 6.3 Para os casos nos quais o projeto básico esteja suficientemente detalhado e contemple os detalhes construtivos necessários e suficientes para a perfeita instalação, montagem ou execução dos serviços e obras, esse pode ser denominado projeto executivo e considerado adequado tanto para a realização da licitação como para a execução da obra.
>
> 6.4 Nas licitações de obras rodoviárias, deve ser considerado como Projeto Básico exigível pela Lei Federal nº 8.666/93, o Projeto Final de Engenharia denominado pelos órgãos licitantes de Projeto Executivo, sem prejuízo da exigência do projeto executivo definido pela mesma Lei no seu artigo 6º, inciso X e nesta Orientação Técnica.
>
> 6.5 Mesmo que exista previsão contratual para pagamento à contratada por elaboração de projeto executivo, tal projeto deve ser limitado às preconizações desta Orientação Técnica e não deve servir para modificar as soluções especificadas no projeto básico, inclusive seu orçamento e cronograma.
>
> 6.6 Durante e após a realização das obras, a documentação do projeto executivo deve receber atualizações, inclusive no memorial descritivo, para constituir-se na documentação "conforme construído" – *as built* –, a ser utilizada pelos responsáveis pela operação, manutenção e futuras intervenções no empreendimento.

---

[25] O texto completo da Nota Técnica pode ser lido em www.ibraop.org.br/wp-content/uploads/2021/04/OT_IBR_008_2020_projeto_executivo_26_04_21.pdf (acesso em: 7 jun. 2024).

CAPÍTULO 11

PROJETO *AS BUILT*

"*As built*" é uma expressão da língua inglesa que significa "conforme construído". Nesse sentido, denomina-se projeto *as built* aquele conjunto de documentos que representa a forma real pela qual a obra foi executada.

É muito comum que, no momento da execução da obra, alguma alteração precise ser realizada em relação ao que dispõe o projeto executivo – por exemplo, alguma tubulação de água fria precisa ser deslocada, alguns centímetros que sejam, para um lado ou para outro, ou um duto de ar-condicionado; ou algum eletroduto em posição que não coincide rigorosamente com o previsto no projeto de instalações elétricas.

Essas diferenças serão registradas no projeto *as built*. Isso permitirá que, concluída a obra, a administração disponha, em seus arquivos, de um projeto que representa rigorosamente o que foi executado. Isso pode ser muito importante na hipótese de futuras reformas prediais. Se a administração tiver o projeto *as built* do prédio, projetar a reforma será muito mais fácil e com grau de precisão muito maior.

Mais recentemente, o TCU vem determinando à administração pública que, ao contratar obras de engenharia, exija que, ao final, por ocasião do recebimento definitivo, lhe seja entregue o projeto *as built*. Nesse sentido:

> 9.1.2. incluam cláusulas em edital e em contrato que estabeleçam a obrigação de o contratado, em conjunto com a Administração Pública, providenciar a seguinte documentação como condição indispensável para o recebimento definitivo de objeto:

9.1.2.1. "*as built*" da obra, elaborado pelo responsável por sua execução (...).[26]

Caso exigido, o projeto *as built* constituirá item específico da planilha de quantitativos e preços, pois a sua elaboração implicará custos, que deverão ser arcados pela administração contratante.

---

[26] BRASIL. Tribunal de Contas da União. *Acórdão nº 853/13-P*. Disponível em: https://pesquisa.apps.tcu.gov.br/documento/acordao-completo/853%252F2013/%2520/DTRELEVANCIA%2520desc%252C%2520NUMACORDAOINT%2520desc/0. Acesso em: 12 nov. 2024.

CAPÍTULO 12

DEFINIÇÃO DO REGIME DE EXECUÇÃO

As obras e os serviços de engenharia na administração pública podem ser executados de duas formas: execução direta e execução indireta.

Denomina-se execução direta aquela que é feita pelos órgãos e entidades da administração pública, utilizando para tal os próprios meios. Significa dizer que o órgão/entidade precisará dispor de quadro próprio de pessoal, especialmente o pessoal técnico, com formação em engenharia, nas duas diversas especialidades, e arquitetura. Dificilmente isso ocorre. Sabemos que essa área técnica, por ser classificada usualmente como área meio, não merece, especialmente em termos de quantificação de pessoal, a atenção devida por parte da administração pública. Mesmo na engenharia ainda conseguimos encontrar profissionais com especialidade em engenharia civil, mas dificilmente encontramos profissionais com especialização em eletricidade, mecânica, fundações etc. Isso já se torna um embaraço considerável para a utilização da execução direta.

De outra banda, a estrutura necessária para operacionalizar uma obra, com seleção e contratação, de acordo com a legislação trabalhista, de operários, obtenção de equipamentos, aquisição constante dos materiais necessários etc., acaba por jogar por terra quase definitivamente, salvo raríssimas exceções, a possibilidade da utilização da forma de execução direta. Isso conduz a administração à necessidade de utilização da execução indireta, na qual a administração contrata com terceiros a execução da obra/serviço.

Nesse caso da execução indireta, a Lei nº 14.133/2021, em seu art. 46, estabelece a possibilidade de utilização de sete regimes de execução, a saber:
- Empreitada por preço unitário.
- Empreitada por preço global.
- Empreitada integral.
- Contratação por tarefa.
- Contratação integrada.
- Contratação semi-integrada.
- Fornecimento e prestação de serviço associado.

Cabe, inicialmente, responder a uma indagação que acaba por ser recorrente: afinal, para que serve definir o regime de execução de uma obra/serviço de engenharia. A resposta a essa indagação passa necessariamente pelo Código Civil vigente.

Uma obra de engenharia consome um período de tempo que pode ser razoavelmente longo para sua execução completa, o que a diferencia da maioria dos contratos de escopo, geralmente de execução mais curta. E o que seria um contrato de escopo? É aquele que tem um objeto perfeitamente definido no tempo e no espaço, cuja vigência se faz pelo tempo necessário à sua completa execução. Diz-se que um contrato de escopo só estará encerrado quando o seu objeto foi completamente executado, nada mais restando a fazer. Em contraposição, temos os contratos a termo ou contratos a prazo. Nestes, também há, lógico, um objeto a ser executado. Trata-se, no entanto, de um objeto que nunca estará completamente executado, pois sua necessidade é permanente. Por esse motivo, extinguem-se os contratos a termo pelo exaurimento do seu prazo de vigência, ainda que o objeto não esteja concluído.

Exatamente por se tratar de um contrato a ser executado em prazo mais longo, as obras de engenharia têm um diferencial a mais em relação aos demais contratos de escopo. Nestes, como regra, o pagamento é realizado quando da conclusão do objeto. Não haveria como adotar esse mesmo procedimento no caso das obras, pois seria inviável exigir que o contratado a executasse integralmente para só receber o valor contratado ao seu final. Por esse motivo, o Código Civil brasileiro (Lei nº 10.406, de 10 de janeiro de 2002), em seu art. 614, assim dispõe:

Art. 614. Se a obra constar de partes distintas, ou for de natureza das que se determinam por medida, o empreiteiro terá direito a que também se verifique por medida, ou segundo as partes em que se dividir, podendo exigir o pagamento na proporção da obra executada.

Como vimos anteriormente, compõe obrigatoriamente o projeto básico, entre outros documentos, o cronograma físico-financeiro, que exatamente divide a obra em parcelas. No Brasil, criou-se o hábito de elaborar o cronograma com parcelas que correspondem a 30 dias de execução, o que não é obrigatório, mas acabou virando rotina.[27] Ao lado do cronograma físico-financeiro, devemos ter o eventograma, documento que define os critérios de medição das etapas do cronograma, para efeito de pagamento. Pois bem, o conjunto composto do cronograma com o eventograma atende rigorosamente às disposições do Código Civil, definindo os momentos em que serão realizados os pagamentos proporcionais à execução da obra.

Nesse sentido, é fundamental a perfeita definição do regime de execução da obra, que deve necessariamente constar da minuta do instrumento de contrato, anexo obrigatório do edital da licitação, consoante disposição expressa do art. 92, inc. IV. Quando da divulgação do edital completo, a administração possibilita aos interessados o conhecimento prévio da forma pela qual o contratado será remunerado na execução da obra, ou seja, a forma pela qual ele será fiscalizado e o que ele precisa fazer, a cada momento, para que essa fiscalização ateste o cumprimento de suas obrigações e, consequentemente, autorize a realização do respectivo pagamento.

É importante considerar que, embora a Lei nº 14.133/2021 relacione sete regimes de execução disponíveis para utilização, a escolha do regime a ser adotado em cada processo não é discricionária. Não existe discricionariedade para a administração pública, pois cada regime tem uma destinação específica, devendo ser utilizado, no processo correspondente, aquele que lhe for compatível, que melhor atenda ao interesse público, respeitando os direitos do particular contratado. Não existe um regime melhor que o outro, mas sim um regime adequado a cada caso.

---

[27] A propósito, recomendamos a leitura do Acórdão nº 81/2010-P, do TCU, que discorre didaticamente sobre o tema.

De acordo com o art. 6º da Lei nº 14.133/2021, os regimes disponibilizados têm as seguintes características básicas:

- Empreitada por preço unitário (art. 6º, inc. XXVIII): é o regime em que a administração contrata a execução da obra ou do serviço por preço certo de unidades determinadas.
- Empreitada por preço global (art. 6º, inc. XXIX): é aquele em que a administração contrata a execução da obra ou do serviço por preço certo e total.
- Empreitada integral (art. 6º, inc. XXX): é o regime no qual a administração contrata um empreendimento em sua integralidade, compreendendo todas as etapas das obras, dos serviços e das instalações necessárias, sob inteira responsabilidade da contratada até a sua entrega ao contratante em condições de entrada em operação, atendidos os requisitos técnicos e legais para sua utilização em condições de segurança estrutural e operacional.
- Contratação por tarefa (art. 6º, inc. XXXI): é o regime de contratação de mão de obra para execução de pequenos trabalhos por preço certo, podendo ser com ou sem fornecimento de materiais.
- Contratação integrada (art. 6º, inc. XXXII): é aquele em que o contratado é responsável por elaborar e desenvolver os projetos básico e executivo, executar obras e serviços de engenharia, fornecer bens ou prestar serviços especiais e realizar montagem, teste, pré-operação e as demais operações necessárias e suficientes para a entrega final do objeto.
- Contratação semi-integrada (art. 6º, inc. XXXIII): é o regime de contratação de obras e serviços de engenharia em que o contratado é responsável por elaborar e desenvolver o projeto executivo, executar obras e serviços de engenharia, fornecer bens ou prestar serviços especiais e realizar montagem, teste, pré-operação e as demais operações necessárias e suficientes para a entrega final do objeto.
- Fornecimento e prestação de serviço associado (art. 6º, inc. XXXIV): é o regime de contratação em que, além do fornecimento do objeto, o contratado responsabiliza-se por sua operação, manutenção ou ambas, por tempo determinado.

Genericamente, os regimes de execução de obras e serviços de engenharia podem ser classificados em dois grupos: os regimes de preço global e os regimes de preço unitário. Quais seriam, então, as características fundamentais de cada um desses grupos, características que os distinguem? Essa classificação e as respectivas características são definidas na própria Lei nº 14.133/2021, no art. 46, §9º, *in verbis*:

> Art. 46. (...)
> (...)
> §9º Os regimes de execução a que se referem os incisos II, III, IV, V e VI do *caput* deste artigo serão licitados por preço global e adotarão sistemática de medição e pagamento associada à execução de etapas do cronograma físico-financeiro vinculadas ao cumprimento de metas de resultado, vedada a adoção de sistemática de remuneração orientada por preços unitários ou referenciada pela execução de quantidades de itens unitários.

Verifica-se, assim, que a NLLC dividiu os sete regimes de execução nos seguintes grupos:

Regimes de preço global	Regimes de preço unitário
Empreitada por preço global	Empreitada por preço unitário
Empreitada integral	Fornecimento e prestação de serviço associado
Contratação por tarefa	
Contratação integrada	
Contratação semi-integrada	

Quer se trate de regime de preço global, quer se trate de regime de preço unitário, a regra é realizar a licitação a partir de um projeto básico completo, como definido anteriormente. A única exceção é constituída pelo regime de contratação integral, para o qual a licitação é realizada a partir de um anteprojeto. Daí em diante, podemos distinguir os dois grupos da seguinte forma:

1. A obra é contratada por preço total certo. São regimes indicados no caso de contratações cujos quantitativos possam ser definidos de forma precisa.

É preciso não esquecer que o conceito de *precisão* dos quantitativos de serviços (material e mão de obra) a serem utilizados em uma obra de engenharia não alcança o absolutismo. Não existe exatidão. Orçamento de obra é preciso, mas não é exato. Aqui se trata da faixa de precisão aceitável, que vai variar em função do acervo documental disponível. Quando se trabalha apenas com um anteprojeto, o nível de precisão é mais baixo do que quando se trabalha com um projeto básico, que é mais detalhado, alcançando-se a precisão máxima possível quando trabalhamos com um projeto executivo.

Dispõe a Lei que, utilizando-se o regime de empreitada por preço global, o preço final da obra/serviço é certo. Significa dizer que, nesse regime, em tese, não serão aceitos aditivos de quantidades em função de divergências entre os quantitativos que constam da planilha de orçamento e os quantitativos efetivamente executados, que devem corresponder rigorosamente àqueles previstos nos projetos de arquitetura/engenharia. O contratado obriga-se a executar os projetos, sem alterações, credenciando-se a receber os valores previstos na planilha orçamentária.

É necessário, então, que, ao utilizar um regime de preço global, de um lado a administração contratante tenha a cautela de elaborar a documentação compatível e, de outro lado, o licitante tenha o cuidado de examinar detalhadamente essa documentação, pois não poderá alegar futuramente possível incompatibilidade entre documentos.

Explica-se: a Lei nº 14.133/2021 exige que a administração, ao licitar uma obra que será executada por um dos regimes de preço global, disponibilize, no edital completo, aos possíveis interessados toda a documentação que lhes possibilite examiná-la cuidadosamente, identificando possíveis falhas que possam comprometer a sua remuneração durante a execução.

A Lei se refere especificamente ao projeto básico completo, de acordo com as considerações feitas em capítulo anterior. É vedado licitar uma obra/serviço de engenharia a ser executada por um dos regimes de preço global sem a disponibilização do projeto básico completo.

De posse dessa documentação, cabe aos interessados, futuros licitantes, examiná-la detalhadamente e, especificamente, examinar a compatibilidade entre os quantitativos oriundos dos projetos de arquitetura/engenharia com os quantitativos constantes da planilha orçamentária da obra. O futuro contratado obriga-se a executar rigorosamente os quantitativos constantes dos projetos, mas será remunerado pelos quantitativos constantes da planilha.

Ou seja, se observar diferenças entre esses quantitativos, o futuro licitante deverá imediatamente proceder à impugnação do edital, para possibilitar à administração, em confirmando essa divergência, corrigi-la, realizando a respectiva republicação. Se não o fizer e permanecer omisso, o licitante, futuro contratado, arcará com as consequências de sua omissão.

Não é qualquer divergência entre esses quantitativos, no entanto, que deve objeto de impugnação. Deve-se levar em consideração a faixa de precisão admitida. De acordo com o Ibraop, no caso de projeto básico, essa faixa de precisão a ser considerada é de mais ou menos 10%.[28]

Se a diferença estiver dentro dessa faixa de precisão, entendemos que não caberá impugnação ao edital, pois estará coberta pelo percentual de riscos constante da planilha de BDI.

O Decreto Federal nº 7.983/2013,[29] que estabelece regras e critérios para a elaboração do orçamento de referência de obras e serviços de engenharia, contratados e executados com recursos dos orçamentos da União, e dá outras providências, dispõe, em seu art. 13, inc. II:

> Art. 13. (...)
> (...)
> II – deverá constar do edital e do contrato cláusula expressa de concordância do contratado com a adequação do projeto que integrar o edital de licitação (...).

Desse modo, ao formalizar, no certame licitatório, em documento a ser anexado à sua proposta, a concordância com a adequação do projeto que integrar o edital da licitação, o licitante (um deles, o futuro contratado) estará formalmente declarando que examinou toda a documentação fornecida pela administração, integrante do edital, e que não encontrou qualquer fato que possa levar a questionamentos,

---

[28] Orientação Técnica IBRAOP OT – IBR 004/2012. Segundo a Resolução nº 361/ 1991, do Confea, o percentual é de 15%. Entendemos que a OT do Ibraop deve ser adotada, por estar mais atualizada.

[29] Apesar de ser anterior à Lei nº 14.133/2021, o Decreto Federal nº 7.983/2013 continua sendo utilizado na elaboração do orçamento de obras a serem realizadas com recursos dos orçamentos da União, tendo em vista o disposto na Instrução Normativa SEGES/ME nº 91, de 16 de dezembro de 2022.

como divergências entre os quantitativos obtidos a partir dos projetos de engenharia/arquitetura e aqueles constantes da planilha de quantitativos e preços. Desse modo, o futuro contratado ficará impedido, durante a execução contratual, de pleitear correções em falhas que deveriam ter sido detectadas no momento da formalização da proposta. Assim, ou o licitante impugna o instrumento convocatório, utilizando-se das disposições do art. 164 da Lei nº 14.133/2021, ou participa do certame apresentando a declaração de concordância com a adequação do projeto. Não existe a hipótese de deixar para discutir o assunto posteriormente, por ocasião da execução do contrato.

Em assim sendo, o preço global proposto pelo licitante é certo, como dispõe a nova Lei de Licitações. Em tese, obras/serviços contratados pelos regimes de preço global não admitem aditivos contratuais, a não ser que, no curso da execução, a administração contratante resolva promover alterações no projeto contratado ou diante de fatos excepcionais. O assunto será melhor detalhado adiante, quando tratarmos da fase de execução contratual.

2. Em razão do disposto no item anterior, o contratado obriga-se a executar rigorosamente os quantitativos estabelecidos nos projetos de arquitetura/engenharia que constituem o projeto básico. No entanto, será remunerado pelos quantitativos estabelecidos na planilha orçamentária, mesmo que existem diferenças em relação aos projetos.

3. Por esse motivo, estando já definido o valor a ser pago em cada serviço, cabe à fiscalização se preocupar em verificar essencialmente se os projetos estão sendo executados nas condições estabelecidas, levando em consideração a qualidade especificada. Não há necessidade de a fiscalização realizar a medição precisa dos quantitativos realizados para efeito de definição do valor a ser pago, pois este, repetimos, corresponderá ao valor contratado.

4. Nas datas aprazadas para conclusão de cada etapa do cronograma físico-financeiro, a fiscalização deverá verificar se *todos* os serviços previstos foram efetivamente realizados. Se constatar a execução de 100% dos serviços previstos para a etapa, a fiscalização atestará sua conclusão, liberando o respectivo pagamento. Se, entretanto, a fiscalização constatar que a etapa que está sendo medida não foi concluída, não

poderá atestar a execução. Consequentemente, o contrato não receberá qualquer valor por essa etapa, independentemente do percentual executado, pois é condicionante dos regimes de preço global que o pagamento será realizado somente quando as etapas estiverem inteiramente concluídas.

5. Em não estando a etapa concluída, a obra estará em atraso. Deverá ser apurada, então, a responsabilidade pela mora, pois, em sendo do contratado, deverá ele ser apenado.

Como se vê, nos regimes de preço global, a tarefa da fiscalização pode ser considerada mais simples ou menos trabalhosa, tendo em vista que os fiscais não precisarão realizar a efetiva "medição" dos quantitativos realizados como meio de identificar o *quantum* a ser pago. Isso libera a fiscalização para realizar um trabalho mais efetivo em relação à qualidade da execução, ao mesmo tempo que torna menos onerosa essa atividade para a administração. Afinal, não haverá necessidade de presença permanente dos fiscais na obra.

De outra banda, no entanto, esses regimes podem levar a um preço global inicial mais elevado, considerando que, ao receber os riscos relativos a possíveis divergências entre quantitativos de projetos e planilha, que lhe foram transferidos pela administração, o contratado deve incluir esses riscos no valor de sua proposta, especificamente no BDI.

Por tudo isso, os regimes de preço global exigem a elaboração de um projeto básico completo e preciso. Muitas vezes, dentro da administração pública encontramos restrições à utilização desse regime, com a alegação de que elaborar um projeto básico preciso exige um lapso temporal maior e um custo mais dispendioso. Não podemos esquecer, no entanto, que tudo isso levará a uma contratação com preço final definido, salvo se a própria administração determinar alterações futuras – ou seja, levará a administração a ter segurança naquilo que está contratando, gerando, com certeza, resultados positivos para o erário. Do Acórdão nº 1.977/13-P, do TCU, extraímos a seguinte análise sobre o assunto:

> 35. A existência de projeto básico completo é uma exigência para qualquer contratação de obras públicas. Caso o regime de contratação seja o de EPG, a completude e a precisão do Projeto Básico ganham importância ainda maior. Essa característica é apontada como uma desvantagem na utilização da EPG.

36. No regime de EPG, o projeto básico deve conter informações para permitir que as medições sejam feitas de modo adequado, assim entendido como sendo feitas por etapas. Desse modo, é imprescindível, na contratação por EPG, uma definição clara e inequívoca das etapas físicas que constituem o todo. Tais elementos é que permitirão o estabelecimento de marcos para cada uma dessas etapas, ao término das quais caberão os pagamentos. Essas medidas facilitarão o monitoramento e o controle das obras por parte de quem as fiscalizará.

37. A importância de um projeto básico é tamanha, que a sua qualidade pode influenciar diretamente o custo final da obra. Imagine-se, por exemplo, que numa concorrência em EPG os licitantes deparem com um projeto básico flagrantemente incompleto e/ou impreciso. É certo que se trata de uma situação em que a probabilidade de ocorrerem imprevistos é elevada, de modo que os concorrentes poderão incluir algumas contingências nos preços ofertados. Desse modo, há uma tendência de que o preço da empreitada, nesse caso, tenha um valor maior do que teria se fosse adotado o regime de empreitada por preço unitário.[30]

Após examinar alguns entendimentos doutrinários em relação ao assunto, o Acórdão menciona importante entendimento daquela Corte de Contas, que precisa ser devidamente considerado pelos órgãos e entidades da administração pública:

40. Ante todas essas considerações doutrinárias, é de relevo notar que o entendimento jurisprudencial do TCU não trata a deficiência do projeto básico como irregularidade meramente formal, principalmente em obras executadas por preço global, em que eventuais divergências de quantitativos dos serviços previstos invariavelmente causarão prejuízos a uma das partes contratantes. E se a Administração Pública deixa de estabelecer, de maneira adequada, o conjunto de elementos suficientes para caracterizar o que pretende contratar, não há torneio possível, pois, em verdade, serão oferecidas propostas para alguma coisa que não se sabe ao certo o que efetivamente é: trata-se de um pressuposto lógico do certame.

41. Nesse caso, as consequências são absolutamente nefastas, pois essa imprecisão possibilita o oferecimento de propostas com valores que podem ser ínfimos, inexequíveis de plano, ou então propostas com valores muito acima daqueles que efetivamente se poderiam conseguir, caso estivesse bem delineado o objeto da contratação a ser entabulada.

42. Não custa salientar que quanto maior a precisão e a quantidade de informações disponíveis para a composição do preço global de uma obra,

---

[30] BRASIL. Tribunal de Contas da União. *Acórdão nº 1.977/13-P*. Disponível em: www.cnj.jus.br/acordao-n-19772013-tcu-plenario/. Acesso em: 13 nov. 2024.

maiores são as probabilidades de o procedimento licitatório resultar na escolha da proposta mais vantajosa para a Administração. Além disso, e principalmente, maiores são as chances de uma boa execução contratual, tendo em vista que o licitante tem a completa noção do que será executado.

43. Por reiteradas vezes, o TCU tem determinado a anulação de certames licitatórios maculados por deficiências de projeto básico. Por exemplo, no recente Acórdão 2.819/2012 – Plenário, o TCU entendeu que a existência de deficiências graves no Projeto Básico impossibilita a adequada descrição dos serviços que serão implementados na obra, comprometendo o certame a ser realizado, tendo em vista que tal procedimento afasta da licitação empresas que optam por não correr o risco de apresentar um orçamento elaborado sem a necessária precisão, havendo, portanto, prejuízo à competitividade do certame e à contratação da proposta mais vantajosa pela Administração Pública, o que enseja a nulidade da concorrência efetivada.[31]

Nesse Acórdão, o TCU analisou as características fundamentais desses regimes, referenciando-se especialmente ao regime de empreitada pelo preço global. Do texto, extraímos o seguinte resumo:[32]

Vantagens	Desvantagens	Indicada para
• Simplicidade nas medições (medições por etapa concluída) • Menor custo para a administração pública na fiscalização da obra • Valor final do contrato, em princípio, fixo • Restrição dos pleitos do construtor e assinatura de aditivos • Dificultação do jogo de planilha • Incentivo do cumprimento do prazo, pois o contratado só recebe quando conclui uma etapa	• Como o construtor assume os riscos associados aos quantitativos de serviços, o valor global da proposta tende a ser superior, se comparado com o regime de preços unitários • Tendência de riscos e imprevistos no BDE do construtor • A licitação e contratação exigem projeto básico com elevado grau de detalhamento dos serviços (art. 47 da Lei nº 8.666/1993)	• Contratação de estudos e projetos • Elaboração de pareceres e laudos técnicos • Obras e serviços executados "acima da terra", que apresentam boa precisão na estimativa de quantitativos, a exemplo de: • Construção de edificações • Linhas de Transmissão

---

[31] Ibidem.
[32] Ibidem.

O regime de empreitada por preço global é considerado prioritário em contratações de obras públicas novas, realizadas acima do nível do solo, em detrimento da empreitada por preço unitário. Tal fato é decorrente das vantagens que o primeiro regime apresenta para a administração pública, por conduzir a um valor final da contratação definido com um grau de precisão adequado, impedindo, dessa forma, as constantes e sempre prejudiciais alterações futuras. É prioritário, mas isso não elimina a utilização, por exemplo, da empreitada por preço unitário, que acaba se tornando o regime adequado em determinadas situações, o que exige, sempre, a análise do caso concreto para uma perfeita definição.

Quais são, então, as características básicas dos regimes de preço unitário? Vejamos:

1. Embora a licitação seja realizada com projeto básico completo, este não possibilita a obtenção de quantitativos precisos, não por falha documental, mas sim pelo tipo de obra. Existem situações em que a imprecisão de quantitativos acaba por ser inerente aos serviços a serem realizados. É o caso, por exemplo, de obras de reforma ou de obras compostas de serviços a serem realizados abaixo do nível do solo. Nesses exemplos, a imprecisão é inerente aos trabalhos – daí por que o projeto básico trabalhará com quantitativos aproximados na planilha orçamentária. Os preços unitários a serem cotados pelos licitantes, entretanto, devem ser precisos, não estando sujeitos a alterações. Os projetos de engenharia/arquitetura preveem tudo que será executado, mas a circunstância da execução pode determinar a necessidade de alterações nessa previsão. Imaginemos que, em determinada obra de reforma predial, seja projetada a derrubada de uma parede de alvenaria, para possibilitar a ampliação de determinado espaço cuja futura ocupação determina a necessidade de uma área maior. A retirada da parede será incluída no projeto básico (e, consequentemente, na planilha orçamentária, com os serviços correspondentes e os respectivos quantitativos, inclusive, por exemplo, a recomposição do piso do local onde estava a parede). Pode ocorrer, no entanto, que a retirada dessa parede acabe por demonstrar a existência de uma diferença de nível nos pisos dos dois ambientes, que estavam separados pela alvenaria, mas que agora constituirão uma área única. Essa diferença de nível precisa ser corrigida, mas

não estava prevista no projeto. Pode ocorrer, também, que, na fase de retirada da parede, descubra-se a existência, em seu interior, de uma tubulação de água fria, que vai precisar, então, ser deslocada. Outro exemplo: em uma obra/serviço, prevê-se a manutenção da tubulação de água fria, mas, no momento da execução, verifica-se a necessidade de substituição de alguns de seus componentes, por apresentarem estado de deterioração avançado.

2. Como consequência do item anterior, é muito comum a existência de diferenças entre os quantitativos estimados na planilha e aqueles que acabam por ser executados na realidade. Isso torna obrigatória a atuação mais efetiva da fiscalização, que deverá, então, medir, literalmente, todos os serviços executados.

3. Os pagamentos ao contratado serão uma decorrência do quantitativos efetivamente executados e medidos pela fiscalização, multiplicados pelos preços unitários estabelecidos na contratação. Vê-se, desse modo, o quanto é importante a atuação da fiscalização nas obras executadas sob regimes de preço unitário, pois ela define o valor a ser pago em cada medição. Torna-se, assim, conveniente uma atuação mais constante dos fiscais da administração, para que possam atestar os quantitativos no momento em que estão sendo executados. Isso torna a fiscalização mais cara do que a que é realizada nos regimes de preço global.

4. Como os quantitativos licitados são estimados e os pagamentos serão realizados em função dos quantitativos executados, atestados pela fiscalização, é rotina a existência, em praticamente todas as parcelas de pagamento, de aditivos contratuais para ajustar essas duas quantidades, sendo ora aditivos de acréscimo, ora aditivos de supressão.

5. Nesses regimes de preço unitário, o cronograma define os momentos em que serão realizadas as medições para efeito de pagamento. No entanto, os pagamentos corresponderão às quantidades medidas pela fiscalização. Assim, mesmo que o contratado não tenha executado todos os trabalhos previstos para determinadas etapas, ele receberá o valor equivalente ao que foi executado, sem que se caracterize atraso na execução, isto é, serviços eventualmente não executados em determinada parcela poderão ser realizados em etapas seguintes. O que

não se admite é o atraso no prazo global. Se este for decorrente de culpa do contratado, ele será apenado.

Conforme a Lei nº 14.133/2021, o regime de empreitada por preço unitário é aquele no qual a administração contrata a execução da obra/serviço por preço certo de unidades determinadas. Nesse caso, não existe preço global certo, apenas preços unitários certos.

Bem elucidativo a respeito é o Acórdão nº 1.977/13-P, do qual extraímos os seguintes excertos:

> 15. Segundo a Lei de Licitações e Contratos, a empreitada por preço unitário consiste na contratação da execução da obra ou do serviço por preço certo de unidades determinadas. É utilizada sempre que os quantitativos a serem executados não puderem ser definidos com grande precisão.
>
> 16. Portanto, em que pese não ser necessário um grau de detalhamento de projeto no mesmo nível das empreitadas por preço global, o conceito de projeto básico definido no art. 6º da Lei 8.666/1993 deve ser respeitado com rigor.
>
> 17. Entretanto, não se deve pressupor que a existência de maior imprecisão nos quantitativos dos serviços implique, por si só, deficiência do projeto básico. Convém ressaltar que, mesmo em projetos bem elaborados, há serviços cujos quantitativos estão intrinsecamente sujeitos a um maior nível de imprecisão, como é o caso de serviços de movimentação de terra em rodovias e barragens. Por isso, recomenda-se que essas tipologias de obras sejam contratadas no regime de empreitada por preço unitário.
>
> 18. A remuneração da contratada, nesse regime, é feita em função das unidades de serviço efetivamente executadas, com os preços previamente definidos na planilha orçamentária da obra. Assim, o acompanhamento do empreendimento torna-se mais difícil e detalhado, já que se faz necessária a fiscalização sistemática dos serviços executados. Nesse caso, o contratado se obriga a executar cada unidade de serviço previamente definido por um determinado preço acordado. O construtor contrata apenas o preço unitário de cada serviço, recebendo pelas quantidades efetivamente executadas.
>
> 19. Em decorrência da ausência do risco de variação de quantitativos para o construtor, um contrato celebrado no regime de preços unitários pode ter um preço final ligeiramente menor. Porém, isso não significa, necessariamente, que esse regime de execução seja o mais econômico para a Administração, devido aos maiores custos decorrentes da fiscalização do contrato.
>
> 20. A precisão da medição dos quantitativos é muito mais crítica no regime de empreitada por preço unitário do que em contratos a preços globais, visto que as quantidades medidas no campo devem ser exatas, pois corresponderão, de fato, às quantidades a serem pagas. Portanto, as equipes de medição do proprietário devem ser mais cuidadosas e precisas em seus trabalhos, porque as quantidades medidas definirão o valor real do projeto.

21. O valor final do contrato sob o regime de empreitada por preço unitário pode oscilar para mais ou para menos, em relação ao originalmente contratado, em função da precisão das estimativas de quantitativos dos serviços.[33]

As características fundamentais do regime de empreitada por preço unitário estão do seguinte quadro, igualmente constante do mencionado Acórdão:

Vantagens	Desvantagens	Indicada para
• Pagamento é feito somente pelos serviços efetivamente executados • Apresenta menor risco para o construtor, na medida em que ele não assume risco quanto aos quantitativos de serviços (riscos geológicos do construtor são minimizados) • Obra pode ser licitada com um projeto com grau de detalhamento inferior ao exigido para uma empreitada por preço global ou integral	• Exige rigor nas medições dos serviços • Há maior custo da administração para acompanhamento da obra • Favorece o jogo da planilha • Há necessidade frequente de aditivos para inclusão de novos serviços ou alteração dos quantitativos dos serviços contratuais • O preço final do contrato é incerto, pois é baseado em estimativa de quantitativos que podem variar durante a execução da obra • Exige que as partes renegociem preços unitários quando ocorrem alterações relevantes dos quantitativos contratados • Não incentiva o cumprimento de prazos, pois o contratado recebe por tudo que fez, mesmo atrasado	• Contratação de serviços de gerenciamento e supervisão de obras • Obras executadas "abaixo da terra" ou que apresentam incertezas intrínsecas nas estimativas de quantitativos, a exemplo de: • Execução de fundações, serviços de terraplenagem, desmontes de rocha etc. • Implantação, pavimentação, duplicação e restauração de rodovias • Canais, barragens, adutoras, perímetros de irrigação, obras de saneamento • Infraestrutura urbana • Obras portuárias, dragagem e derrocamento • Reforma de edificações • Poço artesiano

---

[33] *Ibidem.*

A EPU é indicada, assim, para obras que apresentam incertezas intrínsecas a respeito dos quantitativos a serem executados, e a EPG é indicada quando existe a precisão adequada em relação a esses quantitativos. Não cabe, assim, à administração *escolher* um dos dois regimes. Não se trata de escolha, mas sim de definição. São as características da obra/serviço a ser licitada que indicam o caminho a ser adotado: ou existe a possibilidade da precisão, caso em que o regime adequado é a empreitada por preço global, ou intrinsicamente a obra tem quantitativos apenas estimados, situação na qual o regime a ser adotado é o da empreitada por preço unitário.

Por sua vez, a contratação por tarefa é um regime específico para contratação de pequenos trabalhos, usualmente para a contratação de serviços isolados de engenharia. Nesse regime, a administração contrata a mão de obra para execução do trabalho por um preço certo e definitivo. Dependendo das características do trabalho a ser executado, essa contratação pode incluir o material necessário. Isso é feito corriqueiramente quando o valor do material é pequeno, não compensando, dessa maneira, a formalização de processo específico para sua aquisição. Um bom exemplo da utilização do regime de tarefa é o caso de pequenos serviços de manutenção predial, contratados de forma isolada. Se há, por exemplo, uma ou duas torneiras apresentando vazamento, contrata-se a substituição do vedante. Nesse caso, como o valor do material é muito baixo, recomenda-se que seja incluído na contratação, somando-se ao preço da mão de obra. Outro exemplo: por um acidente, algumas placas do piso de granito foram danificadas e precisam ser substituídas. A contratação da recuperação do piso é feita por tarefa. Aqui, pode ser que o custo do material seja mais expressivo, indicando a conveniência de a aquisição do material ser feita separadamente da contratação da mão de obra.

Já o regime de empreitada integral, também uma das espécies de regime de preço global, é destinado a situações específicas nas quais a administração precisa contratar a integralidade do empreendimento. Não é simplesmente, portanto, um regime destinado à contratação de uma obra/serviço, mas se destina à contratação total, incluindo a obra, os serviços, as instalações e tudo mais que for necessário para que, quando da entrega definitiva do contrato, o empreendimento esteja em condições de ser imediatamente utilizado, entrar em operação.

É preciso destacar, de início, que o regime de empreitada integral vai de encontro ao princípio do parcelamento do objeto. A regra é o parcelamento do objeto. Deve-se dividir o objeto em tantas parcelas quantas se comprovarem técnica e economicamente viáveis, com o intuito de melhor aproveitamento dos recursos disponibilizados no mercado, ampliando a competitividade, que é a chave-mestra para a obtenção da proposta mais vantajosa para a administração.

A Súmula nº 247, de 2004, do TCU, confirma a necessidade de observância do princípio do parcelamento do objeto:

> É obrigatória a admissão da adjudicação por item e não por preço global, nos editais das licitações para a contratação de obras, serviços, compras e alienações, cujo objeto seja divisível, desde que não haja prejuízo para o conjunto ou complexo ou perda de economia de escala, tendo em vista o objetivo de propiciar a ampla participação de licitantes que, embora não dispondo de capacidade para a execução, fornecimento ou aquisição da totalidade do objeto, possam fazê-lo com relação a itens ou unidades autônomas, devendo as exigências de habilitação adequar-se a essa divisibilidade.

Se a regra é parcelar, a administração precisa justificar todas as vezes em que não o fizer. Essa justificativa deverá basear-se na inviabilidade técnica ou econômica dessa divisão. Assim já se posicionou o TCU, como podemos ver, por exemplo, no Acórdão nº 1.830/2010-P, do qual extraímos o excerto a seguir:

> 9.2. alertar a Prefeitura de Trindade/GO para que observe rigorosamente, em suas futuras licitações em que haja emprego de recursos federais, o previsto nos artigos 23, §1º, e 3º, §1º, inciso I, da Lei 8.666/93, bem como na Súmula 247 do TCU, relativos à necessária divisão do objeto licitado em tantas parcelas quantas se comprovarem técnica e economicamente viáveis, com vistas ao melhor aproveitamento dos recursos disponíveis no mercado e à ampliação da competitividade, sem perda da economia de escala (...).[34]

---

[34] *Idem. Acórdão nº 1.830/10-P.* Disponível em: https://pesquisa.apps.tcu.gov.br/documento/acordao-completo/1830%252F2010/%2520/DTRELEVANCIA%2520desc%252C%2520NUMACORDAOINT%2520desc/0. Acesso em: 13 nov. 2024.

Muitos confundem o princípio do parcelamento do objeto, obrigatório desde que técnica e economicamente viável, com o fracionamento da despesa. São coisas distintas. O parcelamento objetiva o melhor aproveitamento dos recursos disponíveis no mercado, ampliando, assim, a competitividade. O fracionamento é uma burla ao processo legal, na medida em que se divide o objeto em várias parcelas com o objetivo de poder utilizar a alternativa da contratação direta, dispensando a realização de licitação.

Ou seja, faz-se uma licitação distinta para cada etapa do parcelamento, mas, em todas essas licitações, a modalidade a ser adotada será a mesma, aquela correspondente ao objeto como um todo, independentemente do valor da parcela.

Elucidativo nesse sentido é o excerto a seguir, extraído de Acórdão do TCU:

> Fracionamento, à luz da Lei de Licitações, caracteriza-se quando se divide a despesa para utilizar modalidade de licitação inferior à recomendada pela legislação para o total da despesa ou para efetuar contratação direta. A Lei nº 8.666/93 veda, no art. 23, §5º, o fracionamento de despesa. Impede, por exemplo, a utilização da modalidade convite para parcelas de uma mesma obra ou serviço, ou ainda para obras e serviços de idêntica natureza e no mesmo local que possam ser realizadas conjunta e concomitantemente sempre que a soma dos valores caracterizar o caso de tomada de preços. De igual forma, a utilização de várias tomadas de preços para se abster de realizar concorrência.
> Em resumo, se a Administração optar por realizar várias licitações para um mesmo objeto ou finalidade deverá preservar sempre a modalidade de licitação pertinente ao todo que deveria ser contratado.
> O que vincula, portanto, é o objeto ou a finalidade. No caso dado como exemplo, se o projeto foi elaborado visando à construção de cinco parques e sua finalidade somente seria atendida com a construção de todos eles, constitui fracionamento, portanto, vedado pela lei, a realização de dois convites. Neste caso, o gestor, mesmo no caso da descentralização de créditos suficientes para a construção de apenas dois parques, deve realizar a licitação na modalidade tomada de preços, ou concorrência, o que responde ao terceiro questionamento da situação colocada sob análise.[35]

---

[35] Idem. *Acórdão nº 1.540/14-P*. Disponível em: https://pesquisa.apps.tcu.gov.br/documento/acordao-completo/1540%252F2014/%2520/DTRELEVANCIA%2520desc%252C%2520NUMACORDAOINT%2520desc/0. Acesso em: 13 nov. 2024.

Não encontramos na Lei nº 14.133/2021 interessante disposição que existia na Lei nº 8.666/1993, muito elucidativa a respeito da definição do fracionamento no caso da contratação de obras e serviços de engenharia. Dispunha a Lei anterior:

> Art. 23. (...)
> (...)
> §5º É vedada a utilização da modalidade "convite" ou "tomada de preços", conforme o caso, para parcelas de uma mesma obra ou serviço ou ainda para obras e serviços da mesma natureza e no mesmo local que possam ser realizadas conjunta e concomitantemente, sempre que o somatório de seus valores caracterizar o caso de "tomada de preços" ou "concorrência", respectivamente, nos termos deste artigo, exceto para as parcelas de natureza específica que possam ser executadas por pessoas ou empresas de especialidade diversa daquela do executor da obra ou serviço.

Particularmente, discutia-se o que seriam obras e serviços no mesmo local. Estaria o legislador se referindo a um local físico específico? Ou essa interpretação deveria ser ampliada, para alcançar a mesma rua, o mesmo bairro, o mesmo Município etc.?

Entendemos que a melhor interpretação a respeito vinha do TCU. Ao discutir o assunto, o Egrégio Tribunal se posicionou assim, em relação à legislação anterior:

> 8. No tocante ao fracionamento de despesas, as justificativas do presidente da comissão de licitação são, fundamentalmente, de que se tratavam de *obras distintas, realizadas em municípios distantes uns dos outros*, não se justificando que se fizesse uma única licitação.
> 9. Essa questão já foi enfrentada por diversas vezes pelo Tribunal, ficando assente que *não se deve realizar licitações distintas* para a contratação de serviços de mesma natureza, *mesmo em locais diversos, quando os potenciais interessados são os mesmos*. Permito-me transcrever trecho de voto por mim proferido, que consubstanciou o Acórdão 167/2001 – Plenário e que foi adotado em outras deliberações deste Tribunal (Acórdãos nº 131/2001, 121/2002, 272/2002, todos do Plenário):
> "12. Vê-se, pois, que o Estatuto das Licitações, ao vedar o fracionamento de despesas, *pretendeu preservar a competitividade dos certames licitatórios*, obrigando a que as obras e os serviços realizados no mesmo local fossem englobados em uma única licitação, de maior valor. Interpretando-se a norma de forma sistêmica, orientados pelo princípio da isonomia que norteou sua promulgação, só se pode conceber que *a menção a um 'mesmo local' tenha por objetivo único permitir o maior aproveitamento das potencialidades*

regionais, observando-se a área geográfica de atuação das empresas que executam os serviços ou obras a serem contratados"[36] (grifos nossos).

Definiu, assim, o Tribunal que dever-se-ia entender a definição de "mesmo local" em função da área geográfica de atuação das empresas que poderiam participar da licitação. Mesmo em Municípios distintos, até em Estados diferentes, as obras licitadas concomitantemente devem ser consideradas como situadas "no mesmo local" se o universo previsto de licitantes fosse o mesmo, ainda que os certames licitatórios fossem realizados de forma isolada.

A ausência de disposição semelhante na NLLC é uma omissão que dificulta a interpretação. Podemos imaginar que a inclusão desse tipo de regra em regulamento ajudará bastante na definição.

Por tudo isso, a utilização do regime de empreitada integral deve ser encarada com a devida cautela. Sua utilização demanda, necessariamente, a justificativa necessária, deixando evidenciado que, apesar de contrariar o princípio do parcelamento, esse regime é o mais indicado no caso concreto, pelas exigências técnicas e vantagens econômicas que irá propiciar.

Na jurisprudência do TCU, encontramos o seguinte entendimento:

> 23. Tem razão a SeinfraUrbana. A jurisprudência deste Tribunal é firme no sentido de que o regime de empreitada integral previsto no art. 6º, inciso VIII, alínea "e", da Lei 8.666/1993 deve ser considerado na condução de projetos de vulto e complexos, em que a perfeita integração entre obras, equipamentos e instalações se mostre essencial para pleno funcionamento do empreendimento, a exemplo de obras em hidrelétricas. Essa complexidade não se encontra demonstrada nas obras pretendidas pela Unifesp.[37]

No mesmo sentido:

> Este certame foi objeto de medida cautelar por parte desta Corte, momento em razão de potencial restrição indevida à competitividade

---

[36] *Idem. Acórdão nº 1.570/04-P*. Disponível em: https://pesquisa.apps.tcu.gov.br/documento/acordao-completo/1570%252F2004/%2520/DTRELEVANCIA%2520desc%252C%2520NUMACORDAOINT%2520desc/0. Acesso em: 13 nov. 2024.

[37] *Idem. Acórdão nº 711/16-P*. Disponível em: https://pesquisa.apps.tcu.gov.br/documento/acordao-completo/711%252F2016/%2520/DTRELEVANCIA%2520desc%252C%2520NUMACORDAOINT%2520desc/0. Acesso em: 13 nov. 2024.

do certame, bem como da adoção injustificada do regime de empreitada integral, mediante a inclusão indevida de equipamentos e mobiliário no objeto a ser executado por empresa de construção civil.[38]

O regime de contratação integrada veio ao mundo jurídico por meio da Lei nº 12.462/2011, que instituiu o Regime Diferenciado de Licitações Públicas (RDC), agora revogada e retirada do ordenamento jurídico brasileiro. Dispunha a Lei:

> Art. 9º. Nas licitações de obras e serviços de engenharia, no âmbito do RDC, poderá ser utilizada a contratação integrada, desde que técnica e economicamente justificada e cujo objeto envolva, pelo menos, uma das seguintes condições:
> I – inovação tecnológica ou técnica;
> II – possibilidade de execução com diferentes metodologias; ou
> III – possibilidade de execução com tecnologias de domínio restrito no mercado.

Após ser inserida na Lei da Estatais – a Lei nº 13.303/2016 –, a contratação integrada compõe, agora, o rol de regimes disponibilizados pela Lei nº 14.133/2021. Deve ficar claro que a contratação integrada não é apenas mais um regime relacionado para utilização pela administração pública em situações corriqueiras. Isso ficou evidente desde a interpretação das disposições do art. 9º da Lei nº 12.462/2011, que já estabelecia claramente uma limitação ao uso da contratação integrada, destinando-a a situações especiais, nas quais a possibilidade da existência de alguma inovação técnica ou tecnológica, de diferentes metodologias de execução ou mesmo de tecnologias de domínio restrito no mercado indicariam a necessidade de a administração permitir ao licitante (um deles, o futuro contratado) apresentar alternativas que melhor a favorecessem, não só em termos de custos, como também em termos de prazos de execução, durabilidade da obra, facilidade de manutenção etc. Nesse sentido, da jurisprudência do TCU podemos destacar:

> 2.7. No que tange à escolha do modelo de RDC pela municipalidade, foi constada a deficiência na motivação da escolha do regime de *contratação*

---

[38] *Idem. Acórdão nº 3.077/16-P.* Disponível em: https://pesquisa.apps.tcu.gov.br/documento/acordao-completo/3077%252F2016/%2520/DTRELEVANCIA%2520desc%252C%2520NUMACORDAOINT%2520desc/0. Acesso em: 13 nov. 2024.

integrada do RDC. De igual sorte, apresentar, em sede recursal, argumentos indistintos, superficiais e vagos não o socorre para afastar a lacuna encontrada pela auditoria:

21. De igual modo, mostram-se insuficientes os esclarecimentos relativos à deficiência na motivação adotada para a utilização da *contratação integrada* no Edital RDC Eletrônico 1/2015, tendo a unidade técnica destacado que os argumentos apresentados pela SMAMTT não abordaram as peculiaridades do empreendimento, vez que se limitaram à apresentação de justificativas genéricas (aplicáveis a qualquer empreendimento).

(...)

23. No presente caso concreto, todavia, as justificativas apresentadas não se prestaram a demonstrar que os custos de implantação do projeto, de forma integrada, seriam inferiores aos possivelmente incorridos nos demais regimes de execução, destacando que, em sua quase totalidade, os esclarecimentos apresentados fizeram menções às vantagens e aplicabilidades da execução integrada, de forma abstrata, prescindindo do mínimo detalhamento de dados específicos com relação aos custos e os prazos envolvidos no empreendimento.

24. Não restou demonstrado, também, que as obras e os serviços relacionados com o BRT e com o SIT envolvem o grau de complexidade que justifique a *contratação integrada*, devendo-se salientar que o mero fato de apenas dez cidades no País possuírem o modal BRT não confere o necessário nível de complexidade suscitado pela SMAMTT.[39]

Nesse regime, como a licitação é realizada a partir do anteprojeto de engenharia, a primeira tarefa do contratado será a elaboração do projeto básico, a ser submetido à aprovação da administração contratante. Assim dispõe a nova Lei:

Art. 46. (...)
(...)
§3º Na contratação integrada, após a elaboração do projeto básico pelo contratado, o conjunto de desenhos, especificações, memoriais e cronograma físico-financeiro deverá ser submetido à aprovação da Administração, que avaliará sua adequação em relação aos parâmetros definidos no edital e conformidade com as normas técnicas, vedadas alterações que reduzam a qualidade ou a vida útil do empreendimento

---

[39] Idem. Acórdão nº 2.537/17-P. Disponível em: https://pesquisa.apps.tcu.gov.br/documento/acordao-completo/2537%252F2017/%2520/DTRELEVANCIA%2520desc%252C%2520NUMACORDAOINT%2520desc/0. Acesso em: 13 nov. 2024.

e mantida a responsabilidade integral do contratado pelos riscos associados ao projeto básico.

Ao contrário do entendimento de alguns doutrinadores, o fato de a licitação ser realizada com o anteprojeto não significa que o futuro contratado terá liberdade total quando da elaboração do projeto básico. É fato que o anteprojeto é uma etapa anterior ao projeto básico. Nada impede, no entanto, que, nele, a administração já estabeleça, de modo peremptório, algumas condições a serem seguidas obrigatoriamente pelo contratado. Indo ao limite, é possível, inclusive, que a administração licite a contratação integrada já com o projeto de arquitetura integralmente concluído, deixando a critério do contratado o desenvolvimento de metodologias diferenciadas para os demais projetos que irão compor a obra.

Hoje, a contratação integrada pode ser licitada utilizando-se os critérios de julgamento "técnica e preço" ou "menor preço". Em seu início em nosso país, na já citada Lei do RDC, a utilização do critério de julgamento "técnica e preço" era obrigatória. Tal condição foi posteriormente alterada, ainda na vigência do RDC, passando a ser admitido, também, o julgamento pelo "menor preço", que passou até a ser o mais utilizado na espécie.

Entendemos, porém, que, se vamos discutir no curso da licitação inovações técnicas e novas tecnologias e metodologias, a licitação deveria ser obrigatoriamente do tipo "técnica e preço". Só assim teríamos efetivas condições de mensurar a importância dessas inovações, compatibilizando-as com o preço ofertado, de modo a obter, aí sim, a proposta mais vantajosa para a administração.

Com a abertura para o uso do critério de "menor preço", parece-nos que ficou estabelecida uma incongruência: o licitante pode oferecer em sua proposta novas técnicas, tecnologias e metodologias, inclusive de domínio restrito no mercado, o que seria importante para a administração, mas só ganhará a licitação se conseguir ofertar o menor preço. O importante é o preço, e não a inovação técnica e as vantagens que poderia trazer para a administração contratante.

Em alguns órgãos e entidades da administração, ouvimos o comentário no sentido de que a utilização do regime de contratação integrada permitiria maior celeridade ao processo, uma vez que, em não sendo exigida a elaboração do projeto básico como condição para realização do certame licitatório, o tempo despendido seria menor, trazendo vantagens para a administração. Não é verdade. Não é possível adotar esse regime simplesmente para se eximir da elaboração do projeto básico. As situações em que a adoção é permitida são aquelas anteriormente analisadas. Aliás, o TCU já se posicionou claramente sobre o assunto:

> 9.1.1. a opção pelo regime de contratação integrada com base no inciso II do art. 9º da Lei 12.462/2011 deve ser fundamentada em estudos objetivos que a justifiquem técnica e economicamente e considerem a expectativa de vantagens quanto a competitividade, prazo, preço e qualidade em relação a outros regimes de execução, especialmente a empreitada por preço global, e, entre outros aspectos e quando possível, a prática internacional para o mesmo tipo de obra, sendo vedadas justificativas genéricas, aplicáveis a qualquer empreendimento (...).[40]

Outra característica fundamental do regime de contratação integrada, como um dos regimes de preço global, é a impossibilidade de realizarmos alterações contratuais para compensar possíveis desvios de quantitativos – nesse caso, inclusive, com mais ênfase, pois o projeto básico é elaborado pelo próprio contratado. Se nele existirem diferenças, o risco será integralmente absorvido por seu autor, não podendo ser transferido à administração. Nesse sentido, temos uma segunda classificação dos regimes de execução relacionados na Lei: eles podem ser divididos entre aqueles que geram contratos com obrigações de meio e os que geram contratos com obrigações de resultado. Vamos esclarecer.

Para melhor entendimento, façamos uma analogia da execução de uma obra de engenharia com o preparo de um bolo de chocolate. Partindo-se do pressuposto de que, em ambos os casos, os executores do objeto sejam especialistas, indaga-se: qual é o meio necessário para que um especialista em cozinha prepare para o contratante um bolo de chocolate? O meio é a receita, na qual ficam definidos os ingredientes, os respectivos quantitativos, a ordem em

---

[40] Idem. *Acórdão nº 1.388/16-P*. Disponível em: https://pesquisa.apps.tcu.gov.br/documento/acordao-completo/1388%252F2016/%2520/DTRELEVANCIA%2520desc%252C%2520NUMACORDAOINT%2520desc/0. Acesso em: 13 nov. 2024.

que esses ingredientes devem ser misturados, o tempo de preparo etc. Enfim, a receita define precisamente todas as características a serem atendidas no preparo do bolo. Por analogia, o projeto básico representa, na área de engenharia, o mesmo papel que a receita representa na culinária. O projeto básico contém, necessariamente, todas as características, condições, prazos, materiais a serem utilizados na obra etc.

Pois bem. Imaginemos que alguém é contratado para preparar um bolo de chocolate. É evidente que, nesse momento, as características fundamentais do bolo já devem estar definidas, pois seria inimaginável imaginar que alguém contratasse o preparo de um bolo sem saber qual bolo quer. Porém, temos vários tipos de bolos de chocolate. Podemos imaginar, por exemplo, as seguintes situações:

Temos aí vários tipos de bolos de chocolate, desde os mais simples, preparados a partir de uma massa previamente elaborada, até os mais sofisticados, com vários tipos de cobertura, destinados a comemorações especiais. É claro que, se o contratante deseja um bolo simples, sem cobertura, que pode ser feito inclusive com a massa pré-elaborada, o regime de execução também poderá ser mais simplório. Se, ao revés, desejar um bolo especial, para o qual existem diversas metodologias de preparo, poderá fazer a contratação dando mais liberdade ao cozinheiro.

Isso permite definirmos três tipos distintos de contratação:

1. O contratante daria ao contratado a receita do bolo que pretende, exigindo que essa receita seja realizada integralmente, sem qualquer alteração.

2. O contratante não daria ao contratado uma receita pronta. Informaria apenas algumas condições básicas a serem obrigatoriamente atendidas (exemplos: o bolo deve ser de chocolate; com cobertura; deve ser preparado em forma redonda, com cerca de 25 cm de diâmetro e um furo no meio). Ficaria, então,

a critério do cozinheiro a elaboração da receita integral e o respectivo preparo do bolo, não podendo, no entanto, fugir das condições obrigatórias estabelecidas.

3. O contratante daria ao contratado a receita do bolo que pretende, mas permitindo que este proponha alterações nessa receita, desde que, em contrapartida e garantida a qualidade, lhe ofereça alguma vantagem, que pode ser uma redução no custo, melhoria da qualidade etc.

No primeiro caso, a obrigação do contratado é seguir rigorosamente a receita que lhe foi fornecida. Dela não pode se desviar. Como a receita é o meio para o preparo do bolo, dizemos que, nessa situação, temos um contrato com obrigações de meio: o contratado é obrigado a seguir o meio, não sendo o responsável direto pelo resultado. Se, ao final, o bolo não ficar satisfatório, mas o contratado tiver seguido integralmente a receita, a responsabilidade pelo resultado será do contratante.

No segundo caso, ao revés, o resultado será consequência direta da ação do contratado, de vez que teve liberdade para elaborar a receita, atendendo apenas as condições impostas pelo contratante. Nesse caso, temos um contrato com obrigações de resultado.

Finalmente, na terceira hipótese, podemos ter duas situações distintas. Se o contratado fizer proposta de alteração da receita e esta for aceita, será ele responsabilizado pelo resultado: contrato com obrigações de resultado. Se, ao contrário, ele executar a receita que recebeu do contratante, sem qualquer alteração, ele terá a obrigação de segui-la integralmente. Teremos um contrato com obrigações de meio.

Completemos, agora, a analogia com uma obra pública. Essas mesmas três opções podem ser utilizadas para contratação da construção de uma obra pública, lembrando que a receita será representada pelo projeto básico. Se o contratado for obrigado a seguir rigorosamente o projeto básico, teremos um contrato com obrigações de meio. Se, contrariamente, a contratação for realizada a partir de um anteprojeto, ficando o contratado com a obrigação de elaborar o projeto básico, teremos um contrato com obrigações de resultado.

Já na terceira hipótese, se ele propuser alterações no projeto básico e elas forem aceitas, teremos um contrato com obrigações de resultado. Se ele apenas cumprir o projeto básico licitado sem alterações, teremos um contrato com obrigações de meio.

Entre os regimes de execução relacionados na nova Lei, o que se enquadra na segunda hipótese (contrato com obrigações de resultado) é exatamente a contratação integrada, na qual a licitação é feita a partir de um anteprojeto. A terceira hipótese, por sua vez, relaciona-se ao regime de execução de contratação semi-integrada. Na primeira hipótese, temos os demais regimes, licitados com projeto básico completo e com a obrigação do contratado de executá-lo sem alterações.

A contratação semi-integrada veio ao mundo na Lei nº 13.303/2016, que estabeleceu o estatuto jurídico da empresa pública, da sociedade de economia mista e de suas subsidiárias. No art. 42, que trata das contratações de obras e serviços de engenharia no âmbito das estatais, essa Lei estabeleceu a possibilidade de utilização do regime de contratação semi-integrada, assim definido:

> (...) contratação que envolve a elaboração e o desenvolvimento do projeto executivo, a execução de obras e serviços de engenharia, a montagem, a realização de testes, a pré-operação e as demais operações necessárias e suficientes para a entrega final do objeto, de acordo com o estabelecido nos §1º e 3º deste artigo;

Agora, o regime de contratação semi-integrada está disponibilizado para toda a administração pública direta, autárquica e fundacional. Nesse caso, diferentemente do que ocorre na contratação integrada, a licitação é feita a partir de um projeto básico completo. Abre-se, no entanto, a possibilidade de o contratado alterar esse projeto, com prévia e expressa autorização da contratante, desde que demonstrada a superioridade das inovações propostas, superioridade essa que pode ser representada em termos de redução de custos, aumento de qualidade, redução do prazo de execução e facilidade de manutenção ou operação. Observe-se que estamos falando de alterações propostas pelo contratado. Assim, na licitação, os participantes devem apresentar propostas atendendo integralmente às regras estabelecidas no edital completo. Somente após a realização da contratação do adjudicatário é que poderão surgir propostas de alteração, que serão apenas *propostas*, sujeitas, portanto, à aprovação ou desaprovação.

Assim, o contratado poderá propor à administração contratante alterações no projeto básico que constou da licitação. A aprovação pela contratante decorrerá necessariamente da comprovação das vantagens anteriormente referenciadas. Em não sendo comprovadas essas vantagens, a administração recusará a alteração, determinando, então, a execução do projeto básico exatamente como foi licitado.

Consideramos que esse regime de contratação semi-integrada é efetivamente vantajoso, daí por que sua utilização foi estendida para toda a administração pública. De um lado, teremos uma efetiva competição durante a realização do certame licitatório, pois todos os licitantes apresentarão suas propostas para execução de uma obra/serviço de engenharia já perfeitamente definida, com projeto básico completo. De outro lado, selecionada a proposta mais vantajosa, o seu autor, agora contratado, poderá oferecer vantagens adicionais para o contratante, decorrente de sua experiência e do conhecimento mais específico que tem do mercado de obras de engenharia, possibilitando menor custo, menor prazo de execução, aumento de qualidade e facilidade de manutenção. O contratante aprovará essas alterações se as vantagens forem realmente comprovadas.

Finalmente, temos o efetivamente novo regime de execução denominado *fornecimento e prestação de serviço associado*. Ainda que a denominação possa indicar uma ideia em sentido contrário, trata-se de regime a ser utilizado em obras e serviços de engenharia. Rotineiramente, nas contratações de obras públicas, temos a necessidade da existência de equipamentos que, muito embora não constituam efetivamente um trabalho de construção civil, se tornem indispensáveis para o desiderato almejado. Falamos, por exemplo, de elevadores, escadas rolantes, grupos geradores, transformadores, sistemas centrais de ar-condicionado etc. É comum que esses equipamentos acabem por ser incluídos na contratação da obra. Na realidade, considerando o princípio do parcelamento do objeto, deverão ser licitados separadamente, mas, muitas e muitas vezes, essa separação iria causar transtornos na execução, pois é sempre necessária a perfeita integração desses equipamentos com as obras de construção civil.

Temos, na nova Lei, a possibilidade de contratar, em relação a esses equipamentos, o fornecimento, a instalação e a operação/manutenção, por um prazo que, inicialmente, irá até 5 anos, podendo ser prorrogados por mais 5 anos, abrangendo, como regra, todo o período de garantia. É, assim, um regime que pode ser bastante útil para a administração, sendo louvável sua disponibilidade na nova Lei.

Em resumo, considerando que os regimes de contratação por tarefa, empreitada integral, contratação integrada, contratação semi-integrada e fornecimento e prestação de serviços associados são mais indicados para situações específicas, os regimes de empreitada por preço global e de empreitada por preço unitário parecem ser os mais indicados nas situações usuais, tendo em vista que a contratação é feita por um preço global certo ou por preços unitários certos. Não se pode, entretanto, fazer qualquer análise real sem ter as perfeitas condições do processo adequadamente definidas. A definição deve ser feita caso a caso, procurando-se sempre o regime mais adequado para aquele processo específico.

Como exemplo de obra contratada aparentemente sob regime inadequado, temos a análise feita pelo TCU, a saber:

> Com relação ao primeiro ponto, a Infraero foi instada a justificar a escolha do regime de empreitada global para a obra, tendo em vista se tratar de intervenções com a alta imprecisão nos quantitativos de serviços a serem executados; trata-se de uma reforma, afinal. Em resposta, o gestor argumentou que a escolha do regime decorreu do disposto no art. 8º, §1º, da Lei 12.462/2011, que estabelece a empreitada global como preferencial.
>
> Na análise da unidade instrutiva, a SecobEdificação acertadamente comenta que, não obstante a sua preferência, existem situações em que, pelas características do empreendimento, se faz mais vantajosa a utilização do regime de empreitada por preço unitário, no que propõe, após abalizada exposição, notificação à Infraero sobre tal inadequação.
>
> De fato, existem certos tipos de obras e sistemas construtivos que, por suas características, não possibilitam uma quantificação absolutamente acurada dos exatos volumes a executar. Há uma imprecisão nata nesses afazeres. São os casos, por exemplo, da execução de grandes volumes de terraplenagem. Quando se compacta um material, o volume in natura é reduzido; e cada solo, em razão de suas características geotécnicas, possui um comportamento diferenciado para essa retração. Tal medida pode ser traduzida por um índice, chamado "fator de contração" ou "fator de homogeneização". Quanto maior esse índice, mais escavações devem ser feitas para viabilizar a construção dos respectivos aterros. O valor da obra, portanto, é altamente impactado em decorrência dessa particularidade.
>
> Em uma jazida de solos é comum existirem vários extratos de material com "fatores de contração" distintos. Quer dizer que, não obstante a realização prévia de ensaios geotécnicos, é inviável oferecer uma acurácia absoluta

no projeto. Até porque existe, também, um fator perdas nas operações de transporte (dos cortes para os aterros). Essas perdas, claro, também são relevantemente imprecisas. Sem contar a existência de uma capa orgânica nos cortes (de espessura irregular) imprestável para servir de suporte nos aterros. Quanto maior essa capa, mais escavações serão necessárias.

Outra camada superficial no leito dos aterros (mais uma vez de medida indeterminada, a priori) também deve ser retirada, o que ocasionará mais ou menos volumes de material aterrado para atender as cotas de projeto.

Natural concluir que, não obstante os cuidados no projeto básico para adequadamente quantificar os volumes de terraplenagem, sempre haverá uma boa margem de indeterminação.

Idêntica afirmativa pode ser imposta em contratos de reforma de edificação (como é o presente caso). Não há como prever o exato estado das tubulações no interior dos pisos e paredes, sem antes demoli-las. Em restaurações de prédios históricos, igualmente tortuoso identificar, com antecedência, a perfeita quantidade de pisos, portas, esquadrias e janelas a serem totalmente substituídos e quais serão recuperados. Obras urbanas, que intuam interferências diversas, possuirão mesma peculiaridade. Alguns tipos de fundações, principalmente as cravadas, também. Recuperações estruturais e manutenção rodoviária são outro exemplo. Existe uma gama de outras situações.

Caso utilizada uma empreitada por preço global nesses tipos de objetos, as medições serão realizadas por etapas; não por quantitativos medidos. Resultado: os construtores irão alocar uma parcela muito alta de risco para adimplir, com segurança, o objeto licitado. Na verdade, essa segurança não existirá, porque o imponderável é muito alto. A melhor proposta para a administração mais se voltará para a aleatoriedade que propriamente a uma boa oferta licitatória.

Por esse motivo, nesses empreendimentos eivados de imprecisão congênita, é preferível a utilização de empreitadas por preço unitário, pelas características próprias do sistema de medição. Nisso, concordo inteiramente com as conclusões tomadas pela unidade instrutiva.

É essa, também, a inteligência que deve ser extraída do art. 47 da Lei 8.666/93, no que reproduzo *in verbis*:

> Art. 47. Nas licitações para a execução de obras e serviços, quando for adotada a modalidade de execução de empreitada por preço global, a Administração deverá fornecer obrigatoriamente, junto com o edital, todos os elementos e informações necessários para que os licitantes possam elaborar suas propostas de preços com total e completo conhecimento do objeto da licitação".

Esse completo conhecimento do objeto se faz prejudicado em obras que carreguem uma imprecisão intrínseca e relevante de quantitativos. Daí a preferência pelo preço unitário.

No presente caso, grande parte das obras é de reforma, *de per si* imprecisa. Não obstante a escolha da empreitada global – questionável, como dito, em razão das faladas ponderações sobre as quantidades dos serviços a serem executados – o instrumento convocatório não objetivou a forma de como seriam medidas as etapas do empreendimento.

Tal omissão trouxe enormes dificuldades ao presente contrato. Na realidade, em face do vácuo contratual, as medições começaram a ser realizadas serviço a serviço; quantidade a quantidade; como se preço unitário fosse. Na prática, a obra está sendo executada por regime por empreitada por preço unitário.

(...)

Vislumbro que a manutenção cega da medição global possa trazer ainda mais dificuldades contratuais, levando em conta a já dita imprecisão quantitativa. Lembro, ainda, que muitos dos projetos não estão prontos. Pelo próprio princípio de instrumentalidade das formas, acredito que possa se fazer valer do art. 65, inciso II, alínea 'b', da Lei 8.666/93, em, formalmente, alterar a forma de medição – algo que já vem ocorrendo na prática. As circunstâncias então reveladas materializam, a meu ver, a vantajosidade na modificação contratual. Dispõe o aludido dispositivo da Lei de Licitações:

> Art. 65. Os contratos regidos por esta Lei poderão ser alterados, com as devidas justificativas, nos seguintes casos:
> (...)
> II – por acordo das partes: (...) b) quando necessária a modificação do regime de execução da obra ou serviço, bem como do modo de fornecimento, em face de verificação técnica da inaplicabilidade dos termos contratuais originários;

Logo, em razão de escancarada inaplicabilidade dos termos contratuais originários, ajuízo que o mais adequado seja fixar prazo à (*omissis*) para que tome as providências a seu cargo para promover, junto à contratada, a alteração do regime de execução do empreendimento.

Adequado, ademais, garantir que, mesmo após a modificação do regime, haja a manutenção da vantagem prometida. Deve-se expurgar eventuais superestimativas na proposta da contratada que tenham compensado a aceitação do regime de empreitada global, que por sua natureza contém imprecisões intrínsecas nos quantitativos. Ainda, conveniente assegurar que o preço final do contrato no regime de medições unitárias não seja superior àquele decorrente da continuidade do contrato no regime originalmente pactuado (empreitada global).[41]

---

[41] *Idem. Acórdão nº 1.978/13-P*. Disponível em: https://pesquisa.apps.tcu.gov.br/documento/acordao-completo/1978%252F2013/%2520/DTRELEVANCIA%2520desc%252C%2520NUMACORDAOINT%2520desc/0. Acesso em: 13 nov. 2024.

No caso concreto, o Tribunal determinou ao órgão envolvido que negociasse a alteração do regime de execução, de empreitada por preço global para empreitada por preço unitário, expurgando eventuais superestimativas constantes da proposta apresentada pela contratada na licitação, decorrentes de o regime então indicado ter sido aquele sob o qual a contratada assumiria os riscos da imprecisão dos quantitativos.

CAPÍTULO 13

ELABORAÇÃO DO ORÇAMENTO ESTIMADO

Existem cinco tipos de orçamentos de obras públicas, cada um deles correspondendo a uma fase do projeto, a saber:
- *Estimativa de custo*. Elaborada na fase dos Estudos Preliminares, é uma avaliação expedita feita com base em custos históricos, índices, gráficos, estudos de ordens de grandeza, correlações ou comparações com projetos similares.
- *Orçamento preliminar*. Elaborado na fase de anteprojeto de engenharia, é um orçamento sintético, composto de descrição, unidade de medida, preço unitário e quantidade dos principais serviços da obra. Pressupõe o levantamento de quantidades e requer pesquisa de preços dos principais insumos e serviços.
- *Orçamento base ou orçamento básico*. Elaborado na fase de projeto básico, é o orçamento detalhado do custo global da obra, fundamentado em quantitativos de serviços e em composições de custos unitários.
- *Orçamento detalhado ou analítico*. Elaborado na fase de projeto executivo, tem como base as composições de custos unitários e extensa pesquisa de preços dos insumos.
- *Orçamento real*. É elaborado após a conclusão da obra, com base nos preços, consumos e produtividades efetivamente incorridos na execução dos serviços, acrescidos do rateio das despesas indiretas e da margem de lucro do construtor apurados contabilmente, bem como dos tributos recolhidos pelo executor.

A Faixa de Precisão do orçamento é obtida a partir da comparação do orçamento elaborado nas diversas fases do empreendimento com o Orçamento Real. Considera-se que, em média, são praticadas no Brasil as seguintes faixas de precisão:[42]

Tipo de orçamento	Fase de projeto	Cálculo do preço	Faixa de precisão
Estimativa de custo	Estudos preliminares	Área de construção multiplicada por um indicador	±30%*
Preliminar	Anteprojeto	Qualitativos de serviços apurados no projeto ou estimados por meio de índices médios e custos de serviços tomados em tabelas referenciais	±20%
Detalhado ou analítico (orçamento-base da licitação)	Projeto básico	Quantitativos de serviços apurados no projeto e custos obtidos em composições de custos unitários com preços de insumos oriundos de tabelas referenciais ou de pesquisa de mercado relacionados ao mercado local, levando-se em conta o local, o porte e as peculiaridades de cada obra	±10%
Detalhado ou analítico definitivo	Projeto executivo	Quantitativos apurados no projeto e custos de serviços obtidos em composições de custos unitários com preços de insumos negociados, ou seja, advindos de cotações de preços reais feitas para a própria obra ou para outra obra similar, ou, ainda, estimados por meio de método de custo real específico	±5%

* Para obras de edificações, a faixa de precisão esperada da estimativa de custo é de até 30%, podendo ser superior em outras tipologias de obras.

---

[42] IBRAOP. OT-IBR 004/2012. Disponível em: www.ibraop.org.br/wp-content/uploads/2013/04/OT_IBR0042012.pdf. Acesso em: 13 nov. 2024.

Para a elaboração do orçamento de referência, o profissional encarregado deverá valer-se especialmente das regras contidas na Lei nº 14.133/2021, que trouxe basicamente para toda a administração direta, autárquica e fundacional as regras existentes no Decreto Federal nº 7.983/2013.

Dispõe a NLLC:

> Art. 23. O valor previamente estimado da contratação deverá ser compatível com os valores praticados pelo mercado, considerados os preços constantes de bancos de dados públicos e as quantidades a serem contratadas, observadas a potencial economia de escala e as peculiaridades do local de execução do objeto.
>
> (...)
>
> §2º No processo licitatório para contratação de obras e serviços de engenharia, conforme regulamento, o valor estimado, acrescido do percentual de Benefícios e Despesas Indiretas (BDI) de referência e dos Encargos Sociais (ES) cabíveis, será definido por meio da utilização de parâmetros na seguinte ordem:
>
> I – composição de custos unitários menores ou iguais à mediana do item correspondente do Sistema de Custos Referenciais de Obras (Sicro), para serviços e obras de infraestrutura de transportes, ou do Sistema Nacional de Pesquisa de Custos e Índices de Construção Civil (Sinapi), para as demais obras e serviços de engenharia;
>
> II – utilização de dados de pesquisa publicada em mídia especializada, de tabela de referência formalmente aprovada pelo Poder Executivo federal e de sítios eletrônicos especializados ou de domínio amplo, desde que contenham a data e a hora de acesso;
>
> III – contratações similares feitas pela Administração Pública, em execução ou concluídas no período de 1 (um) ano anterior à data da pesquisa de preços, observado o índice de atualização de preços correspondente;
>
> IV – pesquisa na base nacional de notas fiscais eletrônicas, na forma de regulamento.
>
> §3º Nas contratações realizadas por Municípios, Estados e Distrito Federal, desde que não envolvam recursos da União, o valor previamente estimado da contratação, a que se refere o *caput* deste artigo, poderá ser definido por meio da utilização de outros sistemas de custos adotados pelo respectivo ente federativo.
>
> §4º Nas contratações diretas por inexigibilidade ou por dispensa, quando não for possível estimar o valor do objeto na forma estabelecida nos §1º, 2º e 3º deste artigo, o contratado deverá comprovar previamente que os preços estão em conformidade com os praticados em contratações semelhantes de objetos de mesma natureza, por meio da apresentação de notas fiscais

emitidas para outros contratantes no período de até 1 (um) ano anterior à data da contratação pela Administração, ou por outro meio idôneo.

§5º No processo licitatório para contratação de obras e serviços de engenharia sob os regimes de contratação integrada ou semi-integrada, o valor estimado da contratação será calculado nos termos do §2º deste artigo, acrescido ou não de parcela referente à remuneração do risco, e, sempre que necessário e o anteprojeto o permitir, a estimativa de preço será baseada em orçamento sintético, balizado em sistema de custo definido no inciso I do §2º deste artigo, devendo a utilização de metodologia expedita ou paramétrica e de avaliação aproximada baseada em outras contratações similares ser reservada às frações do empreendimento não suficientemente detalhadas no anteprojeto.

§6º Na hipótese do §5º deste artigo, será exigido dos licitantes ou contratados, no orçamento que compuser suas respectivas propostas, no mínimo, o mesmo nível de detalhamento do orçamento sintético referido no mencionado parágrafo.

É oportuno registrar que, como consta expressamente do §2º do art. 23, a elaboração de orçamento de obras públicas e serviços de engenharia deve ser objeto de regulamentação. Essa regulamentação específica para a nova Lei ainda não foi publicada, tendo sido mantida a vigência do Decreto Federal nº 7.983/2013, como registrado anteriormente. Aliás, grande parte das disposições desse Decreto foi transportada, agora, para a Lei nº 14.133/2021, tornando-as genéricas, embora o §3º respeite a autonomia dos Estados, do Distrito Federal e dos Municípios, deixando claro que regras próprias serão aceitas sempre que as contratações não envolverem recursos federais.

É de se observar que a nova Lei, embora estabeleça uma ordem para aplicação de suas regras, não obriga peremptoriamente a utilização dos Sistemas SINAPI e SICRO. Ao revés, é possível interpretar que as disposições legais procuram incentivar a administração a elaborar seu orçamento de referência em bases reais, com valores praticados no mercado, como consta, aliás, do *caput* do art. 23. Significa dizer que, se a administração que vai promover a licitação estiver convencida de que, em algum caso, o SINAPI/SICRO não representa a realidade efetiva do mercado em que a obra/serviço será realizada, deverá procurar outra base para orçamentação. Elaborar o orçamento em base irreal é tentar enganar a si mesma, pois os licitantes responsáveis não entrarão em uma aventura de propor um preço irreal e que possa trazer-lhes prejuízo. Nesse sentido, destacamos do Decreto Federal nº 7.983/2013:

Art. 5º. O disposto nos arts. 3º e 4º não impede que os órgãos e entidades da administração pública federal desenvolvam novos sistemas de referência de custos, desde que demonstrem sua necessidade por meio de justificativa técnica e os submetam à aprovação do Ministério do Planejamento, Orçamento e Gestão.
Parágrafo único. Os novos sistemas de referência de custos somente serão aplicáveis no caso de incompatibilidade de adoção dos sistemas referidos nos arts. 3º e 4º, incorporando-se às suas composições de custo unitário os custos de insumos constantes do Sinapi e Sicro.

Na nova Lei, temos a opção de utilizar outras fontes de referência, como citado no art. 23, incs. II, III e IV, lembrando, no entanto, que, em existindo uma ordem de preferências das fontes, nos termos da Lei, sempre que o órgão/entidade não utilizar em seu orçamento de referência os sistemas oficiais, deverá indicar tal fato, mencionando expressamente qual é o referencial utilizado em cada item da planilha.

Se o órgão/entidade utilizar o sistema SINAPI para elaboração do seu orçamento de referência, ficará dispensado de elaborar as composições de custos unitários próprias; o SINAPI já tem suas composições, às quais se deve recorrer em caso de necessidade. Em caso contrário, a elaboração das composições próprias é obrigatória.

Em algumas situações, não é possível encontrar nos sistemas referenciais (SINAPI e SICRO) os serviços que precisam ser orçados. Em outras situações, os serviços estão relacionados nos sistemas, porém apresentam preços irreais comparativamente com o mercado do local onde será realizada a obra, comprovadamente. Nesses casos, deve-se utilizar qualquer outro sistema de referência, inclusive publicações técnicas especializadas. Como última hipótese, deve-se elaborar a própria composição de custos unitários para o serviço, com base em extensa pesquisa no mercado do local onde será realizada a obra. Nesse sentido, o Decreto citado estabelece:

Art. 6º. Em caso de inviabilidade da definição dos custos conforme o disposto nos arts. 3º, 4º e 5º, a estimativa de custo global poderá ser apurada por meio da utilização de dados contidos em tabela de referência formalmente aprovada por órgãos ou entidades da administração pública federal em publicações técnicas especializadas, em sistema específico instituído para o setor ou em pesquisa de mercado.

Repetimos: a NLLC deixa claro o objetivo de encontrar um preço de referência perfeitamente ajustado às características da obra e ao local onde será realizado, ou seja, um valor real. Se esse valor puder ser obtido utilizando inteiramente os sistemas indicados, ótimo; caso contrário, que se busquem novas fontes de informação, que podem ser representadas, inclusive, pela elaboração de composições próprias, atendidas as especificidades da obra e as peculiaridades regionais.

Sempre que houver necessidade de realizar ajustes nos valores encontrados nos sistemas referenciais, em razão de especificidades locais ou de projeto, tais ajustes deverão estar devidamente fundamentados nos autos do respectivo processo, por meio de relatório assinado pelo profissional responsável pela elaboração do orçamento.

Como regra, para que sejam adotados valores superiores aos constantes dos sistemas de referência indicados, o profissional responsável pela elaboração do orçamento deverá apresentar relatório técnico com as devidas justificativas. Esse relatório deverá ser aprovado por autoridade competente. Assim dispõe o regulamento ainda vigente, a saber:

> Art. 8º. Na elaboração dos orçamentos de referência, os órgãos e entidades da administração pública federal poderão adotar especificidades locais ou de projeto na elaboração das respectivas composições de custo unitário, desde que demonstrada a pertinência dos ajustes para a obra ou serviço de engenharia a ser orçado em relatório técnico elaborado por profissional habilitado.
> Parágrafo único. Os custos unitários de referência da administração pública poderão, somente em condições especiais justificadas em relatório técnico elaborado por profissional habilitado e aprovado pelo órgão gestor dos recursos ou seu mandatário, exceder os seus correspondentes do sistema de referência adotado na forma deste Decreto, sem prejuízo da avaliação dos órgãos de controle, dispensada a compensação em qualquer outro serviço do orçamento de referência.

Disposição relevantes encontramos no art. 23, §5º, da Lei nº 14.133/2021, transcrito anteriormente. Ao abordar a elaboração do orçamento nos casos de utilização dos regimes de contratação integrada e de contratação semi-integrada, nos quais o projeto básico é elaborado pelo contratado (no segundo caso, se a administração acatar proposta de alteração das condições licitadas), a Lei lembra que, nessa hipótese, estará vedada peremptoriamente a realização de aditivos para corrigir possíveis falhas que sejam encontradas nessa documentação durante a execução da obra. Significa dizer que, quando utilizados esses dois regimes de contratação, o risco transferido ao contratado é mais elevado, e isso precisa ser levado em consideração na elaboração do orçamento de referência, pois o licitante, por certo, também o fará quando apresentar sua proposta. Por isso, a Lei dispõe que "(...) o valor estimado da contratação será calculado nos termos do §2º deste artigo, acrescido ou não de parcela referente à remuneração do risco (...)". Teremos, então, o risco considerado normal, inserido rotineiramente na planilha de BDI, e um risco adicional, devido à transferência feita pela administração ao vedar aditivos. Esse risco adicional não deve ser incluído na mesma planilha, pois acabaria por distorcer o percentual final de BDI, mas não pode deixar de ser considerado quando do julgamento das propostas apresentadas na licitação, especificamente em relação ao preço. Como proceder, então? Citamos, como bom exemplo, trecho do Edital DNIT RDC ELETRÔNICO Nº 002/2018-20, do qual destacamos o seguinte excerto:

> O empreendimento foi submetido à Análise de Risco pelo Comitê de Gestão de Riscos, conforme Nota Técnica nº 005/2018/DIREX/DNIT, de 06/03/2018; Nota Técnica nº 05/2018– AR/CGCIT/DIREX, de 06/03/2018 e ATA nº 05/2018/DIREX/DNIT, de reunião do Comitê de Gestão de Riscos do DNIT, *a qual concluiu por um acréscimo devido ao risco de 10,99% (dez vírgula noventa e nove por cento)* (grifo nosso).

Todas as despesas diretas, isto é, aqueles que podem ser quantificadas (administração local, implantação de canteiro, remoção de entulhos etc.), devem constar obrigatoriamente da planilha de orçamento da obra/serviço. Somente as despesas indiretas, ou seja, aquelas para as quais não se consegue uma mensuração adequada, é que poderão ser levadas para a planilha de BDI, como veremos adiante.

Constará obrigatoriamente dos autos do respectivo processo a Anotação de Responsabilidade Técnica (ART) pela elaboração das planilhas orçamentárias – ou o Registro de Responsabilidade Técnica (RRT), no caso da arquitetura –, assim como a ART de todas as partes componentes do projeto básico (projeto arquitetônico, estrutural, caderno de encargos etc.), nos termos da legislação vigente. Isso consta expressamente do art. 10 do Decreto Federal nº 7.983/2013. Parece-nos desnecessário que tal condição conste do Decreto Federal, tendo em vista que a elaboração da planilha orçamentária é tarefa que deve ser cometida exclusivamente a profissionais técnicos com a devida formação em Engenharia/Arquitetura. E, assim, nos termos da Resolução nº 1.137, de 31 de março de 2023, do Confea, a anotação de responsabilidade técnica é obrigatória.[43]

Entendemos, contudo, que o objetivo do Decreto Federal foi reafirmar a responsabilidade assumida pelo profissional que elabora a planilha. Vale recordar que, no caso da adoção do regime de empreitada por preço global e empreitada integral, a planilha deve representar rigorosamente o que consta dos projetos arquitetônico e complementares que compõem o projeto básico, pois não serão admitidos pleitos relativos a pagamentos em razão de divergências entre esses documentos. Isso impõe ao profissional a necessidade imperiosa de ter toda a cautela necessária no desenvolvimento do seu trabalho. A uma, a planilha deve conter *todos* os serviços que vão compor a obra, sem qualquer omissão; a duas, os quantitativos de cada um desses serviços devem estar perfeitamente compatibilizados com os quantitativos constantes dos projetos. Afinal, o construtor terá a obrigação de executar os projetos, sendo remunerado pelos quantitativos constantes da planilha.

Por tudo isso, recomenda-se ao profissional responsável pelo trabalho que não deixe de fazer a Curva ABC do orçamento que elaborar.

> A curva de experiência ABC, também chamada de análise de Pareto ou regra 80/20, é um método de categorização de estoques, cujo objetivo é determinar quais são os produtos mais importantes de uma empresa. Foi desenvolvido pelo consultor de qualidade romeno-americano Joseph Moses Juran, que verificou que 80% dos problemas são geralmente causados por 20% dos fatores. O nome "Pareto" é uma homenagem ao economista italiano Vilfredo Pareto, que em um estudo observou que 80% das riquezas são concentradas nas mãos de 20% da população, sendo que boa parte do entendimento da curva ABC se deve a esse estudo de Pareto.[44]

---

[43] No caso da arquitetura, é obrigatório o Registro da Responsabilidade Técnica – RRT, nos termos da Resolução nº 91, do CAU/BR. Sugerimos a consulta ao *site*: www.caubr.gov.br/wp-contect/uploads/2015/02/Guia_do_RRT_CAU_!_edicao.pdf (acesso em: 13 nov. 2024).

[44] Fonte: WIKIPÉDIA. Disponível em: https://pt.wikipedia.org/wiki/Curva_ABC. Acesso em: 13 nov. 2024.

No caso específico de um orçamento para obra de engenharia:

> A curva ABC é um orçamento organizado de modo a destacar os itens – insumos, mão de obra e equipamentos – que mais pesam no custo total de uma obra ou de um serviço. Assim, os elementos mais relevantes da tabela aparecem logo nas primeiras linhas, facilitando sua visualização e controle. Neste tipo de apresentação do orçamento, a coluna mais importante é a que mostra o preço total dos itens descritos na tabela. Com base nesse critério, os elementos são distribuídos em ordem decrescente – os valores maiores em cima e os menores embaixo.[45]

Desse modo, com a elaboração da Curva ABC, o profissional responsável conseguirá identificar quais são os itens mais relevantes do orçamento elaborado. Para esses itens, identificados na curva como de Classe A, qualquer falha será muito relevante, considerando que, em média, representam 20% do total de itens, mas correspondem, em termos de valor, a cerca de 80% do preço total da obra. A Classe B engloba, em média, 30% dos itens, enquanto a Classe C engloba os demais 50%. Graficamente, temos a seguinte situação:

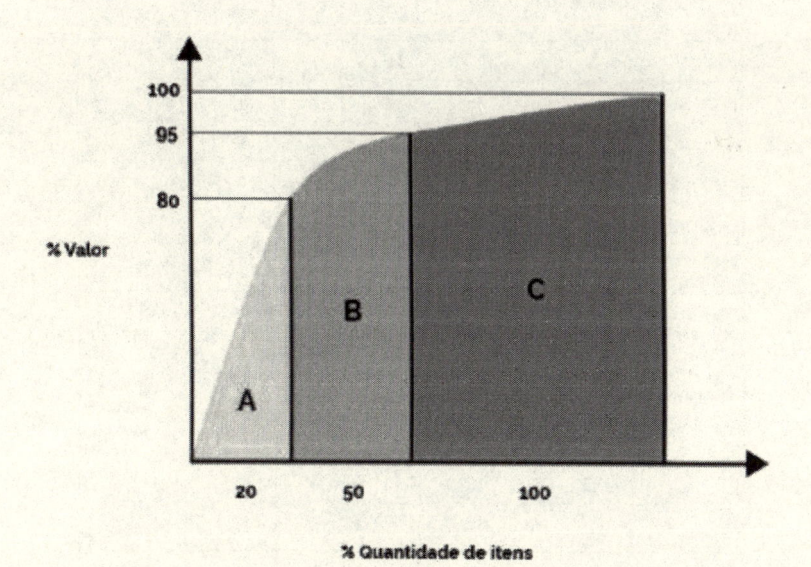

---

[45] Fonte: PINI. Disponível em: http://equipedeobra.pini.com.br/construcao-reforma/36/curva-abc-tabela-mostra-quais-sao-os-itens-que-216021-1.aspx. Acesso em: 18 nov. 2024.

Um exemplo bem simples da aplicação da Curva ABC em orçamento de obra encontramos aqui:[46]

Curva ABC – Reforma de cozinha

DESCRIÇÃO	UNIDADE	QTDE	PREÇO (R$) UNITÁRIO	PREÇO (R$) TOTAL	PARTICIPAÇÃO (%)	PARTICIPAÇÃO ACUMULADA (%)
Azulejo cerâmico esmaltado 15 cm x 15 cm	m²	41,58	18,08	751,77	28,35	28,35
Servente	h	43,76	8,65	378,35	14,27	42,62
Piso cerâmico esmaltado 30 cm x 30 cm	m²	11,9	23,36	277,98	10,48	53,11
Torneira de pressão longa para pia	un	1	164,03	164,03	6,19	59,29
Azulejista	h	13,61	12,04	163,85	6,18	65,47
Ladrilhista	h	15,6	10,32	161,00	6,07	71,54
Pia de aço inox com cuba simples	un	1	154,33	154,33	5,82	77,37
Rodapé cerâmico	m	15,4	8,51	131,05	4,94	82,31
Argamassa colante pré-fabricada	kg	215,92	0,39	84,21	3,18	85,48
Sifão metálico para pia americana	un	1	68,43	68,43	2,58	88,06
Cimento Portland CP II-E-32	kg	132	0,46	60,72	2,29	90,35
Pedreiro	h	5,4	11,12	60,06	2,27	92,62
Encanador	h	4,9	12,04	59,00	2,23	94,84
Ajudante de encanador	h	4,9	8,71	42,70	1,61	96,46
Areia média lavada	m³	0,4	77,20	31,36	1,18	97,64
Pedra britada 2	m³	0,37	70,23	25,91	0,98	98,62
Válvula de escoamento metálica para pia	un	1	19,82	19,82	0,75	99,36
Pedra britada 1	m³	0,158	71,07	11,21	0,42	99,79
Aditivo hidrófugo	l	1,32	2,76	3,64	0,14	99,92
Ajudante de pedreiro	h	0,184	8,26	1,52	0,06	99,98
Fita de vedação para tubos e conexões	m	2,07	0,13	0,27	0,01	99,99
Energia elétrica	kw	0,275	0,55	0,15	0,01	100,00
Betoneira, elétrica, capacidade 400 l	un	0,00003	3.124,00	0,09	0,00	100,00
Total Geral:				2651,47	100%	100%

---

[46] Disponível em: http://equipedeobra.pini.com.br/construcao-reforma/36/curva-abc-tabela-mostra-quais-sao-os-itens-que-216021-1.aspx. Acesso em: 15 nov. 2024.

Nesse exemplo, dos 23 itens que constituem o orçamento, 7 (aproximadamente 30%) correspondem a 80% do valor total. A esses itens, o profissional responsável pela elaboração da planilha deve dedicar atenção total.

Como dispõe o Decreto Federal nº 7.983/2013, algumas regras devem ser estabelecidas no instrumento convocatório, no caso de licitações para obras/serviços de engenharia contratados com recursos federais. Essas regras são as seguintes:

> Art. 11. Os critérios de aceitabilidade de preços deverão constar do edital de licitação para contratação de obras e serviços de engenharia.
>
> Art. 13. Em caso de adoção dos regimes de empreitada por preço global e de empreitada integral, deverão ser observadas as seguintes disposições para formação e aceitabilidade dos preços:
>
> I – na formação do preço que constará das propostas dos licitantes, poderão ser utilizados custos unitários diferentes daqueles obtidos a partir dos sistemas de custos de referência previstos neste Decreto, desde que o preço global orçado e o de cada uma das etapas previstas no cronograma físico-financeiro do contrato, observado o art. 9º, fiquem iguais ou abaixo dos preços de referência da administração pública obtidos na forma do Capítulo II, assegurado aos órgãos de controle o acesso irrestrito a essas informações;
>
> (...)
>
> Parágrafo único. Para o atendimento do art. 11, os critérios de aceitabilidade de preços serão definidos em relação aos preços global e de cada uma das etapas previstas no cronograma físico-financeiro do contrato, que deverão constar do edital de licitação.

CAPÍTULO 14

FORMAÇÃO DA PLANILHA DE BDI

Até aqui, tratamos da elaboração do orçamento de custo da obra/serviço de engenharia. A esse custo devem ser acrescidas as despesas indiretas (como já comentado, são aquelas despesas para as quais não se consegue uma quantificação mais precisa), a tributação, os percentuais de garantia e risco e, finalmente, o lucro que o construtor pretende obter na execução da obra. Toda contratação deve gerar ao contratado um percentual de lucro. Ninguém vai trabalhar para a administração se não tiver, ao final da execução contratual, uma efetiva vantagem. Como regra, estamos falando de vantagem financeira. No entanto, o lucro pode ser complementado por vantagens em outros campos, além do financeiro.

Tudo isso deverá estar embutido em uma planilha adicional ao orçamento de custos, normalmente denominada Planilha de BDI. Trata-se de uma sigla da expressão inglesa *Budget Difference Income*, que significa benefícios e despesas indiretas. Alguns autores preferem falar em LDI (lucro e despesas indiretas), mas preferimos usar BDI, já que o conceito de benefício é mais abrangente, pois engloba não só o lucro financeiro em si, como também as demais vantagens que podem ser obtidas.

A planilha de BDI complementa a planilha de orçamento de custo. A aplicação das duas planilhas representará o orçamento da obra, orçamento de referência quando elaborado pela administração, valor global quando constante da proposta de cada licitante. Todos os valores que não constarem da planilha de orçamento de custo deverão ser inseridos na planilha de BDI.

Segundo o Decreto Federal nº 7.983/2013, o conteúdo da planilha de BDI deve conter, no mínimo, o seguinte:

> Art. 9º. O preço global de referência será o resultante do custo global de referência acrescido do valor correspondente ao BDI, que deverá evidenciar em sua composição, no mínimo:
> I – taxa de rateio da administração central;
> II – percentuais de tributos incidentes sobre o preço do serviço, excluídos aqueles de natureza direta e personalística que oneram o contratado;
> III – taxa de risco, seguro e garantia do empreendimento; e
> IV – taxa de lucro.

Essa taxa de BDI deve ser calculada através da fórmula a seguir, contemplando o lucro da empresa construtora e seus custos indiretos (garantia, risco, seguro, despesas financeiras, administração central e tributos):

$$BDI = \frac{(1+(AC + S + R + G))(1 + DF)(1 + L)}{(1 - I)}$$

em que:
AC – taxa representativa das despesas de rateio da administração central;
S – taxa representativa de seguros;
R – taxa representativa de riscos;
G – taxa representativa de garantias;
DF – taxa representativa de despesas financeiras;
L – taxa representativa do lucro;
I – taxa representativa da incidência de impostos.

É preciso considerar que, enquanto a planilha de orçamento de custo deve representar um valor aproximado para todas as empresas, podendo variar em razão de algumas particularidades, como a produtividade de sua mão de obra, alguma vantagem pontual que a empresa tenha na aquisição de determinados materiais, a disponibilidade já existente de equipamento ou o próprio local de realização da obra, a planilha de BDI é específica para cada licitante, pois representa, de um lado, suas características específicas em razão do regime tributário que pratica e, de outro lado, suas perspectivas de riscos e seus anseios de lucro, em sentido amplo.

Desse modo, ao elaborar seu orçamento de referência, a administração deve trabalhar, em termos de BDI, com valores médios praticados no mercado, em razão do porte da obra, da sua localização, da situação do mercado naquele momento e, consequentemente, do universo esperado de licitantes, que poderá gerar maior ou menor competição etc.

Como vimos, o regulamento federal dispõe que não podem constar do BDI os tributos de natureza direta e personalística. Esses tributos são o Imposto de Renda da Pessoa Jurídica (IRPJ) e a Contribuição Social sobre o Lucro Líquido (CSLL). A justificativa para tal disposição é que esses tributos são decorrentes de vantagens personalísticas, a renda e o lucro líquidos, devendo, assim, ser pagos pelo interessado, no caso, o contratado.

Não se pode, no entanto, impedir que o contratado repasse esse custo para a administração. É até natural que o faça e, considerando-se o princípio da livre-iniciativa, não há como impedir que isso seja feito. O que interessa, fundamentalmente, para a administração contratante é a seleção da proposta que lhe seja mais favorável, de acordo com os padrões estabelecidos no mercado.

Desse modo, deve-se entender a disposição do art. 9º, inc. II, do Decreto Federal como sendo uma vedação ao BDI constante do orçamento básico da administração. Neste, é vedado constar o IRPJ e a CSLL, mas não há qualquer impedimento para que o licitante inclua esses tributos no seu BDI. Nesse caso, o que a administração vai examinar é o percentual total de acordo com os parâmetros definidos no instrumento convocatório, mas não se pode desclassificar a proposta simplesmente porque o seu autor incluiu esses tributos na sua planilha de BDI, por falta de amparo legal. Nesse sentido, já se manifestou o TCU:

> 22. No que tange à inclusão de IRPJ e CSLL na composição do BDI dos contratos auditados, bem destacou o Ministério Público de Contas que o voto condutor do Acórdão 1.591/2008-Plenário, de minha relatoria, trouxe o entendimento de que "a indicação em destacado na composição do BDI do imposto de renda pessoa jurídica e da contribuição social sobre o lucro líquido *não acarreta, por si só, prejuízos ao erário*, pois é legítimo que empresas considerem esses tributos quando do cálculo da equação econômico-financeira de sua proposta".
> 23. Verifico, assim, que *não há nenhuma ilegalidade no fato de a empresa contratada incluir tais rubricas na composição do seu BDI*, desde que os

preços praticados estejam em consonância com os paradigmas de mercado. Tanto a *Súmula TCU nº 254/2010* como o *art. 9º, do Decreto 7.983/2013, vedam a inclusão de tais rubricas apenas no orçamento-base da licitação, não sendo tais entendimentos aplicáveis aos preços ofertados pelos privados*[47] (grifos nossos).

É oportuno entender que o licitante deve ter liberdade para utilizar em sua proposta o BDI que considerar mais adequado. Tal condição está plenamente de acordo com o princípio da livre-iniciativa, expressamente mencionado na Carta Magna, logo em seu art. 1º, inc. IV:

> Art. 1º. A República Federativa do Brasil, formada pela união indissolúvel dos Estados e Municípios e do Distrito Federal, constitui-se em Estado Democrático de Direito e tem como fundamentos:
> I – a soberania;
> II – a cidadania;
> III – a dignidade da pessoa humana;
> IV – os valores sociais do trabalho e da livre iniciativa;
> V – o pluralismo político.

Nesse sentido, destacamos o Acórdão nº 1.053/2009-P, do TCU, no qual, entre outros posicionamentos, o Tribunal menciona posição expressa por nós:

> e) Segundo considerações do Prof. Marçal Justen Filho, "*pretensões no sentido de aventar-se disparidade entre a margem de lucro prevista por determinada empresa e as praticadas em outras contratações semelhantes, na órbita de outros órgãos*' infringiriam os princípios da legalidade e da livre empresa, uma vez que '*não há regras jurídicas dispondo sobre margem de lucratividade em contratos administrativos*', estando '*qualquer empresário livre para adotar as margens de lucro que se lhe afigurem adequadas, necessárias ou convenientes*"; (grifos do original)
> f) Consoante artigo jurídico publicado na revista Zênite, de autoria de Paulo Sérgio de Monteiro Reis (DOUTRINA – 526/124/JUN/2004), não seria possível determinar aos licitantes que cotassem percentual idêntico

---

[47] BRASIL. Tribunal de Contas da União. *Acórdão nº 648/16-P*. Disponível em: https://pesquisa.apps.tcu.gov.br/documento/acordao-completo/*/NUMACORDAO%253A648%2520ANOACORDAO%253A2016%2520COLEGIADO%253A%2522Plen%25C3%25A1rio%2522/DTRELEVANCIA%2520desc%252C%2520NUMACORDAOINT%2520desc/0. Acesso em: 13 nov. 2024.

de BDI ao indicado na planilha elaborada pela Administração, uma vez que, com isso, fulminar-se-ia, de pronto, o princípio fundamental da livre iniciativa, além de retirar da licitação aquilo que lhe é essencial – a competição;

São referências adequadas para a taxa de BDI aquelas constantes do Acórdão nº 2.622/2013-Plenário, do TCU, a saber:[48]

Valores do BDI por tipo de obra			
Tipo de obra	1º quartil	Médio	3º quartil
Construção de edifícios	20,34%	22,12%	25,00%
Construção de rodovias e ferrovias	19,60%	20,97%	24,23%
Construção de redes de abastecimento de água, coleta de esgoto e construções correlatas	20,76%	24,18%	26,44%
Construção e manutenção de estações e redes de distribuição de energia elétrica	24,00%	25,84%	27,86%
Obras portuárias, marítimas e fluviais	22,80%	27,48%	30,95%

É importante notar que, em razão da análise feita anteriormente, esse Acórdão apresenta taxas referenciais, e não taxas máximas ou mínimas. A própria administração, ao elaborar a sua planilha de BDI, em cada processo, poderá adotar valores diferentes daqueles indicados, levando em consideração alguma situação específica daquela obra. Com muito mais razão, cada licitante deverá apresentar sua própria planilha de BDI, que poderá conter valores diversos daqueles constantes do referencial adotado pela administração. Os valores indicados no Acórdão do TCU são referenciais e devem

---

[48] Idem. *Acórdão nº 2.622/13-P*. Disponível em: https://pesquisa.apps.tcu.gov.br/documento/acordao-completo/*/NUMACORDAO%253A2622%2520ANOACORDAO%253A2013%2520COLEGIADO%253A%2522Plen%25C3%25A1rio%2522/DTRELEVANCIA%2520desc%252C%2520NUMACORDAOINT%2520desc/0. Acesso em: 13 nov. 2024.

ser adotados para análise daqueles que forem apresentados pelo licitante. Do Acórdão, extraímos os seguintes excertos:

138. Consoante as conclusões desse trabalho, os custos que podem ser identificados, quantificados e mensurados na planilha de custos diretos, por estarem relacionados diretamente com o objeto da obra, não devem integrar a taxa de BDI, tais como: administração local, canteiro de obras, mobilização e desmobilização, dentre outros. Por outro lado, os componentes que devem formar a taxa de BDI são os seguintes: administração central, riscos, seguros, garantias, despesas financeiras, remuneração do particular e tributos incidentes sobre a receita auferida pela execução da obra.

139. Trata-se de um trabalho de excelência, de tal forma que, considerando o rigor técnico para a seleção dos dados e o tratamento estatístico empregado no presente estudo, tenho segurança para afirmar que as faixas referenciais de BDI aqui apresentadas refletem as mais diversas variáveis atinentes às características das obras e às peculiaridades das empresas que podem influenciar o cálculo do BDI de obras públicas, o que permite concluir que essas faixas referenciais são aptas e válidas para servirem de referencial às unidades técnicas do TCU.

140. No tocante a essas faixas referenciais, tenho apenas um ajuste a fazer à proposta da unidade técnica, considero que também as tabelas que tratam de patamares para os percentuais dos itens que compõem o BDI devem servir de orientação para as unidades técnicas deste Tribunal.

141. A forma como essas tabelas devem ser utilizadas nas auditorias de obras públicas, contudo, é que é diferenciada. Enquanto a tabela com os percentuais finais de BDI é um parâmetro para se verificar a adequabilidade da taxa aplicada no caso concreto, essas faixas relacionadas ao lucro e as despesas indiretas apenas servem de diretriz no caso de já ter sido constatado que o BDI final está injustificadamente elevado.

142. Explicando melhor, se a equipe de auditores verificar que o BDI está, injustificadamente, acima da faixa admissível, deve proceder a uma análise pormenorizada dos itens que o compõem e, nesse caso, a existência de uma tabela de referência é uma diretriz para que possam ser detectadas as incongruências que ocasionaram esse percentual final elevado.

143. Importante destacar, contudo, que não cumpre ao TCU estipular percentuais fixos para cada item que compõe a taxa de BDI, ignorando as peculiaridades da estrutura gerencial de cada empresa que contrata com a Administração Pública. O papel da Corte de Contas é impedir que sejam pagos valores abusivos ou injustificadamente elevados e por isso é importante obter valores de referência, mas pela própria logística das empresas é natural que ocorram certas flutuações de valores nas previsões das despesas indiretas e da margem de lucro a ser obtida.

144. Como essa análise dos itens que compõem o BDI deve ser feita em conjunto, a adoção de um percentual muito acima da faixa de referência para determinado componente não necessariamente constitui irregularidade, pois, em contrapartida, outras despesas indiretas, ou ainda, o lucro podem estar cotados em patamares inferiores ao esperado.

145. Ainda no tocante à adoção de faixas de referência, endosso a opinião do grupo de trabalho no sentido de que 'a faixa é a expressão da quantificação dessa variabilidade admitida. Entretanto, não se deve perder de vista que o parâmetro mais importante de todos é o valor médio do BDI. Ele é o parâmetro que deve ser buscado pelo gestor, pois representa a medida estatística mais concreta obtida. A faixa apenas amplia e dá uma dimensão da variação do BDI, mas é a média o valor que de fato representa o mercado, devendo servir como referência principal a ser buscada nas contratações públicas'.

146. Cumpre destacar que a literatura especializada e a jurisprudência desta Corte de Contas apontam vários fatores que tendem a influenciar as taxas de BDI, tais como: o porte da empresa, sua natureza específica, sua localização geográfica, seu prazo de execução, a facilidade de encontrar fornecedores no local da obra, os riscos envolvidos nas contratações, a situação econômica e financeira da empresa e do país, dentre diversos outros fatores.

147. Portanto, não é razoável admitir apenas um valor médio de referência para o BDI de cada tipo de obra sem levar em conta uma margem ou faixa que possibilite contemplar todas essas variações que na realidade são observadas na formação do valor do BDI.

148. Dessarte, cada caso concreto deve ser analisado com suas peculiaridades, de tal forma que o estudo desenvolvido nestes autos não se presta a exaurir todos os possíveis questionamentos acerca dos componentes de uma taxa de BDI e dos valores admissíveis para essa taxa.

149. A adequabilidade da taxa de BDI tem sempre que ser analisada, pontualmente, em situação específica, pois há sempre a possibilidade de as tabelas referenciais não traduzirem a justa remuneração para alguns contratos de obras públicas.[49]

Por tudo isso, o edital *não deve* estabelecer que o BDI do orçamento de referência seja o máximo que o licitante pode ofertar. Se, no entanto, o instrumento convocatório definir que o valor do BDI constante do orçamento de referência elaborado pela administração é o máximo aceitável, o licitante ficará impedido de apresentar valor superior a esse. Deve-se permitir ao licitante que ofereça

---

[49] *Ibidem.*

seu BDI específico, representado por meio de planilha anexada à proposta. Esse valor será, então, examinado pela administração que estiver promovendo a licitação. Para facilitar esse exame, o Acórdão indicado traz o detalhamento do BDI referencial, por meio das seguintes tabelas:

Tipos de obras	Administração central			Seguro + garantia			Risco		
	1º Q	M	3º Q	1º Q	M	3º Q	1º Q	M	3º Q
Construção de edifícios	3,00%	4,00%	5,50%	0,80%	0,80%	1,00%	0,97%	1,27%	1,27%
Construção de rodovias e ferrovias	3,80%	4,01%	4,67%	0,32%	0,40%	0,74%	0,50%	0,56%	0,97%
Construção de redes de abastecimento de água, colega de esgoto e correlatas	3,43%	4,93%	6,71%	0,28%	0,49%	0,75%	1,00%	1,39%	1,74%
Construção e manutenção de estações e redes de distribuição de energia elétrica	5,29%	5,92%	7,93%	0,25%	0,51%	0,56%	1,00%	1,48%	1,97%
Obras portuárias, marítimas e fluviais	4,00%	5,52%	7,85%	0,81%	1,22%	1,99%	1,46%	2,23%	3,16%

Tipos de obras	Despesa financeira			Lucro		
	1º Q	M	3º Q	1º Q	M	3º Q
Construção de edifícios	0,59%	1,23%	1,39%	6,16%	7,40%	8,96%
Construção de rodovias e ferrovias	1,02%	1,11%	1,21%	6,64%	7,30%	8,69%
Construção de redes de abastecimento de água, colega de esgoto e correlatas	0,94%	0,99%	1,17%	6,74%	8,04%	9,40%
Construção e manutenção de estações e redes de distribuição de energia elétrica	1,01%	1,07%	1,11%	8,00%	8,31%	9,51%
Obras portuárias, marítimas e fluviais	0,94%	1,02%	1,33%	7,14%	8,40%	10,43%

No caso de o empreendimento incluir o fornecimento de materiais e equipamentos que não sejam enquadrados como obra de engenharia, estes devem ser licitados separadamente, respeitando-se, assim, o princípio do parcelamento do objeto, já tratado. Esse parcelamento só poderá ser dispensado se houver a comprovação fática da inviabilidade técnica ou econômica. Nesse caso, deve-se adotar para esses materiais e equipamentos taxas de BDI diferentes daquelas adotadas para a execução da obra. Afinal, o encargo que recairá sobre o contratado para a aquisição de materiais e equipamentos é bem diferente daquele que terá para executar uma obra de engenharia. Nesta, o contratado precisará selecionar, controlar e gerenciar a mão de obra, disponibilizar equipamentos, adquirir materiais etc. No outro caso, muitas vezes a tarefa se resume à aquisição, incluindo a instalação, de equipamentos ou à terceirização de serviços.

Quando não for adotado o princípio do parcelamento, o valor do BDI a ser utilizado nessas parcelas específicas deverá ser calculado de acordo com o referencial a seguir, igualmente constante do já citado Acórdão do TCU:

BDI para itens de mero fornecimento de materiais e equipamentos	1º quartil	Médio	3º quartil
	11,10%	14,02%	16,80%

Tanto a planilha de orçamento como a planilha de BDI devem estar assinadas por seu autor, que registrará, obrigatoriamente, o mês de referência adotado para sua elaboração. Exemplo: se for utilizado o SINAPI de junho de 2017, todos os preços deverão se referenciar a esse mês. O autor indicará, no rodapé da planilha: *"Planilha elaborada com base em preços referenciais válidos para o mês de junho de 2017"*.

Essa informação é fundamental, como veremos adiante, para efeito de definição do marco inicial a ser utilizado para o reajustamento dos preços contratados, durante a fase de execução contratual.

CAPÍTULO 15

EXIGÊNCIAS DE QUALIFICAÇÃO TÉCNICA PARA EFEITO DE HABILITAÇÃO

A Lei nº 14.133/2021 trata das condições de habilitação a serem exigidas para qualificação técnica em seu art. 67. Dispõe o mencionado artigo, em seu *caput*: "A documentação relativa à qualificação técnico-profissional e técnico-operacional será restrita a: (...)".

Essa disposição legal deve ser interpretada em consonância com a Constituição Federal vigente, especificamente em seu art. 37, inc. XXI, que assim dispõe:

> Art. 37. (...)
> (...)
> XXI – ressalvados os casos especificados na legislação, as obras, serviços, compras e alienações serão contratados mediante processo de licitação pública que assegure igualdade de condições a todos os concorrentes, com cláusulas que estabeleçam obrigações de pagamento, mantidas as condições efetivas da proposta, nos termos da lei, o qual somente permitirá as exigências de qualificação técnica e econômica indispensáveis à garantia do cumprimento das obrigações.

Destacamos dessa disposição da Carta Magna o comando no sentido de que o processo de licitação pública somente permitirá exigências de qualificação técnica e econômica que sejam indispensáveis à garantia do cumprimento das obrigações a serem assumidas pelo futuro contratado.

Fica claro que a administração não pode, por discricionariedade, escolher as exigências que irá fazer no procedimento licitatório, tanto em relação à qualificação técnica como em relação à qualificação econômico-financeira. Existe um limite para essas exigências, imposto constitucionalmente: elas não poderão ir além do que seja estritamente indispensável à garantia da execução do futuro contrato.

Vale lembrar que "indispensável" não é, no caso concreto, simplesmente um sinônimo de "importante", "relevante". Pode ser relevante, mas, naquele processo concretamente, não ser fundamental, indispensável. É relevante saber que o profissional tem uma formação adicional, mas pode ocorrer que essa formação não traga, para aquele processo, nenhuma vantagem. Será relevante, mas não indispensável; e a Constituição Federal só permite exigir o que seja indispensável.

A Lei nº 14.133/2021, ao regulamentar o art. 37, inc. XXI, da Constituição Federal, tinha, obrigatoriamente, que se ater às suas determinações, sob pena de se tornar uma lei inconstitucional. Ora, como determinar expressamente na Lei o que seria indispensável em termos de qualificação técnica, se essa condição varia de caso a caso? Inteligentemente, o legislador estabeleceu no art. 67 a relação máxima do que pode ser exigido para essa comprovação.

Relação máxima, repetimos. Isso significa dizer que em nenhuma hipótese as exigências de qualificação técnica poderão ultrapassar o que consta expressamente da nova Lei de Licitações. A administração deverá examinar, em cada processo, o que é indispensável exigir do licitante e do seu profissional encarregado da execução da obra. Poderá exigir tudo que consta do art. 67, se conseguir, justificadamente, comprovar que tudo é indispensável. Poderá, de outro lado, nada exigir, se nada daquilo for indispensável no caso concreto ou poderá selecionar, dentre as disposições desse artigo, o que é indispensável e exigir somente isso, nada além. Por isso, o *caput* do artigo deixa claro que o texto contém o limite máximo do que pode ser exigido: "(...) será restrita a:".

Outra questão relevante em relação às exigências de qualificação técnica é a sua divisão entre técnica-profissional e técnica-operacional. Trata-se de situação anteriormente bastante discutida, em especial pelo posicionamento assumido, praticamente desde o início da aplicação da Lei nº 8.666/1993, pelo Confea. Consideramos que, agora, o assunto está pacificado. A uma, porque a nova Lei deixa clara a existência dos dois ângulos da qualificação técnica; a duas, porque o próprio Confea já reconheceu essa condição, fazendo-o ao expedir a Resolução Confea nº 1.137/2021, que expressamente trata do Acervo Técnico Profissional, referenciado à qualificação técnica-profissional, e do Acervo Operacional, que trata exatamente da qualificação técnica-operacional, revogando a antiga Resolução nº 1.025, de 2009, que negava a possibilidade da existência de qualificação operacional.

Mesmo antes da nova Resolução do Confea, o TCU já tinha firme posição a respeito da possibilidade da exigência dos dois ângulos da qualificação técnica: o profissional e o operacional. Deve-se entender, no entanto, que são exigências distintas: uma refere-se especificamente ao profissional responsável técnico pela execução da obra; a outra refere-se à qualificação da pessoa jurídica, indispensável para que a obra seja realizada de acordo com o planejado. O que se pode exigir do profissional é diferente do que se pode exigir da pessoa jurídica licitante.

O que precisamos entender é que os dois ângulos da qualificação técnica precisam ser mensurados de formas distintas. Afinal, quem faz obra é o engenheiro ou o arquiteto, profissionais qualificados para essa atividade e que, consequentemente, precisam demonstrar *expertise* em relação ao tipo de atividade que irão exercer no objeto que estará sendo licitado. O grande papel da pessoa jurídica, a efetiva licitante, será apoiar o profissional para que este possa executar a obra – apoiar no sentido de colocar tempestivamente no canteiro a quantidade e a qualificação dos operários exigidos, os materiais necessários, os equipamentos recomendados etc. Esse apoio a ser prestado pela pessoa jurídica, que, rigorosamente, não tem relacionamento com conhecimento técnico de engenharia/arquitetura, é que deve ser mensurado por ocasião da licitação, com a denominação de qualificação técnico-operacional, ou seja, trataremos da capacidade do licitante de operacionalizar adequadamente a execução de uma obra/serviço de engenharia, execução essa que estará a cargo de um profissional de engenharia/arquitetura, com capacitação adequada a ser mensurada com a denominação qualificação técnico-profissional. São coisas distintas: do profissional, exigir-se-á *qualificação técnica*; do licitante, exigir-se-á *qualificação operacional*.

Outro ponto importante, antes de adentramos na análise específica das exigências de qualificação, é a disposição do *caput* do art. 65 da NLLC: "As condições de habilitação serão definidas no edital".

Ao prestigiar dessa forma as condições prescritas no edital da licitação, a Lei deixa claro um alerta, para que a administração seja objetiva na elaboração desse documento. Tudo deve ser nele estabelecido de forma precisa, suficiente e clara, não bastando, portanto, imaginarmos que "algo é óbvio". Pode ser óbvio para quem está preparando o edital, mas não o ser para aquele a quem esse documento se destina. Um edital não pode deixar qualquer margem de dúvida. Se necessário, deve ser nele registrado que "queremos cocada com gosto de coco". O importante é que todos entendam perfeitamente seu conteúdo.

Em relação à capacitação técnico-profissional e operacional, a nova Lei, no art. 67, estabelece especificamente as seguintes condições:

> Art. 67. A documentação relativa à qualificação técnico-profissional e técnico-operacional será restrita a:
>
> I – apresentação de profissional, devidamente registrado no conselho profissional competente, quando for o caso, detentor de atestado de responsabilidade técnica por execução de obra ou serviço de características semelhantes, para fins de contratação;
>
> II – certidões ou atestados, regularmente emitidos pelo conselho profissional competente, quando for o caso, que demonstrem capacidade operacional na execução de serviços similares de complexidade tecnológica e operacional equivalente ou superior, bem como documentos comprobatórios emitidos na forma do §3º do art. 88 desta Lei;
>
> III – indicação do pessoal técnico, das instalações e do aparelhamento adequados e disponíveis para a realização do objeto da licitação, bem como da qualificação de cada membro da equipe técnica que se responsabilizará pelos trabalhos;
>
> IV – prova do atendimento de requisitos previstos em lei especial, quando for o caso;
>
> V – registro ou inscrição na entidade profissional competente, quando for o caso;

VI – declaração de que o licitante tomou conhecimento de todas as informações e das condições locais para o cumprimento das obrigações objeto da licitação.

§1º A exigência de atestados será restrita às parcelas de maior relevância ou valor significativo do objeto da licitação, assim consideradas as que tenham valor individual igual ou superior a 4% (quatro por cento) do valor total estimado da contratação.

§2º Observado o disposto no *caput* e no §1º deste artigo, será admitida a exigência de atestados com quantidades mínimas de até 50% (cinquenta por cento) das parcelas de que trata o referido parágrafo, vedadas limitações de tempo e de locais específicos relativas aos atestados.

§3º Salvo na contratação de obras e serviços de engenharia, as exigências a que se referem os incisos I e II do *caput* deste artigo, a critério da Administração, poderão ser substituídas por outra prova de que o profissional ou a empresa possui conhecimento técnico e experiência prática na execução de serviço de características semelhantes, hipótese em que as provas alternativas aceitáveis deverão ser previstas em regulamento.

§4º Serão aceitos atestados ou outros documentos hábeis emitidos por entidades estrangeiras quando acompanhados de tradução para o português, salvo se comprovada a inidoneidade da entidade emissora.

§5º Em se tratando de serviços contínuos, o edital poderá exigir certidão ou atestado que demonstre que o licitante tenha executado serviços similares ao objeto da licitação, em períodos sucessivos ou não, por um prazo mínimo, que não poderá ser superior a 3 (três) anos.

§6º Os profissionais indicados pelo licitante na forma dos incisos I e III do *caput* deste artigo deverão participar da obra ou serviço objeto da licitação, e será admitida a sua substituição por profissionais de experiência equivalente ou superior, desde que aprovada pela Administração.

§7º Sociedades empresárias estrangeiras atenderão à exigência prevista no inciso V do *caput* deste artigo por meio da apresentação, no momento da assinatura do contrato, da solicitação de registro perante a entidade profissional competente no Brasil.

§8º Será admitida a exigência da relação dos compromissos assumidos pelo licitante que importem em diminuição da disponibilidade do pessoal técnico referido nos incisos I e III do *caput* deste artigo.

§9º O edital poderá prever, para aspectos técnicos específicos, que a qualificação técnica seja demonstrada por meio de atestados relativos a potencial subcontratado, limitado a 25% (vinte e cinco por cento) do objeto a ser licitado, hipótese em que mais de um licitante poderá apresentar atestado relativo ao mesmo potencial subcontratado.

§10. Em caso de apresentação por licitante de atestado de desempenho anterior emitido em favor de consórcio do qual tenha feito parte, se o atestado ou o contrato de constituição do consórcio não identificar a atividade desempenhada por cada consorciado individualmente, serão adotados os seguintes critérios na avaliação de sua qualificação técnica:

I – caso o atestado tenha sido emitido em favor de consórcio homogêneo, as experiências atestadas deverão ser reconhecidas para cada empresa consorciada na proporção quantitativa de sua participação no consórcio, salvo nas licitações para contratação de serviços técnicos especializados de natureza predominantemente intelectual, em que todas as experiências atestadas deverão ser reconhecidas para cada uma das empresas consorciadas;

II – caso o atestado tenha sido emitido em favor de consórcio heterogêneo, as experiências atestadas deverão ser reconhecidas para cada consorciado de acordo com os respectivos campos de atuação, inclusive nas licitações para contratação de serviços técnicos especializados de natureza predominantemente intelectual.

§11. Na hipótese do §10 deste artigo, para fins de comprovação do percentual de participação do consorciado, caso este não conste expressamente do atestado ou da certidão, deverá ser juntada ao atestado ou à certidão cópia do instrumento de constituição do consórcio.

§12. Na documentação de que trata o inciso I do *caput* deste artigo, não serão admitidos atestados de responsabilidade técnica de profissionais que, na forma de regulamento, tenham dado causa à aplicação das sanções previstas nos incisos III e IV do *caput* do art. 156 desta Lei em decorrência de orientação proposta, de prescrição técnica ou de qualquer ato profissional de sua responsabilidade.

Condição fundamental a ser observada é que as exigências não podem ser genéricas. Devem, nos termos da Lei, estar vinculadas a parcelas da obra que tenham relevância técnica ou valor significativo (a Lei nº 8.666/1993 exigia a concomitância dessas duas condições: maior relevância e valor significativo. A diferença é sutil, mas muito importante. Agora, a exigência pode ser feita desde que a administração consiga enquadrá-la em uma das duas condições). Não se pode, por exemplo, exigir no edital que o licitante comprove que o seu profissional já dirigiu obra semelhante àquela que está sendo licitada. Deve-se extrair, da obra que está sendo licitada, quais são as parcelas que tenham, ao mesmo tempo, relevância técnica e valor significativo e exigir ao licitante que demonstre que, em obras dirigidas pelo seu profissional, foram executadas parcelas semelhantes a essas. Essas parcelas selecionadas pela administração deverão estar expressamente discriminadas no edital, para não permitir qualquer tipo de dúvida. Agora, a nova Lei foi mais objetiva, dispondo que devem ser entendidas como parcelas relevantes aquelas que tenham valor individual, no mínimo, igual a 4% do preço global da obra que está sendo licitada. Definiu, também, objetivamente a quantidade de execução anterior que pode ser exigida. Nesse ponto, utilizando-se de antiga jurisprudência do TCU,[50] a Lei dispõe que, no máximo, poderá ser exigida execução anterior em quantitativo equivalente a 50% do que será executado na nova obra.

Por exemplo, imaginemos que, por alguma situação específica, a estrutura de concreto armado foi considerada como parcela de relevância técnica ou valor significativo. O volume a ser executado na obra em licitação é de 1 000 m^3. Qual é o quantitativo que podemos exigir que o profissional indicado já tenha executado de concreto com características semelhantes? Segundo a nova Lei, o limite é de 50%. Acima disso, só em situações excepcionais, devidamente justificadas. Não significa que o edital vai exigir sempre o quantitativo correspondente a 50% – esse é o máximo. Deve-se exigir a quantidade suficiente para deixar a administração convencida da capacidade do profissional para a execução dessa parcela na nova obra. De outra banda, ultrapassar esse limite ficará condicionado a uma boa justificativa, pois estará sendo contrariada uma regra.

Na jurisprudência do TCU do estado do Mato Grosso, encontramos:[51]

> 2. As condições de qualificação técnica estipuladas em editais de licitação devem se limitar àquelas essenciais para assegurar o efetivo cumprimento das obrigações contratuais (CF/88, art. 37, XXI). A administração deve evitar a inserção de especificações excessivas ou restritivas que possam favorecer uma licitante em detrimento de outras, sob pena de se configurar direcionamento indevido no certame.

Adicionalmente, a Lei veda limitações de tempo e de locais específicos para essa comprovação de experiência anterior. Essa

---

[50] Recomendamos a leitura do Acórdão nº 2.099/2009-P.
[51] BRASIL. Tribunal de Contas do Estado do Mato Grosso. *Acórdão nº 1.103/2023*. Disponível em: www.tce.mt.gov.br. Acesso em: 12 jun. 2024.

também é uma regra que, excepcionalmente, poderá ser superada justificadamente, como vemos no seguinte exemplo:[52]

> 15. Na linha da análise realizada pela SefidTransporte, considero que os esclarecimentos prestados pela SEP podem ser acolhidos. A vedação à exigência de atestados com limitação de época pode ser contemporizada nas situações em que a tecnologia envolvida só se tornou disponível a partir do período indicado. Conforme apontado pela unidade técnica, mudanças tecnológicas nos processos desenvolvidos nas áreas portuárias, a exemplo da conteinerização de produtos agrícolas, "ganharam força em um passado recente, de modo que a restrição dos atestados de capacidade técnica a atividades prestadas pelos interessados nos últimos cinco anos pode ser considerada razoável.
>
> 16. Demonstrada a adequação e pertinência da exigência em relação ao objeto licitado, não se caracterizou a restrição ao caráter competitivo da licitação (p.ex., 1.417/2008 – Plenário). No caso concreto, as alegações trazidas aos autos são plausíveis e não interferiram diretamente no certame, já que a empresa que ofertou o menor lance foi tecnicamente habilitada.
>
> 17. No entanto, é essencial que justificativas dessa natureza, por seu caráter excepcional, sejam especificadas e fundamentadas em estudos técnicos que constem do processo de licitação. Por essa razão, apresento proposta de ciência à unidade sobre esse assunto, para aprimoramento de futuros certames".

A comprovação referente à qualificação técnico-profissional é feita por meio da apresentação da Certidão de Acervo Técnico (CAT) do profissional, expedida pelo Crea/CAU. É importante observar que não há necessidade de o profissional ter realizado esses trabalhos quando estava contratado pela licitante. A CAT é do profissional, independentemente de para quem ele trabalhava naquele momento. Nesse sentido:

> 9.3. dar ciência à Prefeitura Municipal de Alto Alegre dos Parecis/RO das seguintes irregularidades e impropriedades ocorridas na Tomada de Preços 05/2013, com vistas a evitá-las em futuros certames licitatórios destinados à contratação de objetos custeados por recursos federais:

---

[52] Idem. Tribunal de Contas da União. *Acórdão nº 2.205/14-2ªC*. Disponível em: https://pesquisa.apps.tcu.gov.br/resultado/todas-bases/2205%252F2014?ts=1732191795057&pb=acordao-completo. Acesso em: 10 jun. 2024.

(...)

9.3.2. necessidade de apresentação de atestado de capacitação técnica em nome do profissional contendo menção à vinculação deste à empresa licitante, em desacordo com o disposto no art. 30, §1º, inciso I, da Lei 8.666/93 (...).[53]

Como regra, deve ser aceito o somatório dos atestados de qualificação técnica, salvo situações específicas. Assim, em havendo omissão editalícia, deve-se entender que o somatório está permitido. Essa regra vale, também, para a qualificação técnico-operacional. A exceção, ou seja, a vedação ao somatório, quando ocorrer, deve estar expressa e formalmente justificada nos autos do processo, demonstrando que a soma não trará qualquer proveito no caso concreto.

Nesse sentido, citamos:

9.2. dar ciência à (*omissis*) de que somente deve ser limitado o somatório de quantidades de atestados para comprovação de capacidade técnico-operacional dos editais nos casos em que o aumento de quantitativos do serviço acarretar, incontestavelmente, o aumento da complexidade técnica do objeto ou desproporção entre quantidades e prazos para sua execução, capazes de ensejar maior capacidade operativa e gerencial da licitante e potencial comprometimento da qualidade ou da finalidade almejada na contratação da obra ou serviços, devendo ser justificada tecnicamente a necessidade dessa limitação (...).[54]

9.2. determinar ao (*omissis*) que, nas futuras licitações que realizar, com utilização de recursos federais, para contratação de obras e serviços de engenharia, abstenha-se de:

(...)

9.2.2. estipular a necessidade de que a prova da execução anterior de determinados serviços se faça num único atestado, o que potencializa a restrição à competitividade, a não ser que a vedação ao somatório esteja devida e amplamente fundamentada nos autos do procedimento licitatório, em consonância com o disposto nos Acórdãos nº 1636/2007, 2150/2008, 342/2012, todos do Plenário, dentre outros julgados deste Tribunal (...).[55]

---

[53] Idem. *Acórdão nº 291/14-P*. Disponível em: www.tcu.gov.br/acordaoslegados. Acesso em: 13 nov. 2024.

[54] Idem. *Acórdão nº 7.105/14-2ª Câmara*. Disponível em: https://pesquisa.apps.tcu.gov.br/documento/acordao-completo/7105%252F2014/%2520/DTRELEVANCIA%2520desc%252C%2520NUMACORDAOINT%2520desc/0. Acesso em: 13 nov. 2024.

[55] Idem. *Acórdão nº 1.865/12-P*. Disponível em: https://pesquisa.apps.tcu.gov.br/documento/acordao-completo/1865%252F2012/%2520/DTRELEVANCIA%2520desc%252C%2520NUMACORDAOINT%2520desc/0. Acesso em: 13 nov. 2024.

Já em relação à qualificação técnico-operacional, refere-se à comprovação do licitante de possuir uma organização empresarial apta ao desempenho de um empreendimento – no caso, a obra/serviço a ser executada. É diferente, portanto, da qualificação técnico-profissional.

Também nesse caso, as exigências serão limitadas às parcelas que tenham relevância técnica ou valor significativo, parcelas essas discriminadas no edital. No âmbito da engenharia, a exigência é atendida, agora, pela apresentação da Certidão de Acervo Operacional (CAO), expedida pelos Crea nos termos da Resolução nº 1.137/2023, do Confea. No mesmo sentido, no campo da arquitetura, a Resolução nº 93, do CAU/BR, com as alterações inseridas pela Resolução nº 243, de 2023, passou a tratar da Certidão de Acervo Técnico Operacional (CAT-O).

Não poderá ser exigido do licitante nem do seu responsável técnico a comprovação de regularidade de situação quanto ao pagamento das anuidades devidas ao Conselho respectivo, por falta de amparo legal. Deverão ser exigidas apenas a comprovação de registro e a inscrição no Conselho Regional. Se ele tiver alguma pendência em relação ao pagamento das anuidades devidas, cabe ao Crea/CAU declará-lo impedido do exercício da engenharia/arquitetura. Enquanto esse impedimento não existir, a administração não poderá impedir a participação em licitações.

Em relação aos equipamentos de que porventura a contratada precise dispor para executar a obra, não se pode exigir que o licitante demonstre, no momento do certame, que já os possui. Cabe ao licitante declarar quais são os equipamentos que irá utilizar e a forma como os obterá, que poderá ser por propriedade, locação, cessão ou qualquer outra cabível de acordo com a legislação vigente.

Finalmente, destacamos quatro pontos em relação a essas exigências de qualificação técnica feitas pela Lei nº 14.133/2021. A primeira consta do §6º do art. 67: os profissionais indicados pelos licitantes, para os quais foram apresentadas as respectivas CATs, devem participar da obra, sendo admitida a substituição por outros de, no mínimo, idêntica qualificação, com prévia aprovação da administração. A segunda consta do §8º do mesmo artigo: a possibilidade da exigência da relação dos compromissos assumidos pelo licitante que importem em diminuição da disponibilidade do pessoal técnico. Pode ocorrer que o licitante tenha *n* engenheiros/arquitetos em condições de executar os trabalhos, mas estes já estarem comprometidos com outros contratos firmados, impedindo-os de participar efetivamente da nova obra.

A terceira condição que merece destaque é uma interessante novidade da Lei, como consta do §12: não serão válidos atestados de capacidade técnica de profissionais que tenham dado causa à aplicação das sanções de impedimento de licitar e contratar e de declaração de inidoneidade em decorrência de orientação proposta, de prescrição técnica ou de qualquer ato profissional de sua responsabilidade. Como regra, essas penalidades são aplicadas às construtoras contratadas. Entretanto, se comprovado que as falhas cometidas foram decorrentes da atuação do profissional de engenharia ou de arquitetura, ele também receberá punição. Tal condição, na forma da Lei, precisa ser regulamentada para sua perfeita aplicação.

A quarta condição, também novidade, será melhor tratada no Capítulo 20, quando falarmos da possibilidade de subcontratação.

CAPÍTULO 16

EXIGÊNCIAS DE QUALIFICAÇÃO ECONÔMICO-FINANCEIRA PARA EFEITO DE HABILITAÇÃO

Também neste caso, de acordo com o exame já feito anteriormente, a relação constante do art. 69 da Lei nº 14.133/2021 deve ser considerada como o máximo do que pode ser exigido. Nenhuma exigência adicional poderá ser feita. As exigências devem se compatibilizar com o objeto a ser licitado.

Basicamente, a Lei permite a exigência de:
- balanço patrimonial, demonstração de resultado de exercício e demais demonstrações contábeis dos dois últimos exercícios sociais;
- certidão negativa de feitos sobre falência;
- capital mínimo ou patrimônio líquido mínimo equivalente a até 10% do valor estimado da contratação.

Deve-se observar que, no caso de obras ou serviços, as exigências de capital social mínimo e patrimônio líquido são excludentes entre si.

Não pode ser exigido que o capital social mínimo (até 10% do valor estimado da contratação) já esteja integralizado no momento da licitação. Basta que esteja devidamente registrado na Junta Comercial, ainda que pendente de integralização.

O art. 69, em seu §3º, permite ainda a apresentação, pelo licitante, da relação dos compromissos assumidos que importem a diminuição da sua capacidade econômico-financeira, devendo ser excluídas nesse cálculo as parcelas já executadas dos contratos anteriormente firmados. Trata-se de exigência que pode ser importante, na medida em que o licitante, examinado somente no processo concreto, tenha plena capacidade de assumir o encargo daquela obra. No entanto, outros compromissos já formalizados anteriormente podem dele tirar essa capacidade, fazendo com que o contrato resulte em fracasso.

De outro lado, pode ser exigida a comprovação de boa situação financeira, por meio do cálculo de índices contábeis, discriminados no edital e justificados nos autos do processo correspondente. É vedada a exigência de índices e valores não usualmente adotados para a adequada avaliação da situação financeira suficiente para o cumprimento das obrigações decorrentes da licitação específica.

Em outras palavras, as exigências de índices contábeis (por exemplo, o índice de liquidez) devem atender aos parâmetros usualmente utilizados pelo mercado. Como exemplo desse entendimento, transcrevemos o seguinte excerto:

> Corrobora com essa conclusão o excerto do voto condutor do Acórdão 4.606/2010 – 2ª Câmara, *in verbis*:
> "Conforme já decidiu este Tribunal em outros processos, a exemplo dos Acórdãos 778/2005, 308/2005, 1.140/2005, 1.926/2004, 247/2003, 268/2003 e 112/2002 e Decisão 1.070/2001, todos do Plenário, bem como no Acórdão 2.028/2006 – 1ª Câmara, não há vedação para a utilização de índices contábeis como parâmetro de *qualificação* econômico-financeira de licitante, entretanto, *os valores desses índices devem ser precedidos de fundamentação, constante do processo licitatório*, que leve em consideração aspectos contábeis, econômicos e financeiros, assim como a realidade do mercado, revelando-se razoáveis em relação à natureza do objeto licitado, em observância ao disposto no art. 31, §5º, da Lei 8.666/93 (...)" (grifo nosso).[56]

É oportuno recordar que, nas licitações da nova Lei, adota-se, como regra, a realização da fase de propostas antes da fase de habilitação. Assim, serão examinados somente os documentos de habilitação do licitante que tiver ofertado a melhor proposta.

---

[56] Idem. *Acórdão nº 47/19-P*. Disponível em: https://pesquisa.apps.tcu.gov.br/documento/atasessao/*/NUMEROATA:47%20ANOATA:2019%20COLEGIADO:%22%28Plen%C3%A1rio%29%22/DTRELEVANCIA%20desc/0. Acesso em: 13 nov. 2024.

CAPÍTULO 17

EXIGÊNCIA DE VISTORIA PRÉVIA

Como regra, não deve ser exigida a visita técnica prévia, por gerar custos para o licitante, podendo ser entendida, assim, como uma exigência que contraria o princípio da competitividade (Lei nº 14.133/2021, art. 63). Ao revés, trata-se de um direito do licitante. Se quiser realizar a vistoria, terá direito a fazê-lo, mas não poderá ser obrigado a isso. Assim, a mera declaração do licitante de que conhece o local onde será executada a obra/serviço deve ser aceita em substituição à vistoria (art. 63, §3º).

Em havendo alguma circunstância técnica especial, no entanto, tal exigência poderá ser feita, mediante prévia justificativa nos autos do processo. Circunstância técnica, repetimos, que exija o prévio conhecimento por parte dos interessados, sob pena do risco de, não a conhecendo, elaborarem uma proposta que acabe por se tornar impossível de executar. Mesmo nessa situação, a declaração assinada pelo responsável técnico declarando conhecimento pleno das condições e peculiaridades é suficiente para suprir a necessidade da vistoria.

Tal condição já era pacificada na jurisprudência do TCU. Citamos, em seguida, alguns excertos de deliberações do Tribunal:

> 28. No entanto, tal exigência não foi expressamente justificada. É que a vistoria ao local das obras até é admitida, mas somente deve ser exigida quando for imprescindível ao cumprimento adequado das obrigações contratuais, o que deve ser justificado e demonstrado pela Administração no processo de licitação. O que a Lei 8.666/93 prevê, em seu art. 30, inciso III, é a comprovação, quando exigido, de que tomou conhecimento de todas as informações e das condições locais para o cumprimento

das obrigações objeto da licitação. Entende ainda esta Corte, de forma pacífica (Acórdãos 372/2015, 341/2015, 3291/2014 e 2826/2014, todos do Plenário, entre outros), que, para atendimento ao citado dispositivo legal, é suficiente a declaração do licitante de que possui pleno conhecimento do objeto. A exigência da visita ao local da obra é admitida apenas quando for imprescindível e devidamente justificado pela administração, o que não restou demonstrado na presente situação.[57]

10. Cabe destacar que a jurisprudência do TCU é no sentido de que a vistoria ao local somente deve ser exigida quando imprescindível e, mesmo assim, que o edital preveja a possibilidade de substituição de tal atestado por declaração do responsável técnico de que possui pleno conhecimento do objeto (Acórdãos nº 2.990/2010, 2.913/2014, 234/2015, 372/2015, todos do Plenário).[58]

Além da justificativa formal nos autos do processo, em relação à vistoria prévia, deve ser observado que o prazo final para realização da visita é o dia útil imediatamente anterior ao da realização da sessão pública da licitação, não podendo, sob nenhuma hipótese, ser fixado prazo anterior a esse. Estabelecer prazo inferior significaria diminuir o prazo de publicidade, que a Lei estabelece em termos mínimos. Exemplo: em uma Concorrência do tipo "menor preço", foi estabelecido o prazo de publicidade de 10 dias úteis, que é o mínimo legal para obras comuns. Imagine-se que o edital tenha estabelecido que a vistoria prévia deva ser realizada até o quinto dia útil de publicidade. Quem não o fizesse estaria impedido de participar da licitação. Ora, então o prazo de publicidade teria sido reduzido para 5 dias úteis, o que seria uma ilegalidade, vício insanável.

De outra banda, devem ser igualmente observadas as seguintes condições:

1. A visita técnica deve ser previamente agendada, por meio de um número de telefone indicado no edital. Isso evitará que os licitantes se encontrem previamente à sessão pública de abertura da licitação, a chamada visita conjunta, que poderia proporcionar àqueles de má-fé a oportunidade de, por

---

[57] Idem. *Acórdão nº 655/16-P*. Disponível em: https://pesquisa.apps.tcu.gov.br/documento/acordao-completo/665%252F2016/%2520/DTRELEVANCIA%2520desc%252C%2520NUMACORDAOINT%2520desc/0. Acesso em: 13 nov. 2024.

[58] Idem. *Acórdão nº 212/17-P*. Disponível em: https://pesquisa.apps.tcu.gov.br/documento/acordao-completo/212%252F2017/%2520/DTRELEVANCIA%2520desc%252C%2520NUMACORDAOINT%2520desc/0. Acesso em: 13 nov. 2024.

meio de um conluio, fazerem um acerto que prejudicaria o interesse público, colocando em risco o erário. Desse modo, as visitas devem ser agendadas previamente, de tal modo que os interessados não se encontrem.

2. O representante da administração deve acompanhar a visita, até para confirmar a sua realização, nos casos em que ela seja obrigatória. Não poderá, no entanto, responder, naquele momento, a qualquer pergunta que lhe seja formulada e que possa ter implicações na formulação da proposta. Perguntas geradas por dúvidas que os interessados possam ter devem ser formuladas por escrito. Isso permitirá à administração distinguir duas situações:

a) Existem dúvidas absolutamente pessoais, que devem ser respondidas exclusivamente a quem formulou as perguntas, não implicando qualquer alteração editalícia. A resposta constará dos autos do processo, que é público e acessível a todos, mas não precisará ser divulgada em meios oficiais, por representar apenas uma dificuldade de entendimento.

b) Outras perguntas podem proporcionar à administração o convencimento de que o instrumento convocatório não é claro, gerando dúvidas que, se não forem sanadas, podem criar embaraços no julgamento das propostas ou dos documentos de habilitação. Nesse caso, além de responder ao consulente, deve a administração providenciar a alteração do edital, de modo a eliminar a dúvida que está sendo gerada. Vale lembrar que, como regra, a alteração deve implicar reabertura do prazo inicialmente fixado, salvo, como exceção, as comprovadas situações em que a alteração não trará qualquer alteração à formulação da proposta, como bem dispõe o art. 55, §1º, da Lei nº 14.133/2021. Observe-se que a Lei fala em "formulação" da proposta, que não deve ser confundida com o seu conteúdo. Pode, por exemplo, uma alteração em exigência de habilitação não implicar qualquer alteração no conteúdo da proposta, mas ser fundamental para a sua elaboração. Nesse sentido, como exemplo, trazemos à colação Acórdão do TCU:

> Na verdade, o pregoeiro interpretou equivocadamente o comando legal, que menciona *"formulação de propostas"* e não *"conteúdo das propostas"*.

Evidentemente, a supressão de exigências de habilitação, pode-se afirmar, não afetaria o conteúdo das propostas já formuladas ou na iminência de serem apresentadas, mas, como entende o pregoeiro, facilitaria a entrada de mais fornecedores. Exatamente por isso, deveria o edital ser republicado, de forma a permitir a "formulação de propostas" por empresas que não intencionavam fazê-lo por serem afetadas por exigência constante do edital e que veio a ser suprimida na véspera da apresentação, modificação a qual não foi dada a devida divulgação, em correto cumprimento ao que dispõem o art. 21, §4º, da Lei nº 8.666/1993 e o art. 20 do Decreto nº 5.450/2005[59] (grifo nosso).

---

[59] Idem. *Acórdão nº 2.179/11-P*. Disponível em: https://pesquisa.apps.tcu.gov.br/documento/acordao-completo/2179%252F2011/%2520/DTRELEVANCIA%2520desc%252C%2520NUMACORDAOINT%2520desc/0. Acesso em: 13 nov. 2024.

CAPÍTULO 18

DEFINIÇÃO DOS PRAZOS DE EXECUÇÃO E DE VIGÊNCIA

A minuta do instrumento contratual, parte integrante do edital, como anexo obrigatório, deverá estabelecer, de forma distinta, o prazo de execução e o prazo de vigência da obra/serviço de engenharia a ser contratado.

O prazo de execução será definido de acordo com o cronograma físico-financeiro da obra. Esse prazo determina a responsabilidade do contratado perante a administração contratante. Se o contratado atrasar a execução, por culpa exclusiva dele, estará sujeito à aplicação de penalidades, na forma prevista no edital.

O prazo de vigência deverá ser superior ao prazo de execução em cerca de 180 dias. Após a execução, o contratado deverá corrigir todos os vícios ocultos que vieram a ser constatados por ocasião do recebimento provisório e do recebimento definitivo, além de providenciar as ligações definitivas (energia, água, telefone e gás), o competente habite-se da obra e a certidão negativa de débitos previdenciários específica para o registro da obra junto ao Cartório de Registro de Imóveis.

No caso de serviços de engenharia, essa diferença entre o prazo de vigência e o prazo de execução poderá ser menor, considerando-se os documentos que serão exigidos, mas recomenda-se que nunca seja inferior a 100 dias.

Deve ser observado que, em tese, ultrapassado o prazo de vigência do contrato, a execução da obra não poderia continuar, pois constituiria recontratação sem licitação, situação que não encontra amparo na legislação vigente. Não podemos esquecer, no entanto, que o contrato de obra é classificado como contrato de escopo, que só poderá ser considerado encerrado quando o objeto estiver completamente executado. Nesse sentido, encontramos na nova Lei uma interessante disposição, constante do art. 111:

> Art. 111. Na contratação que prever a conclusão de escopo predefinido, o prazo de vigência será automaticamente prorrogado quando seu objeto não for concluído no período firmado no contrato.
> Parágrafo único. Quando a não conclusão decorrer de culpa do contratado:
> I – o contratado será constituído em mora, aplicáveis a ele as respectivas sanções administrativas;
> II – a Administração poderá optar pela extinção do contrato e, nesse caso, adotará as medidas admitidas em lei para a continuidade da execução contratual.

Utilizada essa disposição, a administração deverá, imediatamente, providenciar a formalização da prorrogação do prazo de vigência. Se não o fizer, passaremos a ter um contrato com vigência indeterminada, o que é vedado, como se entende da interpretação das disposições do art. 109, que permite essa situação somente para os contratos em que a administração seja usuária de serviço público oferecido em regime de monopólio.

Quando se tratar de um serviço continuado de engenharia, no entanto, não se admitirá a ultrapassagem do prazo de vigência sem a devida formalização de sua prorrogação. Nesse caso, não parece haver qualquer tipo de dúvida: ultrapassada a vigência, o contrato estará encerrado.

Para os serviços contínuos, aliás, temos mais uma novidade na nova norma legal, que consta dos seus arts. 106 e 107, *in verbis*:

> Art. 106. A Administração poderá celebrar contratos com prazo de até 5 (cinco) anos nas hipóteses de serviços e fornecimentos contínuos, observadas as seguintes diretrizes:
> I – a autoridade competente do órgão ou entidade contratante deverá atestar a maior vantagem econômica vislumbrada em razão da contratação plurianual;
> II – a Administração deverá atestar, no início da contratação e de cada exercício, a existência de créditos orçamentários vinculados à contratação e a vantagem em sua manutenção;
> III – a Administração terá a opção de extinguir o contrato, sem ônus, quando não dispuser de créditos orçamentários para sua continuidade ou quando entender que o contrato não mais lhe oferece vantagem.

§1º A extinção mencionada no inciso III do *caput* deste artigo ocorrerá apenas na próxima data de aniversário do contrato e não poderá ocorrer em prazo inferior a 2 (dois) meses, contado da referida data.

Art. 107. Os contratos de serviços e fornecimentos contínuos poderão ser prorrogados sucessivamente, respeitada a vigência máxima decenal, desde que haja previsão em edital e que a autoridade competente ateste que as condições e os preços permanecem vantajosos para a Administração, permitida a negociação com o contratado ou a extinção contratual sem ônus para qualquer das partes.

Assim, um contrato, por exemplo, de serviço contínuo de manutenção predial poderá ter um prazo inicial de até 5 anos, que pode ser de uma só vez ou por meio de prorrogações, e, se previsto no edital e desde que atestada a vantajosidade em termos de condições de execução e preço, podem, ainda, ser prorrogados até atingir o total de 10 anos, agora por meio de prorrogações sucessivas.

CAPÍTULO 19

PENALIDADES QUE PODERÃO SER APLICADAS

O edital deverá estabelecer, obrigatoriamente, a possibilidade da aplicação da penalidade de multa ao contratado inadimplente. Nos termos da Lei nº 14.133/2021, assim como já ocorria na vigência da Lei nº 8.666/1993, a multa só poderá ser aplicada se estiver expressamente prevista no edital.

Poderão ser utilizados dois tipos de multa: a moratória e a compensatória. A primeira destina-se a punir o contratado que estiver em atraso no cumprimento de suas obrigações contratuais, quando esse atraso, apurado adequadamente, tiver como origem exclusivamente a culpa do próprio contratado. A segunda destina-se a compensar a administração pelos prejuízos decorrentes da inexecução total da obrigação (perdas e danos).

Discute-se no âmbito doutrinário a possibilidade de a administração estabelecer esses dois tipos de multa. Alegam os contrários que isso seria uma espécie de *bis in idem*, ou seja, aplicar duas penalidades por uma falha cometida pelo contratado. Entendemos contrariamente.

A multa de mora objetiva punir o contratado pelo atraso na execução de suas obrigações, quando esse atraso decorrer exclusivamente de sua culpa. Já a multa compensatória tem outro objetivo: compensar a administração contratante pelos prejuízos decorrentes do atraso.

Por exemplo, o contrato firmado pode estabelecer o prazo de execução em dois anos. Por culpa própria, o contratado atrasa essa execução, devendo, então, mediante o devido processo de apuração de responsabilidade, ser punido pelo descumprimento de uma obrigação contratual.

Imaginemos, agora, que essa obra se destinará à instalação de uma dependência da administração que gerará uma arrecadação legal qualquer. O atraso na execução da obra implicará o atraso, também, na instalação dessa dependência, gerando, consequentemente, prejuízos ao erário. Esses prejuízos poderão ser compensados por meio da aplicação da multa compensatória.

São, portanto, dois fatos distintos, gerando duas penalidades distintas. Nesse sentido, já temos posicionamento do Superior Tribunal de Justiça (STJ):

> 14 – Já aí se percebe que existem essencialmente *dois tipos diferentes de cláusula penal*: aquela vinculada ao descumprimento (total) da obrigação, e aquela que incide na hipótese de mora (descumprimento parcial). A primeira é designada pela doutrina como *compensatória*, a segunda como *moratória*[60] (grifos nossos).

Em relação ao percentual de multa que pode ser aplicada, a nova Lei trouxe uma disposição mais objetiva que o ordenamento jurídico anterior, o que se estende, também, aos demais tipos de penalidades. No seu art. 155, a Lei trouxe a relação das infrações que, cometidas por licitantes ou contratados, podem gerar a aplicação de penalidades e, no artigo seguinte, discriminou quais penalidades podem ser aplicadas, relacionando-as aos incisos do art. 155. Em relação especificamente à multa, assim dispõe a Lei:

> Art. 156. (...)
> (...)
> §3º A sanção prevista no inciso II do *caput* deste artigo, calculada na forma do edital ou do contrato, não poderá ser inferior a 0,5% (cinco décimos por cento) nem superior a 30% (trinta por cento) do valor do contrato licitado ou celebrado com contratação direta e será aplicada ao responsável por qualquer das infrações administrativas previstas no art. 155 desta Lei.

---

[60] Idem. Superior Tribunal de Justiça. *RE nº 1.355.554-RJ (2012/0098185-2)*. Disponível em: www.jusbrasil.com.br/jurisprudencia/stj/865276523/inteiro-teor-865276539. Acesso em: 13 nov. 2024.

As demais penalidades que poderão ser aplicadas estão expressamente previstas no *caput* do art. 156:

> Art. 156. Serão aplicadas ao responsável pelas infrações administrativas previstas nesta Lei as seguintes sanções:
> I – advertência;
> II – multa;
> III – impedimento de licitar e contratar;
> IV – declaração de inidoneidade para licitar ou contratar.

Discute-se, muitas vezes, a possibilidade de participação em licitações de licitantes que estejam cumprindo penalidade de suspensão temporária ou declaração de inidoneidade, penalidades essas que não tenham sido aplicadas especificamente pelo órgão que, naquele momento, é o responsável pela realização da licitação.

A respeito da suspensão temporária, prevista no art. 87, inc. III, da antiga Lei nº 8.666/1993, encontrávamos entendimentos divergentes sobre a extensão desse tipo de penalidade. O STJ entendia que ela produzia efeitos em toda a administração pública, independentemente da esfera do órgão que a aplicou, impedindo, dessa forma, a participação em licitações. Nesse sentido:

> ADMINISTRATIVO. SUSPENSÃO DE PARTICIPAÇÃO EM LICITAÇÕES. MANDADO DE SEGURANÇA. ENTES OU ÓRGÃOS DIVERSOS. EXTENSÃO DA PUNIÇÃO PARA TODA A ADMINISTRAÇÃO.
> 1. A punição prevista no inciso III do art. 87 da Lei 8.666/1993 *não produz efeitos somente em relação ao órgão ou ente federado que determinou a punição*, mas a toda a Administração Pública, pois, caso contrário, permitir-se-ia que empresa suspensa contratasse novamente durante o período de suspensão, tirando desta a eficácia necessária (grifo nosso).[61]

Diferente, no entanto, era o entendimento do TCU. Para esse Tribunal, essa penalidade produzia efeitos exclusivamente em

---

[61] Idem. REsp 151567 – 2ª Turma. Rel. Min. Francisco Peçanha Martins. Disponível em: https://processo.stj.jus.br/processo/revista/inteiroteor/?num_registro=199700732487&dt_publicacao=14/04/2003. Acesso em: 13 nov. 2024.

relação ao órgão/entidade que a aplicou. No enunciado do Acórdão nº 2.242/13-P, encontramos:

> Representação. Responsabilidade. Alcance de sanções de suspensão de contratação com a administração. A sanção prevista no art. 87, inciso III, da Lei 8.666/93 produz efeitos apenas em relação ao órgão ou entidade sancionador, enquanto a prevista no art. 7º da Lei 10.520/02 produz efeitos no âmbito do ente federativo que a aplicar. Ciência.[62]

Como vemos, o TCU distinguia as penalidades de suspensão temporária previstas nas Leis nº 8.666/1993 e 10.520/2002. Pessoalmente, sempre entendemos que assistia razão ao TCU.

Pacificado está agora o debate. A NLLC é muita clara ao dispor que a penalidade de impedimento de licitar e contratar impedirá o apenado de participar de licitações e mesmo de ser contratado diretamente em toda a administração direta e indireta do ente federativo que a tiver aplicado. Já a penalidade de declaração de inidoneidade produz efeitos no âmbito de toda a administração pública brasileira, direta e indireta, englobando, portanto, todos os entes federativos.

Novidade no mundo das licitações e dos contratos administrativos temos no art. 160 da nova Lei:

> Art. 160. A personalidade jurídica poderá ser desconsiderada sempre que utilizada com abuso do direito para facilitar, encobrir ou dissimular a prática dos atos ilícitos previstos nesta Lei ou para provocar confusão patrimonial, e, nesse caso, todos os efeitos das sanções aplicadas à pessoa jurídica serão estendidos aos seus administradores e sócios com poderes de administração, a pessoa jurídica sucessora ou a empresa do mesmo ramo com relação de coligação ou controle, de fato ou de direito, com o sancionado, observados, em todos os casos, o contraditório, a ampla defesa e a obrigatoriedade de análise jurídica prévia.

A desconsideração da personalidade jurídica, anteriormente prevista tanto na Lei nº 8.078, de 11 de setembro de 1990, conhecida como Código de Defesa do Consumidor, no art. 28, *caput*, e §5º,

---

[62] Idem. Tribunal de Contas da União. *Acórdão nº 2.242/13-P*. Disponível em: https://pesquisa.apps.tcu.gov.br/documento/acordao-completo/2242%252F2013/%2520/DTRELEVANCIA%2520desc%252C%2520NUMACORDAOINT%2520desc/0. Acesso em: 13 nov. 2024.

como no Código Civil Brasileiro (Lei nº 10.406/2002), no art. 50, está, agora, expressamente prevista na lei geral de licitações e contratos administrativos. Fica estabelecida, assim, a possibilidade de, aplicada penalidade a uma pessoa jurídica, estender seus efeitos aos seus administradores e sócios com poderes de administração, à pessoa jurídica sucessora ou à empresa do mesmo ramo com relação de coligação ou controle, de fato ou de direito, com o sancionado.

Trata-se de medida salutar para melhorar o ambiente das contratações públicas, de forma a permitir que sejam dele escoimados aqueles que pratiquem atos inidôneos.

CAPÍTULO 20

POSSIBILIDADE DE SUBCONTRATAÇÃO NAS OBRAS PÚBLICAS

A Lei nº 14.133/2021 prevê expressamente a possibilidade de subcontratação parcial dos contratos administrativos – disposição absolutamente racional, uma vez que, na engenharia praticada em qualquer país desenvolvido do mundo, o procedimento é adotado rotineiramente. De forma realista, as empreiteiras de obras são, hoje em dia, grandes montadoras, que se responsabilizam pela execução da obra, mas que transferem para terceiros a produção de grande parte dos insumos a serem nela utilizados. Com a especialização que vem sendo aplicada, cada vez mais, dentro da engenharia, é difícil encontrar algum empreiteiro que consiga atender todas as diferentes necessidades apresentadas em uma obra, e isso nem lhe seria interessante do ponto de vista econômico.

Assim dispõe a Lei:

Art. 122. Na execução do contrato e sem prejuízo das responsabilidades contratuais e legais, o contratado poderá subcontratar partes da obra, do serviço ou do fornecimento até o limite autorizado, em cada caso, pela Administração.

§1º O contratado apresentará à Administração documentação que comprove a capacidade técnica do subcontratado, que será avaliada e juntada aos autos do processo correspondente.

§2º Regulamento ou edital de licitação poderão vedar, restringir ou estabelecer condições para a subcontratação.

§3º Será vedada a subcontratação de pessoa física ou jurídica, se aquela ou os dirigentes desta mantiverem vínculo de natureza técnica, comercial, econômica, financeira, trabalhista ou civil com dirigente do órgão ou entidade contratante ou com agente público que desempenhe função na licitação ou atue na fiscalização ou na gestão do contrato, ou se deles forem cônjuge, companheiro ou parente em linha reta, colateral, ou por afinidade, até o terceiro grau, devendo essa proibição constar expressamente do edital de licitação.

É vedada a subcontratação total, como se entende das disposições do *caput* do art. 122, que dispõe sobre a possibilidade de subcontratação de *partes* do objeto, estabelecendo, inclusive, que a administração deverá fixar, em cada caso, o limite admitido.

A questão que se põe é sobre a necessidade ou não de expressa previsão editalícia a respeito da subcontratação. Poderia ela ser aplicada mesmo quando o edital for omisso em relação ao assunto? Ou necessitaria de expressa previsão para poder ser aplicada? Posicionamo-nos na segunda corrente: sem previsão no edital, a subcontratação será vedada. Ora, se a administração deve expressamente estabelecer o limite admitido, sem tal consideração no edital devemos entender que estará vedada.

Na jurisprudência do TCU, ainda relativa à legislação anterior, encontramos deliberação em sentido contrário, a saber:

> 1. A subcontratação parcial de serviços contratados *não necessita ter expressa previsão no edital ou no contrato*, bastando apenas que não haja expressa vedação nesses instrumentos, entendimento que se deriva do art. 72 da Lei 8.666/1993 e do fato de que, na maioria dos casos, a possibilidade de subcontratação deve atender a uma conveniência da administração[63] (grifo nosso).

Não parecia ser esse, no entanto, o entendimento que vinha prevalecendo nas deliberações mais recentes. A Corte já vinha se posicionando no sentido de que, em não havendo expressa permissão, a subcontratação, mesmo parcial, estaria vedada. Nesse sentido:

> 1.6.1. dar ciência à (*omissis*) sobre as seguintes impropriedades identificadas na análise dos certames licitatórios RDC Presenciais 2/2017, 3/2017, 4/2017, 5/2017, 6/2017 e 7/2017:

---

[63] *Idem. Acórdão nº 5.532/10-1ª Câmara*. Disponível em: https://pesquisa.apps.tcu.gov.br/documento/acordao-completo/5532%252F2010/%2520/DTRELEVANCIA%2520desc%252C%2520NUMACORDAOINT%2520desc/0. Acesso em: 13 nov. 2024.

(...)
1.6.1.2. *ausência de previsão editalícia sobre quais serviços podem ser subcontratados*, e em que condições, podendo dar causa à exigência de atestados de capacidade técnica para a subcontratação de serviços que demandem menor especialização ou experiência pretérita, prática contrária ao entendimento consolidado na Súmula 263 do TCU (...)[64] (grifo nosso).

Situação interessante é aquela na qual o instrumento convocatório prevê expressamente a possibilidade de subcontratação de determinada parcela da obra licitada, mas, ao mesmo tempo, exige qualificação técnica para execução dessa parcela, considerada relevante tecnicamente e de valor significativo. Ora, se a subcontratação é permitida, como saber, no momento da realização do certame licitatório, quem executará a parcela? A própria empreiteira contratada poderá executá-la diretamente (pois a subcontratação não é imposta, apenas permitida) ou poderá passar a executar para um terceiro subcontratado. Assim, como exigir capacitação para execução da parcela sem saber quem a executará? Haveria sentido inabilitar determinado licitante por não ter comprovado capacidade técnica para executar determinada parcela da obra que poderá ser executada por terceiro? Parece evidente que não.

Em relação a esse tópico, a Lei nº 14.133/2021 trouxe duas disposições muito interessantes, que vieram ao encontro do entendimento pelo qual sempre propugnamos. A primeira é a possibilidade de ser exigida, já na licitação, a indicação do potencial subcontratado:

> Art. 67. (...)
> (...)
> §9º O edital poderá prever, para aspectos técnicos específicos, que a qualificação técnica seja demonstrada por meio de atestados relativos a potencial subcontratado, limitado a 25% (vinte e cinco por cento) do objeto a ser licitado, hipótese em que mais de um licitante poderá apresentar atestado relativo ao mesmo potencial subcontratado.

---

[64] Idem. *Acórdão de Relação nº 8.529/17-2ª Câmara*. Disponível em: https://pesquisa.apps.tcu.gov.br/documento/acordao-completo/8529%252F2017/%2520/DTRELEVANCIA%2520desc%252C%2520NUMACORDAOINT%2520desc/0. Acesso em: 13 nov. 2024.

Nessa situação, a administração exigirá, já no momento da realização da licitação, a comprovação de qualificação técnica do subcontratado para a realização de parcelas específicas. A Lei estabeleceu o percentual máximo de 25% para essa subcontratação.

A outra disposição é a que consta do 122, em seu §1º. Nesse caso, já durante a execução do contrato e no momento em que a parcela passível de subcontratação tiver que ser executada, a administração indagará do contratado o procedimento que pretende adotar: executar diretamente a parcela (pois a subcontratação é apenas uma possibilidade, e não uma imposição) ou subcontratar sua execução. Em qualquer das hipóteses, o *contratado* (a Lei foi clara ao distingui-lo do licitante) deverá apresentar documentação que comprove a qualificação técnica exigida no edital para essa parcela específica. Repetimos: as exigências de qualificação já constarão do edital da licitação, mas só deverão ser apresentadas por ocasião da execução da parcela correspondente.

A favor desse posicionamento, ainda na vigência da legislação anterior, encontramos:

> 9.3.3. exija das contratadas originais, nos casos abrangidos pelo subitem 9.3.2.2 desta decisão ou no caso da subcontratação de parcela da obra para a qual houve solicitação de atestados de qualificação técnica na licitação, como condicionante de autorização para execução dos serviços, *a comprovação de experiência das subcontratadas para verificação de sua capacidade técnica*, disposição essa que deve constar, necessariamente, do instrumento convocatório (...)[65] (grifo nosso).

Outro ponto bastante discutido no ambiente doutrinário é a forma pela qual a administração estabelece no edital a possibilidade da subcontratação. Existem dois entendimentos distintos. Pelo primeiro, a administração deve fixar no edital um percentual máximo de subcontratação que será admitido, deixando a critério do contratado a escolha das parcelas em que esse percentual será aplicado. Somos contrários a esse entendimento. Explicamos: como

---

[65] Idem. *Acórdão de Relação nº 2.992/11-P*. Disponível em: https://pesquisa.apps.tcu.gov.br/documento/acordao-completo/2992%252F2011/%2520/DTRELEVANCIA%2520desc%252C%2520NUMACORDAOINT%2520desc/0. Acesso em: 13 nov. 2024.

vimos anteriormente, a possibilidade de subcontratação não excluirá as exigências de qualificação técnica. Quem for executar as parcelas passíveis de subcontratação deverá demonstrar qualificação para fazê-lo. Ora, se a administração estabelecer apenas um percentual máximo, deixando o contratado escolher onde vai aplicá-lo, isso praticamente inviabilizará as exigências de qualificação técnica na licitação. Como exigir do licitante comprovação de qualificação sem saber se ele irá executar a parcela ou subcontratá-la?

A outra possibilidade, que adotamos rotineiramente, é estabelecer expressamente no edital a relação das parcelas para as quais a subcontratação será admitida. Aí sim, ou o licitante declara, no certame, que vai executar diretamente, devendo, então, comprovar qualificação para isso, ou apresenta, no certame ou durante a execução contratual, o subcontratado que deverá executá-la, igualmente comprovando, então, a qualificação técnica deste.

Já tratando da NLLC, o TCU assim deliberou em relação à subcontratação:[66]

> 9.3. dar ciência ao Ministério dos Povos Indígenas (MPI) e ao Ministério da Gestão e da Inovação em Serviços Públicos (MGI), com fundamento no art. 9º, incisos I e II, da Resolução – TCU 315/2020, sobre as seguintes falhas, identificadas na Contratação Direta 90002/2024:
>
> 9.3.1. a ausência de especificação atualizada, particularmente no Termo de Referência e no termo de contrato firmado, dos Regulamentos Brasileiros da Aviação Civil (RBAC) aplicáveis à contratada e às eventuais subcontratadas, contraria o requisito da clareza e os princípios da transparência e da segurança jurídica; e
>
> 9.3.2. a falta de verificação, em relação às empresas subcontratadas, do cumprimento aos requisitos previstos no subitem 8.3.10.5 do Termo de Referência, especialmente quanto à comprovação de experiência na execução de serviços de complexidade tecnológica e operacional equivalente ou superior, proporcionalmente à respectiva subcontratação, contraria o art. 122, §1º, da Lei 14.133/2021, os princípios da vinculação ao instrumento convocatório, da legalidade, da eficiência e da segurança jurídica, e os Acórdão 1998/2008-TCU-Plenário, 2.992/2011-Plenário e 2.021/2020-Plenário;

---

[66] Idem. *Acórdão nº 963/24-P*. Disponível em: https://pesquisa.apps.tcu.gov.br/documento/acordao-completo/963%252F2024/%2520/DTRELEVANCIA%2520desc%252C%2520NUMACORDAOINT%2520desc/0. Acesso em: 11 jun. 2024.

Nas hipóteses de subcontratação parcial expressamente admitida no instrumento convocatório, o responsável perante a administração continuará sendo o contratado. Assim, se ocorrer alguma falha na execução por culpa do subcontratado, a administração não irá acioná-lo diretamente para fazer a devida correção. Acionará, isso sim, o contratado principal, cabendo a este demandar o subcontratado para a correção devida.

Existe, no entanto, uma situação muito discutida na doutrina. É a subcontratação de uma microempresa ou empresa de pequeno porte, constante da Lei Complementar nº 123, de 14 de dezembro de 2006, art. 48, que assim dispõe:

> Art. 48. Para o cumprimento do disposto no art. 47 desta Lei Complementar, a administração pública:
> (...)
> II – poderá, em relação aos processos licitatórios destinados à aquisição de obras e serviços, exigir dos licitantes a subcontratação de microempresa ou empresa de pequeno porte;

Trata-se de uma subcontratação que será imposta pela administração pública, ao contrário daquela prevista na Lei nº 14.133/2021, que é uma subcontratação facultativa. Nesse caso, a LC nº 123/2006, no §2º do mesmo art. 48, prevê, inclusive, a possibilidade de os pagamentos realizados pela administração serem destinados diretamente à microempresa ou empresa de pequeno porte subcontratada. Desse modo, se ocorrer alguma falha na execução por parte da subcontratada microempresa ou empresa de pequeno porte, a quem a administração deveria acionar? Considerando que a subcontratação foi imposta, não sendo, portanto, uma escolha da contratada principal, poderia a administração responsabilizar diretamente a subcontratada? Entendemos que não. Apesar da imposição, essa subcontratação não será, em nenhuma hipótese, uma surpresa para a adjudicatária da licitação, contratada principal. Ao participar do certame, ela já saberá que, em sendo declarada vencedora e contratada, terá a obrigação de subcontratar uma parcela da obra ou do serviço junto a uma microempresa/empresa de pequeno porte, que será escolhida por ela. Desse modo, continuamos entendendo que a responsabilidade perante a administração será da contratada principal, cabendo a ela, se quiser, regressar contra a subcontratada sempre que algum prejuízo lhe for causado.

CAPÍTULO 21

CONDIÇÕES A SEREM OBSERVADAS NO JULGAMENTO DAS PROPOSTAS NAS LICITAÇÕES

Basicamente, o julgamento das propostas nas licitações em geral deve ser realizado de acordo com as disposições dos arts. 59 a 61 da Lei nº 14.133/2021. No caso específico de licitações cujo objeto seja uma obra ou um serviço de engenharia, algumas condições adicionais devem ser observadas. O art. 59 da nova Lei assim dispõe:

> Art. 59. Serão desclassificadas as propostas que:
> I – contiverem vícios insanáveis;
> II – não obedecerem às especificações técnicas pormenorizadas no edital;
> III – apresentarem preços inexequíveis ou permanecerem acima do orçamento estimado para a contratação;
> IV – não tiverem sua exequibilidade demonstrada, quando exigido pela Administração;
> V – apresentarem desconformidade com quaisquer outras exigências do edital, desde que insanável.
> §1º A verificação da conformidade das propostas poderá ser feita exclusivamente em relação à proposta mais bem classificada.
> §2º A Administração poderá realizar diligências para aferir a exequibilidade das propostas ou exigir dos licitantes que ela seja demonstrada, conforme disposto no inciso IV do *caput* deste artigo.
> §3º No caso de obras e serviços de engenharia e arquitetura, para efeito de avaliação da exequibilidade e de sobrepreço, serão considerados o preço global, os quantitativos e os preços unitários tidos como relevantes, observado o critério de aceitabilidade de preços unitário e global a ser fixado no edital, conforme as especificidades do mercado correspondente.

Claramente, a Lei dividiu o julgamento das propostas em duas fases. Na primeira, devem ser examinadas as chamadas condições gerais e técnicas das propostas, como sejam, o objeto ofertado, o atendimento aos prazos e todas as demais condições estabelecidas no edital. Nessa fase, o único elemento da proposta que não deve ser analisado é o valor ofertado; este será examinado na segunda fase.

Em relação ao inc. I do art. 59, deverá ser considerado aspecto relevante.

Embora não seja uma novidade trazida ao ordenamento jurídico, por já ter constado anteriormente da Lei nº 12.462/2011 (RDC), não tínhamos disposição semelhante na Lei nº 8.666/1993. Essa novidade consolida jurisprudência que foi sendo construída pelo TCU ao longo de alguns anos. Tem por objetivo primordial o atendimento aos princípios da supremacia do interesse público e da seleção da proposta mais vantajosa para a administração. Nesse sentido, não devem ser afastados do certame licitantes que tenham oferecido propostas que contenham falhas, mas cujos vícios podem ser sanados sem prejudicar a essência do processo licitatório.

Muitas vezes, no passado, a administração desclassificou propostas em licitações por simples falhas absolutamente irrelevantes. Nada era perdoado, como se a própria administração não cometesse falhas. Não é esse o objetivo primordial dos certames licitatórios. Busca-se selecionar, como deixa claro a legislação vigente, a proposta que seja mais favorável ao atendimento do interesse público. Se ela tem algum vício irrelevante, que se determine ao seu autor a correção desse vício. Isso não implica qualquer favorecimento na medida em que a regra, claramente disposta no instrumento convocatório, será aplicada em favor de qualquer licitante que nela esteja enquadrado.

Não se exija perfeição, pois esta, como regra, implicaria deixar de lado o interesse público, causando prejuízos ao erário. Os servidores da administração são, hoje, julgados pela Corte de Contas em razão do comportamento que se espera de um homem médio. Não se exige que sejam perfeitos. Da mesma forma, a administração não deve exigir perfeição dos licitantes. Temos, como exemplo, as seguintes deliberações:

> 11. Sobre os atos praticados com culpa, importa ressalvar aqueles que apesar de resultar em falha, restar comprovado que foram adotadas as precauções e medidas normativas e legais que se esperaria de um

homem médio. Nesse caso, não obstante a culpa do agente, entendo que os atos podem estar cobertos pelo seguro em questão.[67]

Evidentemente espera-se não haver diferenças entre a informação posta na planilha e aquela exigida pela lei ou pelo acordo. Mas, e se houver? Só há duas alternativas, cuja validade cabe discutir:

1ª) acata-se a proposta, mas o proponente tem que suportar o ônus do seu erro (que resulta em uma oferta menos competitiva, se o valor informado for maior que o exigido, ou em uma redução da margem de lucro inicialmente esperada, na situação inversa); ou

2ª) desclassifica-se a proposta sumariamente, o que não deixa de ser uma medida drástica, se considerarmos que a licitação não é um fim em si mesma, mas meio para a Administração selecionar a oferta que lhe for mais vantajosa, dentro dos limites de atuação estabelecidos pelo legislador.

Dentre essas alternativas, a SAA optou pela primeira: mantém a proposta, se verificar que, mesmo com a diminuição do lucro, a oferta ainda é exequível.

Essa decisão nos parece válida, já que: 1º) o proponente continuará sujeito a cumprir a lei e os acordos firmados; sua declaração contida na planilha não tem a faculdade de afastar a incidência dessas obrigações; 2º) os valores globais propostos não poderão ser modificados; a proposta obriga o proponente, a quem cabe assumir as consequências de seus atos; e 3º) o procedimento previsto não fere a isonomia entre os licitantes: todos estarão sujeitos à mesma regra previamente estipulada no edital.[68]

Observe-se que este último Acórdão é bastante antigo, constituindo quase um marco inicial na construção dessa nova jurisprudência a respeito de julgamento de propostas que contenham vícios sanáveis, agora consolidada na nova Lei.

Outra questão relevante a ser observada é referente à exequibilidade dos preços nas propostas. Assim dispõe a Lei nº 14.133/2021, na continuação do mesmo art. 59:

Art. 59. Serão desclassificadas as propostas que:
(...)
§4º No caso de obras e serviços de engenharia, serão consideradas inexequíveis as propostas cujos valores forem inferiores a 75% (setenta e cinco por cento) do valor orçado pela Administração.

---

[67] Idem. *Acórdão de Relação nº 176/2017-P*. Disponível em: https://pesquisa.apps.tcu.gov.br/documento/acordao-completo/3116%252F2013/%2520/DTRELEVANCIA%2520desc%252C%2520NUMACORDAOINT%2520desc/0. Acesso em: 21 nov. 2024.

[68] Idem. *Acórdão de Relação nº 577/01-P*. Disponível em: https://pesquisa.apps.tcu.gov.br/documento/acordao-completo/557%252F2001/%2520/DTRELEVANCIA%2520desc%252C%2520NUMACORDAOINT%2520desc/0. Acesso em: 21 nov. 2024.

§5º Nas contratações de obras e serviços de engenharia, será exigida garantia adicional do licitante vencedor cuja proposta for inferior a 85% (oitenta e cinco por cento) do valor orçado pela Administração, equivalente à diferença entre este último e o valor da proposta, sem prejuízo das demais garantias exigíveis de acordo com esta Lei.

A Lei impõe a desclassificação das propostas que contenham preços globais acima dos referenciais e das que contenham preço global inexequível. Na primeira hipótese, a situação é pacífica. Efetivamente, o preço global de referência é máximo, como detalharemos adiante. Na segunda situação, embora a Lei imponha a desclassificação de propostas que contenham preços inexequíveis, ela mesma teve a cautela de colocar a condição básica para tal: só será desclassificada a proposta se o licitante não conseguir demonstrar que ela é exequível, o que deverá ocorrer por meio de diligência instaurada pela administração. É como se houvesse uma inversão do ônus da prova: não é a administração que vai demonstrar que o valor proposto é inexequível; é o autor da proposta que vai demonstrar que ele é exequível.

Mesmo o critério inserto no §4º do art. 59, aparentemente um critério absoluto, matemático, serve, na realidade, apenas para indicar uma aparente inexequibilidade. Obrigatoriamente, a administração deverá oferecer ao autor da proposta a oportunidade de demonstrar que sua oferta é exequível. Afinal, só ele sabe de suas condições específicas, que podem levar, em determinada situação, à possibilidade de ofertar um preço bem inferior àquele constante do orçamento estimado, e a administração não pode desprezar simplesmente essa oferta, prejudicando o erário. Permita-se ao autor demonstrar que ela é exequível. Se não conseguir fazê-lo, aí sim a proposta será desclassificada.

Na vigência da Lei nº 8.666/1993, que continha disposição semelhante, já tínhamos a Súmula nº 262/2010, do TCU, assim dispondo:

> O critério definido no art. 48, inciso II, §1º, alíneas "a" e "b", da Lei nº 8.666/93 conduz a uma presunção relativa de inexequibilidade de preços, devendo a Administração dar à licitante a oportunidade de demonstrar a exequibilidade da sua proposta.

Com a vigência da nova Lei, surgiu a dúvida, na doutrina pátria, se tal entendimento deveria ser mantido ou se, agora, a regra matemática seria absoluta. Embora tenhamos tido um primeiro entendimento do TCU em sentido contrário, deliberações posteriores e mais recentes caminharam no sentido da manutenção da mesma regra, como vemos, por exemplo:[69]

> 9.3. dar ciência à Universidade Federal Rural de Pernambuco de que o critério definido no art. 59, §4º, da Lei 14.133/2021 conduz a uma presunção relativa de inexequibilidade de preços, devendo a Administração dar à licitante a oportunidade de demonstrar a exequibilidade de sua proposta, nos termos do art. 59, §2º, da mesma lei;

Do Voto do Ministro-Relator nessa deliberação trazemos os seguintes excertos, bem significativos em relação ao tema:

> No caso concreto, verifico que, além do grande número de desclassificações por suposta inexequibilidade, ocorreu também uma diferença substancial de quase 27% entre o valor mínimo aceitável arbitrado pela UFRPE e a mediana das propostas desclassificadas. Referida diferença chama a atenção e induz o questionamento de que é possível que o orçamento-base da licitação esteja superavaliado.
> Além disso, o Tribunal, em sua jurisprudência (Acórdãos 325/2007, 3092/2014, ambos do *Plenário*), apresentou exemplos de estratégias comerciais que podem levar uma empresa a reduzir sua margem de remuneração incluída em sua proposta de preços, a saber: (i) interesses próprios da empresa em quebrar barreiras impostas pelos concorrentes no mercado; ou (ii) incrementar seu portfólio; ou ainda (iii) formar um novo fluxo de caixa advindo do contrato.
> Em outras palavras, ainda que a proposta da licitante tenha sido inferior ao patamar de 75% do valor orçado pela Administração, a empresa pode ter motivos comerciais legítimos para fazê-lo, cabendo à Administração perquiri-los, dando oportunidade ao licitante para demonstrar a exequibilidade do valor proposto.

Como dispõe a Lei nº 14.133/2021, em seu art. 25, o edital deve trazer obrigatoriamente as regras relativas ao julgamento de propostas. Levando em consideração a necessidade da aplicação fática do princípio do julgamento objetivo, expressamente previsto

---

[69] *Idem. Acórdão nº 465/24-P.* Disponível em: https://pesquisa.apps.tcu.gov.br/documento/acordao-completo/465%252F2024/%2520/DTRELEVANCIA%2520desc%252C%2520NUMACORDAOINT%2520desc/0. Acesso em: 13 nov. 2024.

no art. 5º da nova Lei, o edital deverá conter, explicitamente, o critério de aceitabilidade das propostas. Critério objetivo, que retire do seu aplicador qualquer hipótese de aplicar condições subjetivas. No mesmo sentido, o art. 59, §3º, considera necessário avaliar, no julgamento das propostas, para efeito de verificação de exequibilidade e de possível existência de sobrepreço, o preço global, os quantitativos e os preços unitários tidos como relevantes, observados os critérios de aceitabilidade estabelecidos no edital.

A Súmula nº 259/2010, do TCU, traz a primeira condição fundamental:

> Nas contratações de obras e serviços de engenharia, a definição do critério de aceitabilidade dos preços unitários e global, com fixação de preços máximos para ambos, *é obrigação e não faculdade do gestor* (grifo nosso).

Indaga-se: o que seriam preços unitários tidos como relevantes? Entendemos possível utilizar as disposições do art. 67, §1º, que considera relevantes, para efeito de exame da qualificação técnica dos licitantes, parcelas de valor igual ou superior a 4% do valor global de referência.

É obrigatório, nas licitações cujo objeto seja uma obra ou um serviço de engenharia, estabelecer, como critério de aceitabilidade das propostas, o preço máximo aceitável, em termos tanto do valor global como dos preços unitários.

O Decreto Federal nº 7.983/2013 traz as seguintes condições a serem observadas no julgamento das propostas relativas a obras e serviços de engenharia:

> Art. 13. Em caso de adoção dos regimes de empreitada por preço global e de empreitada integral, deverão ser observadas as seguintes disposições para formação e aceitabilidade dos preços:
>
> I – na formação do preço que constará das propostas dos licitantes, poderão ser utilizados custos unitários diferentes daqueles obtidos a partir dos sistemas de custos de referência previstos neste Decreto, desde que o preço global orçado e o de cada uma das etapas previstas no cronograma físico-financeiro do contrato, observado o art. 9º, fiquem iguais ou abaixo dos preços de referência da administração pública obtidos na forma do Capítulo II, assegurado aos órgãos de controle o acesso irrestrito a essas informações; e
>
> II – deverá constar do edital e do contrato cláusula expressa de concordância do contratado com a adequação do projeto que integrar o edital

de licitação e as alterações contratuais sob alegação de falhas ou omissões em qualquer das peças, orçamentos, plantas, especificações, memoriais e estudos técnicos preliminares do projeto não poderão ultrapassar, no seu conjunto, dez por cento do valor total do contrato, computando-se esse percentual para verificação do limite previsto no §1º do art. 65 da Lei nº 8.666, de 1993.
(...)
Parágrafo único. Para o atendimento do art. 11, os critérios de aceitabilidade de preços serão definidos em relação aos preços global e de cada uma das etapas previstas no cronograma físico-financeiro do contrato, que deverão constar do edital de licitação.

Verifica-se, dessas disposições legais, as seguintes regras, a serem adotadas quando aplicados os regimes de preço global:[70]
1. O licitante poderá utilizar, em sua proposta, custos unitários diferentes daqueles utilizados pela administração ao elaborar o seu orçamento estimado, que, em regra, são os constantes dos sistemas oficiais SINAPI ou SICRO. Preço diferente, diz o regulamento. Diferente significa desigual. Essa desigualdade, tendo em vista a inexistência de vedação no Decreto, pode ser para menor (o licitante oferece um valor inferior ao fixado no orçamento da administração) ou superior (caso inverso). É claro que, como o edital deve trazer, obrigatoriamente, o preço unitário máximo, este não poderá ser ultrapassado. Se o edital estabelecer que os preços unitários constantes do orçamento estimado são máximos, a proposta que apresentar valores superiores deve ser desclassificada, em princípio. Contudo, não existe regra legal determinando essa condição. A regra é: o edital deve fixar os preços unitários máximos como critério de aceitabilidade. Preço é diferente de custo. Preço significa custo mais BDI. Ou seja, os preços unitários da administração são, como regra, máximos, mas o custo não. O licitante pode compensar um custo maior com um BDI menor.
2. Dois critérios de aceitabilidade são imperativos. O primeiro é: o preço global orçado pela administração é o *máximo*

---

[70] Embora o Decreto faça referência explícita somente aos regimes de empreitada por preço global e empreitada integral, deve-se, agora, entender que essas disposições são válidas para todos os regimes de preço global.

aceitável. Em nenhuma hipótese poderá o licitante ofertar um valor global (custo mais BDI) superior ao fixado pela administração em seu orçamento estimado. O segundo critério é: o preço de cada uma das etapas previstas no cronograma físico-financeiro, calculado com os valores estabelecidos pela administração em seu orçamento estimado, também é o *máximo* aceitável.

Não existe impedimento para que o licitante apresente, em sua proposta, custos unitários diferentes daqueles constantes do orçamento estimado, desde que os preços unitários sejam iguais ou inferiores aos limites máximos estabelecidos no instrumento convocatório. No entanto, o valor global e o valor de cada etapa do cronograma físico-financeiro, constantes do orçamento da administração, são máximos.

A primeira condição evita que a contratação seja feita com sobrepreço; a segunda evita o chamado "jogo de cronograma", artifício que poderia ser utilizado por licitantes que oferecessem valor global compatível, mas majorando os preços dos serviços incluídos nas primeiras etapas do cronograma. Desse modo, a remuneração, nessas etapas, corresponderia a um valor superior ao desenvolvimento efetivo da obra, trazendo o risco do abandono da execução, com prejuízos ao erário.

Um dos objetivos da Lei, mencionado expressamente no art. 11, é evitar contratações com sobrepreço. Como devemos entender sobrepreço nas contratações de obras e serviços de engenharia? A nova Lei traz a seguinte definição:

> Art. 6º. Para os fins desta Lei, consideram-se:
> (...)
> LVI – sobrepreço: preço orçado para licitação ou contratado em valor expressivamente superior aos preços referenciais de mercado, seja de apenas 1 (um) item, se a licitação ou a contratação for por preços unitários de serviço, seja do valor global do objeto, se a licitação ou a contratação for por tarefa, empreitada por preço global ou empreitada integral, semi-integrada ou integrada;

Observe-se que, no caso de obras executadas por regime de preço global, somente existirá sobrepreço se o valor global for expressivamente superior ao preço referencial de mercado, não se cogitando a existência dessa figura nos preços unitários. Porém, se for utilizado regime de preço unitário, basta que um dos itens da planilha esteja com preço expressivamente superior ao de mercado para que se caracterize a existência do sobrepreço.

Em qualquer momento do julgamento, a administração poderá valer-se das disposições do art. 59, §2º, da Lei nº 14.133/2021, promovendo diligências para esclarecer ou complementar a instrução do processo. Por exemplo, a administração poderá solicitar ao licitante que apresente a sua composição de custos unitários, que ele utilizou na elaboração do orçamento proposto.

Vale lembrar, adicionalmente, determinação constante do já analisado Acórdão nº 1.977/2013-Plenário, do TCU:

> 9.1.5. a proposta ofertada deverá seguir as quantidades do orçamento-base da licitação, cabendo, no caso da identificação de erros de quantitativos nesse orçamento, proceder-se a impugnação tempestiva do instrumento convocatório, tal qual assevera o art. 41, §2º, da Lei 8.666/93 (...).

O licitante *não pode*, em sua proposta, alterar os quantitativos estabelecidos na planilha elaborada pela administração, anexo obrigatório do edital da licitação, mas deve obrigar-se a examinar esses quantitativos, pois terá que adotar uma das seguintes providências: 1. Declarar formalmente, em documento anexado à proposta, que concorda com esse quantitativos, pois estes representam perfeita compatibilidade com os projetos. 2. Impugnar o edital da licitação, utilizando-se das prerrogativas insertas no art. 164 da NLLC.

Em nenhum momento a legislação vigente, especialmente o Decreto Federal nº 7.983/2013, estabelece que o BDI constante do orçamento estimado deve ser considerado como máximo a ser aceito. Como já examinado anteriormente, o BDI é um parâmetro específico de cada empresa, não se podendo, dessa maneira, estabelecer um valor único, que todas sejam obrigadas a praticar.

Em assim sendo, a proposta não deve ser desclassificada por ofertar um BDI acima do estimado. Claro que, se o edital estabelecer essa condição, ela deve ser cumprida, mas não teria sentido fazer tal exigência no instrumento convocatório, considerando-se que o importante para a administração é o valor global que será despendido na obra/serviço (custo mais BDI). Assim, não se pode impedir que o licitante trabalhe em sua proposta com um BDI mais elevado, compensando tal condição com custos unitários mais baixos, de modo que o preço global da proposta seja compatível com o orçado.

Nesse sentido, da jurisprudência do TCU, destacamos:

> 30. O TCU tem considerado que a análise isolada de apenas um dos componentes do preço (custo direto ou BDI) não é suficiente para caracterizar o sobrepreço, pois um BDI contratual elevado pode ser compensado por um custo direto ofertado pela licitante abaixo do paradigma, de forma que o preço do serviço contratado esteja abaixo do preço de mercado. Foi exatamente esse entendimento que constou da ementa do Acórdão 1.551/2008-Plenário, relatado pelo eminente Ministro Augusto Nardes:
>
> "9. Não se admite a impugnação da taxa de BDI consagrada em processo licitatório plenamente válido sem que esteja cabalmente demonstrado que os demais componentes dos preços finais estejam superestimados, resultando em preços unitários completamente dissociados do padrão de mercado. *Na avaliação financeira de contratos de obras públicas, o controle deve incidir sobre o preço unitário final e não sobre cada uma de suas parcelas individualmente (...)".*
>
> 31. Por isso, no relatório que embasou o Acórdão 2.622/2013-Plenário, foi consignado *que as taxas referenciais de BDI não têm por objetivo limitar o BDI das propostas de preços das empresas licitantes,* já que os valores do BDI podem oscilar de empresa para empresa, de acordo com as suas características particulares, tais como: remuneração desejável, situação econômico-financeira, localização e porte da empresa, estrutura administrativa, número de obras em execução, nível de competitividade do mercado etc.
>
> 32. Nesse sentido, durante a fase de licitação, a jurisprudência do TCU entende que *a desclassificação de proposta de licitante que contenha taxa de BDI acima de limites considerados adequados só deve ocorrer quando o preço global ofertado também se revelar excessivo,* dado que a majoração do BDI pode ser compensada por custos inferiores aos paradigmas (Acórdão 1.804/2012-Plenário)[71] (grifos nossos).

Pode-se argumentar que a utilização de um BDI mais elevado poderia trazer prejuízos para a administração por ocasião

---

[71] BRASIL. Tribunal de Contas da União. *Acórdão de Relação nº 548/16-P*. Disponível em: https://pesquisa.apps.tcu.gov.br/documento/acordao-completo/548%252F2016/%2520/DT RELEVANCIA%2520desc%252C%2520NUMACORDAOINT%2520desc/0. Acesso em: 13 nov. 2024.

dos aditivos contratuais. Veremos adiante, no momento em que tratarmos dos aditivos, que essa hipótese é inexistente.

Na temática de julgamento de propostas, encontramos na jurisprudência do TCU interessante deliberação – mais interessante ainda se considerarmos que foi proferida em resposta à consulta, o que lhe dá caráter normativo. Trata-se do Acórdão nº 719/2018-P,[72] com a seguinte decisão:

> 9.2. responder ao consulente que:
>
> 9.2.1. nos certames objetivando a contratação de obras públicas, não há determinação legal que obrigue a Administração Pública a examinar as propostas dos licitantes para observar se estes consideraram nos seus preços as despesas com mão de obra decorrentes do cumprimento de acordo, convenção ou dissídio coletivo de trabalho, devendo ser observadas as disposições dos arts. 48, 44, §3º, da Lei 8.666/1993, bem como os critérios de aceitabilidade de preços e outros requisitos previstos no instrumento convocatório;
>
> 9.2.2. as licitantes, por sua vez, estão obrigadas ao cumprimento de acordo coletivo, do qual foi signatária, bem como de disposições presentes em convenção ou dissídio coletivo de trabalho, em observância ao art. 7º, inciso XXVI, da Constituição Federal de 1988, e ao art. 611 do Decreto-Lei 5.452/1943 (Consolidação das Leis do Trabalho), que conferem caráter normativo a tais instrumentos, tornando obrigatória, assim, a sua observância nas relações de trabalho;
>
> 9.2.3. as regras e critérios para elaboração de orçamentos de referência de obras e serviços de engenharia pela Administração Pública, estão estabelecidos no Decreto 7.983/2013 – no caso de certames fundamentados na Lei 8.666/1993 que prevejam o uso de recursos dos orçamentos da União –, bem como nos arts. 8º, §3º, 4º e 5º, da Lei 12.462/2011, e 31, §2º e 3º, da Lei 13.303/2016, ou seja, devem se basear precipuamente nos sistemas referenciais oficiais de custo (Sinapi e Sicro);
>
> 9.2.4. os sistemas referenciais Sicro e Sinapi, utilizados para fundamentar o orçamento estimativo das contratações de obras e serviços de engenharia pelo Poder Público, consideram, de forma direta ou indireta, os parâmetros salariais e outras disposições de instrumentos de negociação coletiva de trabalho na formação de custos com a mão de obra;
>
> 9.2.5. as disposições existentes na Instrução Normativa MPOG nº 02/2008, que foi revogada pela IN-Seges/MPDG 5/2017, são aplicáveis

---

[72] *Idem. Acórdão nº 719/18-P*. Disponível em: https://pesquisa.apps.tcu.gov.br/documento/acordao-completo/719%252F2018/%2520/DTRELEVANCIA%2520desc%252C%2520NUMACORDAOINT%2520desc/0. Acesso em: 13 nov. 2024.

às contratações de serviços pela Administração Pública, não versando tais atos normativos sobre a contratação de obras públicas;

9.2.6. em face do princípio do formalismo moderado e da supremacia do interesse público, que permeiam os processos licitatórios, o fato de o licitante apresentar composição de custo unitário contendo salário de categoria profissional inferior ao piso estabelecido em instrumento normativo negociado é, em tese, somente erro formal, o qual não enseja a desclassificação da proposta, podendo ser saneado com a apresentação de nova composição de custo unitário desprovida de erro;

CAPÍTULO 22

PROCEDIMENTOS PARA FISCALIZAÇÃO DA EXECUÇÃO DOS CONTRATOS

A Lei nº 14.133/2021 é a primeira lei ordinária que trata de licitações e contratos no ordenamento jurídico brasileiro a mencionar expressamente a figura do FISCAL e do seu substituto. Assim dispõe o art. 117:

> Art. 117. A execução do contrato deverá ser acompanhada e fiscalizada por 1 (um) ou mais fiscais do contrato, representantes da Administração especialmente designados conforme requisitos estabelecidos no art. 7º desta Lei, ou pelos respectivos substitutos, permitida a contratação de terceiros para assisti-los e subsidiá-los com informações pertinentes a essa atribuição.

Não denomina, no entanto, expressamente a autoridade que, na execução contratual, é o superior hierárquico dos fiscais, mencionando somente no §2º do mesmo art. 117 a existência de "seus superiores". O Decreto Federal nº 11.246, de 27 de outubro de 2022, o faz, denominando-o gestor do contrato.

Dois aspectos fundamentais serão destacados e analisados na fase de execução contratual. O primeiro refere-se aos aditivos contratuais; o segundo, ao reajustamento dos preços contratados.

De início, no entanto, queremos lembrar que a atuação dos fiscais vai variar em função do regime de execução do contrato, tendo em vista as características dos regimes de preço global e de preço unitário.

Dividindo, como foi feito em outro momento desta obra, os regimes em dois grandes grupos, no primeiro teremos aqueles de preço global, que englobam a empreitada por preço global, a empreitada integral, a contratação por tarefa, a contratação integrada e a contratação semi-integrada, enquanto no segundo teremos a empreitada por preço unitário e o fornecimento e a prestação de serviço associado.

Lembramos que, no primeiro grupo, o preço global contratado é certo e somente poderá ser modificado se a própria administração determinar a realização de alterações em relação ao projeto básico contratado. Isso possibilita uma fiscalização que não precisa ser permanente. Basicamente, nesse caso a atuação da fiscalização será feita no momento da conclusão de cada etapa prevista no cronograma físico-financeiro. Nesse momento, a fiscalização atuará fundamentalmente para verificar a perfeita execução daquilo que foi contratado, preocupando-se em analisar o atendimento a todas as condições estabelecidas no projeto básico, especialmente no tocante à qualidade da execução.

É de se registrar que, nesses regimes de preço global, a fiscalização só poderá receber etapas do cronograma que estejam inteiramente concluídas. Não existe recebimento parcial. Se *todos* os serviços constantes da etapa não tiverem sido executados, não haverá recebimento, sendo a contratada declarada em mora, devendo, a partir daí, ser apurada a responsabilidade pelo atraso, a fim de, se for o caso, serem aplicadas as penalidades estabelecidas.

Tampouco poderá o construtor alegar, nesse momento, que já executou, antecipadamente, serviços que constam de outras etapas do cronograma. Cabe a ele cumprir esse documento, executando cada serviço no momento oportuno. Se quiser antecipar, nada a opor; mas o serviço só será examinado (e o pagamento só poderá ser realizado) quando do recebimento da etapa do cronograma em que está inserido.

Não haverá necessidade de a fiscalização proceder à literal medição dos quantitativos que foram executados. Afinal, o contratado obriga-se a executar os quantitativos que constam dos projetos, sendo remunerado pelos quantitativos constantes da planilha. É a regra básica decorrente desse grupo de regimes, no qual o licitante, no momento da apresentação de sua proposta, e o contratado, no momento da assinatura do termo de contrato, declararam concordância com a adequação do projeto. Vale lembrar as disposições do art. 13 do Decreto Federal nº 7.983/2013:

> Art. 13. (...)
> (...)
> II – deverá constar do edital e do contrato cláusula expressa de concordância do contratado com a adequação do projeto que integrar o edital de licitação e as alterações contratuais sob alegação de falhas ou omissões em qualquer das peças, orçamentos, plantas, especificações, memoriais e estudos técnicos preliminares do projeto não poderão ultrapassar, no seu conjunto, dez por cento do valor total do contrato, computando-se esse percentual para verificação do limite previsto no §1º do art. 65 da Lei no 8.666, de 1993.

A administração não quer ser injusta nem se beneficiar de falhas das quais compartilhou. O licitante obriga-se a impugnar o edital, em havendo diferenças entre os quantitativos extraídos dos projetos e aqueles constantes das planilhas. Contudo, como visto anteriormente, não existe precisão absoluta nos orçamentos de obras. Segundo consta da OT-IBRO 004/2012, do Ibraop, a faixa de precisão, quando adotado o orçamento elaborado a partir do projeto básico, é de mais ou menos 10%.

Por esse motivo, o art. 13 do Decreto Federal estabelece que, em havendo diferenças entre os quantitativos executados e aqueles constantes da planilha de quantitativos e preços, a administração poderá pagar ao contratado o valor correspondente, desde que esse valor, em seu conjunto, ou seja, no total, não ultrapasse 10% do valor do contrato. Se houver, esse pagamento será feito na forma de aditivo ao contrato, computando-se o valor para cálculo do limite das alterações, assunto a ser abordado mais adiante.

Significa dizer que pequenas variações de quantitativos, dentro da faixa de precisão do orçamento de obras/serviços de engenharia elaborado a partir de um projeto básico completo (mais ou menos 10%), não serão pagas ao contratado nem tampouco deduzidas de sua remuneração. Contudo, variações acima de 10% poderão ser objeto de aditivo de acréscimo ou de supressão, conforme o caso, limitadas, no entanto, a 10% do valor global contratado.

Para que isso possa ser aplicado, deverá haver expressa solicitação do contratado. Em princípio, a fiscalização não fará medições, considerando que os quantitativos constantes da planilha são compatíveis com os projetos. Se houver solicitação do contratado, no entanto, a fiscalização terá que literalmente medir o que foi executado, para constatar a procedência ou não do pleito apresentado. Será uma situação excepcional, pois, em princípio, nada será pago.

A respeito, elucidativa é a determinação do TCU:

> 9.1.7. quando constatados, após a assinatura do contrato, erros ou omissões no orçamento relativos a pequenas variações quantitativas nos serviços contratados, em regra, pelo fato de o objeto ter sido contratado por "preço certo e total", não se mostra adequada a prolação de termo aditivo, nos termos do ideal estabelecido no art. 6º, inciso VIII, alínea "a", da Lei 8.666/93, como ainda na cláusula de expressa concordância do contratado com o projeto básico, prevista no art. 13, inciso II, do Decreto 7.983/2013;
>
> 9.1.8. excepcionalmente, de maneira a evitar o enriquecimento sem causa de qualquer das partes, como também para garantia do valor fundamental da melhor proposta e da isonomia, caso, por erro ou omissão no orçamento, se encontrarem subestimativas ou superestimativas relevantes nos quantitativos da planilha orçamentária, poderão ser ajustados termos aditivos para restabelecer a equação econômico-financeira da avença, situação em que se tomarão os seguintes cuidados:
>
> 9.1.8.1. observar se a alteração contratual decorrente não supera ao estabelecido no art. 13, inciso II, do Decreto 7.983/2013, cumulativamente com o respeito aos limites previstos nos §1º e 2º do art. 65 da Lei 8.666/93, estes últimos, relativos a todos acréscimos e supressões contratuais;
>
> 9.1.8.2. examinar se a modificação do ajuste não ensejará a ocorrência do "jogo de planilhas", com redução injustificada do desconto inicialmente ofertado em relação ao preço base do certame no ato da assinatura do contrato, em prol do que estabelece o art. 14 do Decreto 7.983/2013, como também do art. 37, inciso XXI, da Constituição Federal;
>
> 9.1.8.3. avaliar se a correção de quantitativos, bem como a inclusão de serviço omitido, não está compensada por distorções em outros itens contratuais que tornem o valor global da avença compatível com o de mercado;
>
> 9.1.8.4. verificar, nas superestimativas relevantes, a redundarem no eventual pagamento do objeto acima do preço de mercado e, consequentemente, em um superfaturamento, se houve a retificação do acordo mediante termo aditivo, em prol do princípio guardado nos arts. 3º, caput c/c art. 6º, inciso IX, alínea "f"; art. 15, §6º; e art. 43, inciso IV, todos da Lei 8.666/93;
>
> 9.1.8.5. verificar, nas subestimativas relevantes, em cada caso concreto, a justeza na prolação do termo aditivo firmado, considerando a envergadura

do erro em relação ao valor global da avença, em comparação do que seria exigível incluir como risco/contingência no BDI para o regime de empreitada global, como também da exigibilidade de identificação prévia da falha pelas licitantes – atenuada pelo erro cometido pela própria Administração –, à luz, ainda, dos princípios da vedação ao enriquecimento sem causa, da isonomia, da vinculação ao instrumento convocatório, do dever de licitar, da autotutela, da proporcionalidade, da economicidade, da moralidade, do equilíbrio econômico-financeiro do contrato e do interesse público primário (...).[73]

A fiscalização, nesse grupo de regimes, é, assim, facilitada. Não há necessidade da presença mais constante da fiscalização na obra. Ao mesmo tempo, no momento da conclusão de cada etapa do cronograma, não há, em regra, necessidade de realizar medições. Há, no entanto, responsabilidades para a fiscalização. Vejamos:

> 51. Desse modo, supondo que a medição efetivamente ocorra por etapas ou parcelas, os responsáveis pela elaboração ou aprovação do projeto básico devem ser responsabilizados nos casos de superestimativas dos quantitativos contratados, assim como o gestor que optou pelo regime por preço global sem garantir a existência de um projeto básico preciso e adequado.
>
> 52. O fiscal do contrato, por não ter obrigação de identificar os quantitativos efetivamente executados, não deve ser responsabilizado nos casos de projetos superdimensionados, a não ser quando se tratar de distorções relevantes que puderem ser verificadas de plano, durante o acompanhamento da execução da obra. Em suma, prevalece o entendimento constante do Acórdão 1.874/2007 – TCU – Plenário:
>
> Falece de fundamentação legal e respaldo técnico a elaboração de planilhas orçamentárias de obras públicas com injustificada superestimativa dos quantitativos dos serviços previstos. *Não se pode deixar à fiscalização do contrato a tarefa de reter os quantitativos excedentes uma vez que ela própria deve estar sujeita aos controles internos ditados naturalmente pelo projeto da obra, que se constitui no referencial físico e financeiro do empreendimento.* (Acórdão 1.874/2007 – TCU – Plenário – sumário).
>
> 53. Entretanto, apesar do entendimento do Acórdão 1.874/2007 – TCU – Plenário e do suposto menor esforço de fiscalização em EPG,

---

[73] Idem. *Acórdão de Relação nº 1.977/13-P*. Disponível em: https://pesquisa.apps.tcu.gov.br/documento/acordao-completo/1977%252F2013/%2520/DTRELEVANCIA%2520desc%252C%2520NUMACORDAOINT%2520desc/0. Acesso em: 13 nov. 2024.

deve-se atentar para as outras funções da fiscalização, extremamente importantes para a boa gestão dos recursos públicos, como, por exemplo, a verificação da aderência entre o que foi executado na obra e os projetos, a qualidade dos serviços executados, a aplicação de penalidades, o cumprimento dos prazos etc.

54. Nesse aspecto, o fiscal do contrato também pode ser responsabilizado por pagamentos indevidos quando a execução da obra ocorre em desconformidade com o projeto, como no exemplo de uma edificação cuja especificação dos serviços previa a execução das fôrmas da estrutura com chapa de madeirit plastificada, mas as fôrmas que foram efetivamente executadas utilizaram chapas de madeirit resinadas. Em tal situação, a fiscalização contratual teria o dever de observar a não-conformidade da obra executada com o seu projeto ou especificação.[74]

Quando o contratado, no curso da execução contratual, apontar diferenças entre os quantitativos executados e os orçados, a fiscalização recusará tal alegação em se tratando de pequenas variações (até 10%), pois serão absorvidas pelas condições contratuais, especialmente pela taxa de risco, constante da planilha de BDI. Paga-se somente o que foi contratado, sem qualquer diferença.

No entanto, quando as variações atingem maior proporção (acima de 10%), como agir? Transcrevemos a seguir a análise feita pela TCU, que nos parece bastante didática a respeito:

> 75. Pelo exposto, pode se concluir que a admissibilidade da celebração de aditivos em obras contratadas pelo regime de preço global, sob o argumento de quantitativos subestimados ou omissões é situação excepcionalíssima, aplicável apenas quando não fosse possível ao licitante identificar a discrepância no quantitativo do serviço com os elementos existentes no projeto básico. Essa tendência encontra-se positivada pela LDO 2013 (art.102, §6º, inc. III):
>
> III – mantidos os critérios estabelecidos no caput, deverá constar do edital e do contrato cláusula expressa de concordância do contratado com a adequação do projeto básico, sendo que as alterações contratuais sob alegação de falhas ou omissões em qualquer das peças, orçamentos, plantas, especificações, memoriais e estudos técnicos preliminares do projeto não poderão ultrapassar, no seu conjunto, 10% (dez por cento) do valor total do contrato, computando-se esse percentual para verificação do limite do §1º do art. 65 da Lei nº 8.666, de 1993;

---

[74] *Ibidem.*

76. Ainda assim, o caso concreto pode revelar situações em que fique demonstrada a razoabilidade da pretensão do contratado ao solicitar o aditivo. Nesse caso, seria cabível o aditivo desde que respeitadas as seguintes regras:

a) A alteração do contrato manterá a proporcionalidade da diferença entre o valor global estimado pela administração e o valor global contratado.

77. Esse é o conceito de manutenção do desconto original determinado pelo art. 102, §6º, IV da LDO 2013. Nesse sentido, vale à pena mencionar o Acórdão 1.245/2004 – TCU – Plenário:

Sob pena de responsabilização dos agentes envolvidos, *mantenha estrita observância ao equilíbrio dos preços fixados no contrato* (...) *em relação à vantagem originalmente ofertada pela empresa vencedora*, de forma a evitar que, por meio de aditivos futuros, o acréscimo de itens com preços supervalorizados (...) viole os princípios administrativos" (Acórdão 1.245/2004 – TCU – Plenário).

78. Na mesma orientação se encontra o seguinte trecho do voto condutor do Acórdão 1.755/2004 – TCU – Plenário:

Nesse sentido, entendo que o original equilíbrio econômico-financeiro de um contrato *pode ser extraído da diferença percentual observada entre o valor global da proposta e o constante do orçamento-base do órgão licitante.* Isso não oblitera a necessidade de prévia verificação da compatibilidade entre o preço orçado pela Administração e o preço de mercado. (Acórdão 1.755/2004 – TCU – Plenário).

b) O resultado da licitação não seria alterado se os novos quantitativos fossem aplicados às demais propostas.

79. Ora, não é possível aceitar aditivo que fira essa condição, tendo em vista o respeito aos princípios da igualdade e o da seleção da proposta mais vantajosa para a Administração Pública, insculpidos no art. 3º do estatuto das licitações. O já citado voto condutor do Acórdão 1.755/2004 – TCU – Plenário trouxe caso concreto em que o resultado da licitação seria alterado com os itens acrescentados pelo aditivo:

Com a supressão ou redução de quantitativos de itens de trabalho com preços unitários vantajosos para Administração, sobressaíram, com maior peso relativo, na planilha orçamentária, os serviços com custos unitários mais onerosos ao Erário. Além disso, pelo aditivo, foram acrescentados itens de trabalho com preços unitários acima dos valores de mercado, tornando patente o desequilíbrio da relação em desfavor da Administração. *Por tal razão, a oferta global da empresa ARG Ltda. perderia a vantagem comparativa e deixaria de ser a melhor classificada em relação aos demais concorrentes.* (Acórdão 1.755/2004 – TCU – Plenário).

80. Outro exemplo de serviço incluído na licitação que foi posteriormente excluído do contrato e, como consequência, alterou o resultado do certame, pode ser visto no voto condutor do Acórdão 1.797/2007 – TCU – Plenário:

9. No que diz respeito à irregularidade descrita na alínea "c" (presença do item "sistemas de cloração" na licitação para obras civis da adutora, posteriormente excluído), a inclusão inicial no certame e a exclusão posterior no contrato do referido item se deu em benefício da contratada em detrimento das demais licitantes, com ferimento, portanto, ao princípio da igualdade (art. 3º da Lei 8.666/93), *levando-se em conta que sem esse item a contratada não teria vencido o certame*, conforme anotado na instrução transcrita no Relatório precedente. (Acórdão 1.797/2007 – TCU – Plenário – trecho do voto)

81. A própria LDO 2013, no §5º do já citado art. 102, aborda o tema da manutenção da vantagem da proposta vencedora da licitação ante à da segunda colocada:

I – a diferença percentual entre o valor global do contrato e o preço obtido a partir dos custos unitários do sistema de referência utilizado não poderá ser reduzida, em favor do contratado, em decorrência de aditamentos que modifiquem a planilha orçamentária;

II – em casos excepcionais e devidamente justificados, *a diferença a que se refere o inciso I deste parágrafo poderá ser reduzida para a preservação do equilíbrio econômico-financeiro do contrato, devendo ser assegurada a manutenção da vantagem da proposta vencedora ante à da segunda colocada na licitação* e a observância, nos custos unitários dos aditivos contratuais, dos limites estabelecidos no caput para os custos unitários de referência;

c) *A alteração não supera o limite de 10% previsto no art. 102, §6º, III da LDO 2013 e nem o limite de 25% (ou 50% para o caso de reformas) previsto na Lei 8.666/93 (nesse último caso, consideradas quaisquer outras alterações).*

d) *O serviço incluído não previsto em contrato ou a quantidade acrescida que foi originalmente subestimada pelo orçamento base da licitação não são compensados por eventuais distorções a maior nos quantitativos de serviços que favoreçam o contratado.*

82. Essa exigência tem como fundamento a tese de que equilíbrio econômico-financeiro do contrato deve ser sempre analisado de forma global, procedendo-se as compensações entre os ganhos e perdas do contratado. Pode-se realizar uma analogia com o conceito de compensação entre preços superestimados e preços subestimados presentes na jurisprudência do TCU, por exemplo, nono voto condutor do Acórdão 388/2004 – TCU – Plenário:

É cediço o entendimento deste Tribunal que, estando o preço global no limite aceitável dado pelo orçamento da licitação, as discrepâncias de preços existentes, devido à ausência de critério de aceitabilidade de preços unitários, apenas causam prejuízos quando se realizam aditivos em que são acrescidos quantitativos para itens de serviço cujos valores eram excessivos em relação aos demais licitantes e suprimidas as quantidades daqueles itens cujos preços eram vantajosos para a administração contratante. (Acórdão 388/2004 – TCU – Plenário – trecho do voto)

83. Contribui para o esclarecimento da questão o seguinte trecho do sumário do Acórdão 1.551/2008 – TCU – Plenário:

3. *Na avaliação econômica do contrato, o eventual sobrepreço existente deve ser apurado de forma global, isto é, fazendo-se as compensações do preços excessivo de alguns itens com os descontos verificados em outros, principalmente se os preços são os mesmos oferecidos na licitação da obra e se pode constatar que a proponente sopesou de forma diferenciada o custo dos diversos serviços, tirando proveito das possíveis vantagens comparativas, desde que de forma legítima.* Situação diversa ocorre com itens eivados de ilegalidade, tais os que apresentaram modificação sensível dos parâmetros eleitos na licitação, justificando a impugnação individual do item anômalo. (Acórdão 1.551/2008 – TCU – Plenário – trecho do sumário)

84. Por analogia aos entendimentos apresentados acima, na avaliação econômica de um contrato por preço global, eventual subestimativa de quantitativo de um determinado serviço, pode ser compensada por outros serviços, cujos quantitativos estão superestimados. Caberá, então, ao gestor avaliar a íntegra da planilha orçamentária, sempre que for demandado pelo contratado a aditar um contrato por preço global com a alegação de que os quantitativos de determinados serviços estão superestimados.

e) *A execução do serviço "a mais", suportada apenas pelo contratado, inviabilizaria a execução contratual.*

85. O equilíbrio econômico-financeiro (ou equação econômico-financeira) é assim definido por Hely Lopes Meirelles:

O equilíbrio financeiro ou equilíbrio econômico do contrato administrativo, também denominado equação econômica ou equação financeira, é a relação que as partes estabelecem inicialmente, no ajuste, entre os encargos do contratado e a retribuição da Administração para a justa remuneração da obra, do serviço ou do fornecimento. *Em última análise, há a correlação entre o objeto do contrato e sua remuneração, originariamente prevista e fixada pelas partes em números absolutos ou em escala móvel*. Essa correlação deve ser conservada durante toda a execução do contrato, mesmo que alteradas as cláusulas regulamentares da prestação ajustada, a fim de que se mantenha a equação financeira ou, por outras palavras, o equilíbrio econômico-financeiro do contrato (Lei 8.666, de 1993, art. 65, I, "d", e §6º) [MEIRELES, Hely Lopes; Licitação e Contrato Administrativo, 11ª ed., atualizada por Eurico de Andrade Azevedo et alii, São Paulo, Malheiros, 1996, p.165] (grifos acrescidos).

86. Daí já se extrai a conclusão de que a equação econômica e financeira é definida no momento em que a contratada apresenta a sua proposta. Exatamente nessa linha, Marçal Justen Filho apresenta a seguinte consideração:

A equação econômico-financeira delineia-se a partir do ato convocatório. Porém, a equação se firma no instante em que a proposta é apresentada.

Aceita a proposta pela Administração, está consagrada a equação econômico-financeira dela constante. A partir de então essa equação está protegida e assegurada pelo Direito [FILHO, Marçal J., *Op. Cit.*].

87. Assim, a insuficiência da remuneração é apenas um dos requisitos do desequilíbrio econômico-financeiro, que terá de se somar a outros para que se legitime a alteração do contrato administrativo. Por exemplo, pode-se demonstrar que o valor referente ao quantitativo subestimado supere a taxa de risco mais a de lucro previstas no BDI apresentado pelo contratado. Nesse caso, deixar o serviço acrescido inteiramente por conta do contratado poderia desequilibrar o contrato, já que a totalidade de sua remuneração seria consumida pelo novo encargo. Tal situação poderia culminar na paralisação da obra por incapacidade da contratada em continuá-la. Ressalte-se que a vedação ao enriquecimento sem causa serve tanto ao particular quanto à Administração Pública.

88. Dando seguimento à sua lição, afirma Marçal Justen Filho:

O restabelecimento da equação econômico-financeira depende da concretização de um evento posterior à formulação da proposta, identificável como causa do agravamento da posição do particular. Não basta a simples insuficiência da remuneração. Não se caracteriza rompimento do equilíbrio econômico-financeiro quando a proposta do particular era inexequível. A tutela à equação econômico-financeira não visa a que o particular formule proposta exageradamente baixa e, após vitorioso, pleiteie elevação da remuneração. Exige-se, ademais, que a elevação dos encargos não derive de conduta culposa imputável ao particular. Se os encargos tornaram-se mais elevados porque o particular atuou mal, não fará jus à alteração de sua remuneração [FILHO, Marçal J., *Op. Cit.*].

89. Assim, deve-se demonstrar que a subestimativa do quantitativo não é mera álea ordinária ou empresarial, a qual está presente em qualquer tipo de negócio; trata-se do risco que todo empreendedor corre por desenvolver uma atividade econômica no mercado (instável por sua própria natureza), que, previsível, deve ser suportado exclusivamente pelo particular.

90. Percebe-se da doutrina trazida à baila que alterações nos quantitativos de serviços, por si só, não constituem hipóteses de álea extraordinária senão quando decorridos de algum evento imprevisível ou, se previsível, incalculável, cuja natureza inegavelmente fática torna imperiosa sua comprovação.

VII.ii – Orçamentos com quantitativos superestimados.

91. Caso a Administração Pública identifique quantitativos superestimados, ela deve proceder, de ofício, (e em observância aos princípios da economicidade, moralidade e probidade administrativas) à alteração contratual para reduzir os quantitativos inadequados, ajustando o montante total ao valor real.

92. Essas regras decorrem do fato de que, se a medição for feita por etapas (e não por quantidades unitárias), haverá por consequência

uma assimetria de informações entre o contratado e a Administração Pública. Afinal, o fiscal, já que mede por etapas, não estará medindo as quantidades (não terá com saber, portanto, quanto foi executado exatamente), mas o particular sabe o quanto ele executa qualquer que seja o regime. O Tribunal já se pronunciou a respeito de situação de quantitativos superestimados:

O fato de se tratar de contratação por preço global não assegura a nenhum contratado o direito de receber por produto não utilizado. (Acórdão 363/2007 – TCU – Plenário – trecho do voto).

93. Ademais, quantitativo superestimado é um dos fatores causadores do superfaturamento de obras públicas, de modo que permiti-lo pode configurar ato de improbidade administrativa, nos termos dos artigos 10 e 11 da Lei 8429/92 (lei de improbidade administrativa). Tal conduta também pode ser enquadrada como crime, conforme o art. 96, incisos IV e V do Estatuto das Licitações.

94. Todavia, em situações excepcionais, em que o contratado pleiteie a não redução do valor global do contrato, alegando ter compensado o superdimensionamento de quantitativos de outras formas ao oferecer o valor global da sua proposta, pode-se admitir excepcionalmente o pleito desde que:

a) em análise global, o quantitativo artificialmente elevado foi compensado por outros preços e quantitativos subestimados de forma que reste cabalmente demonstrado que o preço global pactuado representa a justa remuneração da obra, considerado o orçamento de referência da Administração ajustado.

95. Mais uma vez convém usar a analogia para compreender a situação. O trecho do Acórdão 1.887/2010 – TCU – Plenário, embora trate mais uma vez de compensação entre itens com sobrepreço e subpreço, ilustra bem uma possível consequência de se proceder a uma alteração contratual para redução de quantitativos sem uma análise mais cuidadosa:

(...) se os preços globais estão compatíveis com os de mercado, a existência de determinados itens com sobrepreço deve ser correspondida pela existência de itens cujos preços estão abaixo dos de mercado, havendo assim uma compensação entre os valores desses dois diferentes grupos de insumos. Assim, a redução dos valores dos itens com sobrepreço afetaria o equilíbrio econômico-financeiro da contratação e possibilitaria o auferimento de vantagens indevidas por parte da Administração. (Acórdão 1.887/2010 – TCU – Plenário)

96. De mesma forma, a supressão daqueles quantitativos que estão superestimados, sem a devida recomposição dos serviços cujos quantitativos estão subestimados, comprometeria o equilíbrio econômico-financeiro do contrato, propiciando o enriquecimento ilícito do órgão contratante.

c) a alteração do contrato de forma a reduzir os quantitativos daquele item inviabilizaria a execução contratual. Por exemplo, demonstrando que o valor reduzido supera a taxa de risco mais a de lucro, previstas no BDI de referência da Administração, bem como as discrepâncias a maior que costumam existir entre os valores extraídos dos sistemas referenciais de preços e os verdadeiros preços de mercado.

97. Aqui vale a mesma argumentação dos parágrafos 85 a 90 acima. Adicionalmente, existe a tendência de que os preços dos materiais e serviços contidos em tabelas de custo padrão estejam em um patamar superior aos seus preços reais de mercado. Muitos sistemas adotam valores médios ou medianos das coletas realizadas como paradigma de preços de mercado. No entanto, os insumos são efetivamente adquiridos pelo menor preço pesquisado e não pelo preço médio ou mediano. Tal distorção recebeu a denominação de "efeito cotação", em trabalho realizado pelo Instituto Nacional de Criminalística da Polícia Federal. [FILHO, Laércio de Oliveira e Silva; LIMA, Marcos Cavalcanti e MACIEL, Rafael Gonçalves – Efeito barganha e cotação: fenômenos que permitem a ocorrência de superfaturamento com preços inferiores às referências oficiais – Revista do Tribunal de Contas da União. Brasil. Ano 42. Número 119, 2010]

98. As tabelas de custo tampouco consideram condições negociais entre construtoras e fornecedores, tais como prazos maiores para pagamento, parcelamento das compras e descontos.

99. Assim, ao elaborar o orçamento que servirá de base para o procedimento licitatório, o gestor tem o dever de se balizar em pesquisas do mercado local, considerando adequadamente os descontos possíveis em face de compras em grande quantidade. Em outras palavras, deve considerar a natural ausência de descontos para compras em grande escala em qualquer sistema de preços referenciais, em virtude de tais sistemas não considerarem as possibilidades de significativas reduções nos custos de fornecimento de materiais e equipamentos, oriundas de negociações diretas com fabricantes ou grande revendedores. As economias de escala existentes na compra de grandes quantidades de material causam uma distorção, entre os preços referenciais e os preços efetivos de mercado, denominada de "efeito barganha" pelo estudo o Instituto Nacional de Criminalística.

100. Por consequência, as margens de segurança existentes nos preços dos sistemas referenciais da Administração Pública também devem ser consideradas na avaliação das exceções que este estudo ora está apresentando.

101. Ante o exposto, sintetizando-se as considerações apresentadas nas condicionantes elencadas nos parágrafos precedentes, foram considerados os seguintes fundamentos:

a) respeito ao princípio da igualdade e da seleção da proposta mais vantajosa;

b) vedação ao enriquecimento sem causa da administração e do contratado;

c) necessidade de preservação do equilíbrio econômico financeiro do contrato;

d) a premissa de que, em EPG, a análise global do contrato (e do equilíbrio contratual) prevalece sobre a aferição de itens unitários"[75] (grifos do original).

O outro grupo de regimes envolve a empreitada por preço unitário e o fornecimento e a prestação de serviço associado. Nestes, o procedimento é completamente diferente. A licitação foi realizada com base em quantitativos estimados, considerando-se as peculiaridades da obra/serviço a ser executado. Assim, no momento da conclusão de cada etapa do cronograma (normalmente, estabelecido em períodos de 30 dias), a fiscalização deverá, obrigatoriamente, medir literalmente todos os serviços executados, para constar o quantitativo realmente realizado. A proposta foi apresentada com base em quantitativos estimados; os pagamentos serão realizados de acordo com os quantitativos efetivamente executados, medidos pela fiscalização.

Isso exige uma atuação mais presente da fiscalização, até porque, se ela deixar para comparecer somente no momento da conclusão da etapa, muitos serviços já terão sido executados e os quantitativos não poderão mais ser efetivamente medidos.

Em qualquer caso, para concluir esse exame, deve ser considerado que a atividade de fiscalização é considerada hoje, fundamentalmente, pelo TCU, como atividade de resultado. A atuação será considerada boa se o resultado for bom. Em caso contrário, os componentes da fiscalização poderão ser responsabilizados pelo resultado ruim. A respeito desse assunto, recomendamos a leitura dos acórdãos nº 2.672/2016-P e 13.581/2016-2ª Câmara, ambos do TCU.

Interessante, nesse aspecto, é o recente Acórdão nº 2973/2019-2ªC, do TCU, no qual o Tribunal determinou que o fiscal do contrato não pode ser responsabilizado caso não lhe sejam oferecidas condições apropriadas para o desempenho de suas atribuições. Tal deliberação vem ao encontro das disposições incluídas na Lei de Introdução às Normas do Direito Brasileiro (LINDB), por meio da

---

[75] *Ibidem.*

Lei nº 13.655, de 25 de abril de 2018. Agora, consoante disposição do art. 28, o agente público responderá pessoalmente por suas decisões ou opiniões técnicas em caso de dolo ou erro grosseiro.

O que seria, no caso, erro grosseiro? O próprio TCU vem construindo jurisprudência no sentido de caracterizar erro grosseiro como sendo aquele primário, que deveria ser percebido por pessoa de diligência normal, em face das circunstâncias de sua atuação. Do Acórdão nº 2.391/2018-P, extraímos o seguinte excerto:

> 83. Tomando como base esse parâmetro, o erro leve é o que somente seria percebido e, portanto, evitado por pessoa de diligência extraordinária, isto é, com grau de atenção acima do normal, consideradas as circunstâncias do negócio. O erro grosseiro, por sua vez, é o que poderia ser percebido por pessoa com diligência abaixo do normal, ou seja, que seria evitado por pessoa com nível de atenção aquém do ordinário, consideradas as circunstâncias do negócio. Dito de outra forma, *o erro grosseiro é o que decorreu de uma grave inobservância de um dever de cuidado, isto é, que foi praticado com culpa grave* (grifo nosso).

CAPÍTULO 23

FISCALIZAÇÃO CONTRATUAL

A fiscalização da execução contratual por parte da administração pública é obrigatória. Até o momento da assinatura do termo de contrato, a autoridade competente na administração deverá designar dois fiscais: o Fiscal Técnico e o Fiscal Administrativo, também chamado de Fiscal do Contrato. Além dos dois fiscais, a autoridade competente deverá designar, em cada contrato, o Gestor do Contrato.

O Fiscal Técnico é designado para atendimento às disposições da Lei nº 5.194/1966, art. 7º, e da Lei nº 12.378/2010, art. 2º, além das Resoluções do Confea e do CAU/BR.

Já o Fiscal Administrativo é designado para atendimento às disposições da Lei nº 14.133/2021, art. 117.

As atribuições são distintas. Compete ao Fiscal Técnico a fiscalização da execução da obra na parte referente à engenharia/arquitetura, cumprindo-lhe zelar pelo rigoroso atendimento às disposições do projeto básico e do projeto executivo. Já o Fiscal Administrativo tem a competência de fiscalizar o cumprimento, por parte da contratada, das obrigações legais, previdenciárias e trabalhistas em relação aos seus empregados e ao governo.

Ao serem designados os dois fiscais, a autoridade competente deverá designar, concomitantemente, os respectivos substitutos, aqueles que substituirão os fiscais titulares nos seus impedimentos.

A designação poderá ser feita por qualquer documento hábil, como uma Portaria ou mesmo um simples despacho nos autos do processo. Obrigatoriamente, a designação será formal. Deverão ser designados servidores que estejam plenamente capacitados ao exercício dessas funções. O servidor não pode recusar a designação; no entanto, tem a obrigação de alertar a autoridade competente sobre as dificuldades que poderá ter na execução da tarefa, por falta de preparo ou de alguma condição necessária. Nesse sentido, da jurisprudência do TCU, destacamos:

> 5.7.5. O acompanhamento e a fiscalização da execução do contrato por um representante da Administração são tarefas obrigatórias fixadas no art. 67 da Lei nº 8.666/93. Em outras palavras, cabe ao fiscal do contrato acompanhar a fiel execução contratual, zelando pelo cumprimento de todos os requisitos necessários para a prestação dos serviços, em total conformidade com os termos do edital e do contrato.
>
> 5.7.6. Acerca das incumbências do fiscal do contrato, o TCU entende que devem ser designados servidores públicos qualificados para a gestão dos contratos, de modo que sejam responsáveis pela execução de atividades e/ou pela vigilância e garantia da regularidade e adequação dos serviços (item 9.2.3 do Acórdão nº 2.632/2007-P).
>
> 5.7.7. O servidor designado para exercer o encargo de fiscal não pode oferecer recusa, porquanto não se trata de ordem ilegal. Entretanto, tem a opção de expor ao superior hierárquico as deficiências e limitações que possam impedi-lo de cumprir diligentemente suas obrigações. A opção que não se aceita é uma atuação a esmo (com imprudência, negligência, omissão, ausência de cautela e de zelo profissional), sob pena de configurar grave infração à norma legal (itens 31/3 do voto do Acórdão nº 468/2007-P).[76]

O Decreto Federal nº 11.246/2022, que regulamenta a atuação da equipe de fiscalização, dispõe, em seu art. 8º:

> Art. 8º. Os gestores e os fiscais de contratos e os respectivos substitutos serão representantes da administração designados pela autoridade máxima do órgão ou da entidade, ou por quem as normas de organização administrativa indicarem, para exercer as funções estabelecidas no art. 21 ao art. 24, observados os requisitos estabelecidos no art. 10.
> §1º Para o exercício da função, o gestor e os fiscais de contratos deverão ser formalmente cientificados da indicação e das respectivas atribuições antes da formalização do ato de designação.
> §2º Na designação de que trata o *caput*, serão considerados:
> I – a compatibilidade com as atribuições do cargo;
> II – a complexidade da fiscalização;
> III – o quantitativo de contratos por agente público; e
> IV – a capacidade para o desempenho das atividades.

---

[76] Idem. *Acórdão nº 2.917/10-P*. Disponível em: https://pesquisa.apps.tcu.gov.br/documento/acordao-completo/2917%252F2010/%2520/DTRELEVANCIA%2520desc%252C%2520NUMACORDAOINT%2520desc/0. Acesso em: 13 nov. 2024.

§3º A eventual necessidade de desenvolvimento de competências de agentes públicos para fins de fiscalização e de gestão contratual deverá ser demonstrada no estudo técnico preliminar e deverá ser sanada, conforme o caso, previamente à celebração do contrato, conforme o disposto no inciso X do §1º do art. 18 da Lei nº 14.133, de 2021.

Tal disposição está em consonância com o art. 7º da Lei nº 14.133/2021, que, demonstrando a importância que dá aos agentes públicos que serão encarregados dos processos de contratos, inclusive em relação à gestão e à fiscalização dos contratos, atribui competência à autoridade máxima do órgão ou entidade, ou a quem possa agir por delegação, para designação destes:

Art. 7º. Caberá à autoridade máxima do órgão ou da entidade, ou a quem as normas de organização administrativa indicarem, promover gestão por competências e designar agentes públicos para o desempenho das funções essenciais à execução desta Lei que preencham os seguintes requisitos:

I – sejam, preferencialmente, servidor efetivo ou empregado público dos quadros permanentes da Administração Pública;

II – tenham atribuições relacionadas a licitações e contratos ou possuam formação compatível ou qualificação atestada por certificação profissional emitida por escola de governo criada e mantida pelo poder público; e

III – não sejam cônjuge ou companheiro de licitantes ou contratados habituais da Administração nem tenham com eles vínculo de parentesco, colateral ou por afinidade, até o terceiro grau, ou de natureza técnica, comercial, econômica, financeira, trabalhista e civil.

§1º A autoridade referida no *caput* deste artigo deverá observar o princípio da segregação de funções, vedada a designação do mesmo agente público para atuação simultânea em funções mais suscetíveis a riscos, de modo a reduzir a possibilidade de ocultação de erros e de ocorrência de fraudes na respectiva contratação.

§2º O disposto no *caput* e no §1º deste artigo, inclusive os requisitos estabelecidos, também se aplica aos órgãos de assessoramento jurídico e de controle interno da Administração.

É importante também destacar o que consta do art. 117, §3º, da NLLC:

Art. 117. (...)
(...)
§3º O fiscal do contrato será auxiliado pelos órgãos de assessoramento jurídico e de controle interno da Administração, que deverão dirimir

dúvidas e subsidiá-lo com informações relevantes para prevenir riscos na execução contratual.

É fundamental para o sucesso da atividade de fiscalização que os fiscais recebam, sempre que necessitarem, apoio tanto do órgão jurídico quanto do órgão de controle interno. Afinal, o "dono" do contrato não é o fiscal, mas a administração, que estará atuando em nome da sociedade e zelando pelo interesse público.

O Gestor do Contrato é o coordenador das atividades de fiscalização técnica e administrativa, sendo responsável pelos atos preparatórios à instrução processual e ao encaminhamento da documentação pertinente ao setor de contratos para a formalização dos procedimentos quanto aos aspectos que envolvam prorrogação, alteração, reequilíbrio, pagamento, eventual aplicação de sanções, extinção dos contratos, entre outros.

O Gestor e os fiscais de cada contrato deverão ser cientificados expressamente da indicação e das respectivas atribuições antes da formalização do ato de designação. Após o ciente, o Gestor e os fiscais, inclusive os respectivos substitutos, deverão ser designados por ato formal da autoridade competente na gestão.

No momento de sua cientificação, o servidor poderá, se dela discordar, justificadamente, apresentar a motivação relevante que possibilite ser considerada sua indicação como contrária ao interesse público. Não significa que o servidor estará recusando a indicação, pois não cabe oferecer recusa, na medida em que não se trata de ato manifestamente ilegal. Trata-se de apresentar motivação suficiente para convencer a autoridade responsável pela designação de que essa escolha não é a mais indicada para o exercício daquela atividade, seja por falta de qualificação, seja por excesso de atividades, seja por qualquer outro motivo. Nesse sentido, assim dispõe o Decreto Federal:

> Art. 11. O encargo de agente de contratação, de integrante de equipe de apoio, de integrante de comissão de contratação, de gestor ou de fiscal de contratos não poderá ser recusado pelo agente público.
> §1º Na hipótese de deficiência ou de limitações técnicas que possam impedir o cumprimento diligente das atribuições, o agente público deverá comunicar o fato ao seu superior hierárquico.
> §2º Na hipótese prevista no §1º, a autoridade competente poderá providenciar a qualificação prévia do servidor para o desempenho

das suas atribuições, conforme a natureza e a complexidade do objeto, ou designar outro servidor com a qualificação requerida, observado o disposto no §3º do art. 8º.

A ART do Fiscal Técnico (RRT, no caso da arquitetura) deve constar obrigatoriamente dos autos do processo administrativo, na forma da legislação vigente.

Em cada contrato, os fiscais são hierarquicamente subordinados ao Gestor do Contrato. Em nenhuma hipótese, mesmo que temporariamente, o Fiscal poderá exercer, no mesmo contrato, a atividade de Gestor, tendo em vista a necessidade de respeito do Princípio da Segregação de Funções, agora expressamente mencionado no art. 5º da Lei nº 14.133/2021.

A administração pública poderá contratar terceiros para ajudarem os fiscais, subsidiando-os de informações, especialmente nos casos em que a obra/serviço exigir alguma especialização em área de engenharia/arquitetura que não seja específica da formação dos profissionais dos seus quadros. Esses terceiros deverão ser contratados mediante processo legal. A existência desses terceiros, no entanto, não exime os fiscais de suas responsabilidades. Assim dispõe a Lei:

> Art. 117. (...)
> (...)
> §4º Na hipótese da contratação de terceiros prevista no *caput* deste artigo, deverão ser observadas as seguintes regras:
> I – a empresa ou o profissional contratado assumirá responsabilidade civil objetiva pela veracidade e pela precisão das informações prestadas, firmará termo de compromisso de confidencialidade e não poderá exercer atribuição própria e exclusiva de fiscal de contrato;
> II – a contratação de terceiros não eximirá de responsabilidade o fiscal do contrato, nos limites das informações recebidas do terceiro contratado.

Nos casos em que a elaboração do projeto básico for contratada junto a terceiros, poderá ser contratada também a participação do autor do projeto arquitetônico como assistente da fiscalização. Nesse caso, a contratação deve ser concomitante, isto é, ao ser realizado o certame para seleção do autor do projeto básico, o respectivo instrumento convocatório deve dispor no sentido de o proponente oferecer proposta adicional para atuar durante a fiscalização da execução. Esse procedimento poderá ser adotado em relação a qualquer projeto considerado relevante.

Deverá ser exigida da contratada a indicação formal de seu Preposto, aquele que vai representá-la durante toda a execução contratual. A indicação do Preposto deverá ser expressamente aprovada pela administração contratante, por intermédio do Gestor do Contrato.

O Preposto atuará permanentemente no local da execução da obra ou serviço de engenharia. Desse modo, só poderá ser indicado como Preposto o engenheiro responsável técnico da obra se ele estiver atuando como engenheiro residente. Caso contrário, outro representante deverá ser indicado, pois o engenheiro não residente não estará permanentemente na obra.

CAPÍTULO 24

ATUAÇÃO DA FISCALIZAÇÃO ADMINISTRATIVA EM FACE DA INSTRUÇÃO NORMATIVA SEGES-MPDG Nº 6/2018

A Instrução Normativa Federal nº 6, de 6 de julho de 2018, da Secretaria de Gestão do Ministério do Planejamento, Desenvolvimento e Gestão, dispõe sobre cláusulas assecuratórias de direitos trabalhistas quando da execução indireta de obras públicas, no âmbito da administração pública federal direta, autárquica e fundacional, consoante consta de sua ementa. Traz a IN disposições sobre procedimentos a serem cumpridos obrigatoriamente pela fiscalização administrativa, disposições essas que são muito semelhantes àquelas previstas na Instrução Normativa SEGES-MPDG nº 5, de 26 de maio de 2017, que trata da contratação de serviços sob o regime de execução indireta, enquanto aquela se refere à contratação de obras públicas.

A norma legal tem como fundamentação principal a preocupação da administração federal em relação à sua responsabilidade quanto aos encargos decorrentes da contratação, especialmente os encargos trabalhistas e previdenciários.

É oportuno registrar as disposições da Lei nº 14.133/2021 a respeito do assunto. Em seu art. 121, a norma legal assim dispõe:

> Art. 121. Somente o contratado será responsável pelos encargos trabalhistas, previdenciários, fiscais e comerciais resultantes da execução do contrato.

§1º A inadimplência do contratado em relação aos encargos trabalhistas, fiscais e comerciais não transferirá à Administração a responsabilidade pelo seu pagamento e não poderá onerar o objeto do contrato nem restringir a regularização e o uso das obras e das edificações, inclusive perante o registro de imóveis, ressalvada a hipótese prevista no §2º deste artigo.

§2º Exclusivamente nas contratações de serviços contínuos com regime de dedicação exclusiva de mão de obra, a Administração responderá solidariamente pelos encargos previdenciários e subsidiariamente pelos encargos trabalhistas se comprovada falha na fiscalização do cumprimento das obrigações do contratado.

§3º Nas contratações de serviços contínuos com regime de dedicação exclusiva de mão de obra, para assegurar o cumprimento de obrigações trabalhistas pelo contratado, a Administração, mediante disposição em edital ou em contrato, poderá, entre outras medidas:

I – exigir caução, fiança bancária ou contratação de seguro-garantia com cobertura para verbas rescisórias inadimplidas;

II – condicionar o pagamento à comprovação de quitação das obrigações trabalhistas vencidas relativas ao contrato;

III – efetuar o depósito de valores em conta vinculada;

IV – em caso de inadimplemento, efetuar diretamente o pagamento das verbas trabalhistas, que serão deduzidas do pagamento devido ao contratado;

V – estabelecer que os valores destinados a férias, a décimo terceiro salário, a ausências legais e a verbas rescisórias dos empregados do contratado que participarem da execução dos serviços contratados serão pagos pelo contratante ao contratado somente na ocorrência do fato gerador.

§4º Os valores depositados na conta vinculada a que se refere o inciso III do §3º deste artigo são absolutamente impenhoráveis.

§5º O recolhimento das contribuições previdenciárias observará o disposto no art. 31 da Lei nº 8.212, de 24 de julho de 1991.

Alguns pontos podem ser facilmente interpretados em relação a essas condições estabelecidas pela Lei:

1. A administração contratante responde solidariamente com o contratado pelos encargos previdenciários eventualmente não quitados. Para se eximir dessa responsabilização, cabe à administração aplicar as disposições da citada Lei nº 8.212/1991, *in verbis:*

Art. 31. A empresa contratante de serviços executados mediante cessão de mão de obra, inclusive em regime de trabalho temporário, deverá reter 11% (onze por cento) do valor bruto da nota fiscal ou fatura de prestação de serviços e recolher, em nome da empresa cedente da mão de obra, a importância retida até o dia 20 (vinte) do mês subsequente ao da emissão da respectiva nota fiscal ou fatura, ou até o dia útil imediatamente anterior se não houver expediente bancário naquele dia, observado o disposto no §5º do art. 33 desta Lei.

§1º O valor retido de que trata o caput deste artigo, que deverá ser destacado na nota fiscal ou fatura de prestação de serviços, poderá ser compensado por qualquer estabelecimento da empresa cedente da mão de obra, por ocasião do recolhimento das contribuições destinadas à Seguridade Social devidas sobre a folha de pagamento dos seus segurados.

§2º Na impossibilidade de haver compensação integral na forma do parágrafo anterior, o saldo remanescente será objeto de restituição.

§3º Para os fins desta Lei, entende-se como cessão de mão de obra a colocação à disposição do contratante, em suas dependências ou nas de terceiros, de segurados que realizem serviços contínuos, relacionados ou não com a atividade-fim da empresa, quaisquer que sejam a natureza e a forma de contratação.

§4º Enquadram-se na situação prevista no parágrafo anterior, além de outros estabelecidos em regulamento, os seguintes serviços:

(...)

III – empreitada de mão de obra;

A retenção e o respectivo recolhimento, em nome da empresa contratada, do percentual indicado protegerão a administração, evitando sua futura responsabilização.

2. A administração não responde pela inadimplência do contratado em relação aos encargos trabalhistas, fiscais e comerciais, como deixa claro o §1º do art. 121 da nova Lei de Licitações. Em relação aos primeiros, no entanto, a situação tomou contornos diferenciados.

Por meio do Enunciado de Súmula nº 331, contudo, o Tribunal Superior do Trabalho (TST) fixou os seguintes entendimentos:

IV – O inadimplemento das obrigações trabalhistas, por parte do empregador, implica a responsabilidade subsidiária do tomador dos serviços quanto àquelas obrigações, desde que haja participado da relação processual e conste também do título executivo judicial.

V – Os entes integrantes da Administração Pública direta e indireta respondem subsidiariamente, *nas mesmas condições do item IV, caso*

> evidenciada a sua conduta culposa no cumprimento das obrigações da Lei nº 8.666, de 21.06.1993, especialmente na fiscalização do cumprimento das obrigações contratuais e legais da prestadora de serviço como empregadora. A aludida responsabilidade não decorre de mero inadimplemento das obrigações trabalhistas assumidas pela empresa regularmente contratada.
>
> VI – A responsabilidade subsidiária do tomador de serviços abrange todas as verbas decorrentes da condenação referentes ao período da prestação laboral (grifo nosso).[77]

Parece-nos haver claramente uma contradição entre as disposições da Lei nº 14.133/2021, em seu art. 121, e a Súmula da justiça trabalhista. Essa dicotomia já foi objeto de apreciação pelo Supremo Tribunal Federal, que assim se manifestou:

> 9. Recurso Extraordinário parcialmente conhecido e, na parte admitida, julgado procedente para fixar a seguinte tese para casos semelhantes: "O inadimplemento dos encargos trabalhistas dos empregados do contratado não transfere automaticamente ao Poder Público contratante a responsabilidade pelo seu pagamento, seja em caráter solidário ou subsidiário, nos termos do art. 71, §1º, da Lei nº 8.666/93".[78]

Dessa forma, a responsabilidade da administração contratante não é automática. Contudo, se ela agir culposamente na fiscalização do cumprimento das obrigações trabalhistas por parte de seus contratados, responderá subsidiariamente por essas obrigações, prevalecendo, assim, a Súmula nº 331, cuja redação, parcialmente transcrita na parte que interessa, já está compatibilizada com a deliberação do STF.

Exatamente para se eximir de qualquer culpa em relação a um possível inadimplemento do contratado em face dos encargos trabalhistas a que está obrigado, a administração pública federal passou a adotar uma série de providências nos contratos de serviços contínuos com dedicação exclusiva de mão de obra ou predominância de mão de obra, as quais, pelo que temos visto nos julgamentos realizados na justiça trabalhista, são efetivamente necessárias e

---

[77] A Súmula completa pode ser visualizada no *site* do TST (disponível em: www3.tst.jus.br/jurisprudencia/Sumulas_com_indice/Sumulas_Ind_301_350.html; acesso em: 21 nov. 2024).

[78] BRASIL. Supremo Tribunal Federal. *RE 760.931*. Disponível em: www.jusbrasil.com.br/jurisprudencia/stf/769812319. Acesso em: 13 nov. 2024.

suficientes para garantir sua não condenação subsidiária. Essas providências estão bem discriminadas na Instrução Normativa SEGES-MPDG nº 5/2017.

Ocorre, no entanto, que essa IN destina-se especificamente à contratação de serviços sob o regime de execução indireta. Não fazem parte dela as contratações de obras de engenharia. Discute-se, ainda, se os serviços de engenharia estariam ou não abrangidos pela Instrução Normativa nº 5/2017. A SEGES do MPDG tem se manifestado em sentido positivo, e alguns doutrinadores, no entanto, no sentido inverso, na medida em que a contratação de obras e serviços de engenharia na administração pública federal tem regras próprias, como se vê no Decreto Federal nº 7.983/2013.

Por tudo isso, o Governo Federal resolveu publicar a Instrução Normativa SEGES-MPDG nº 6/2018, a qual, segundo consta de sua ementa, dispõe sobre cláusulas assecuratórias de direitos trabalhistas quando da execução indireta de obras públicas. Essa IN atende, de outra banda, às disposições da Convenção nº 94, da Organização Internacional do Trabalho (OIT), promulgada pelo Decreto nº 58.818, de 14 de julho de 1966.

Segundo dispõe o art. 2º da Instrução Normativa nº 6/2018, os editais referentes à contratação, por terceirização, da execução de obras públicas devem conter cláusulas prevendo as seguintes condições, no mínimo:

> I – exijam, durante a execução contratual, o cumprimento de Acordo, Dissídio, Convenção Coletiva ou equivalente, relativo à categoria profissional abrangida no contrato bem como da legislação em vigor;
>
> II – estabeleçam a possibilidade de rescisão do contrato por ato unilateral e escrito da contratante e a aplicação das penalidades cabíveis para os casos do não pagamento dos salários e demais verbas trabalhistas, bem como pelo não recolhimento das contribuições sociais, previdenciárias e para com o Fundo de Garantia do Tempo de Serviço (FGTS), em relação aos empregados da contratada que efetivamente participarem da execução do contrato;
>
> III – exijam declaração de responsabilidade exclusiva da contratada sobre a quitação dos encargos trabalhistas e sociais decorrentes do contrato;
>
> IV – prevejam a verificação da comprovação mensal, por amostragem, pela contratante, do cumprimento das obrigações trabalhistas, previdenciárias e para com o FGTS, em relação aos empregados da contratada que efetivamente participarem da execução do contrato;

V – exijam a indicação de preposto da contratada para representá-la na execução do contrato, nos termos do art. 68 da Lei nº 8.666, de 21 de junho de 1993;

VI – exijam que a contratada assegure aos seus trabalhadores ambiente de trabalho, inclusive equipamentos e instalações, em condições adequadas ao cumprimento das normas de saúde, segurança e bem-estar no trabalho; e

VII – exijam a observância dos preceitos da legislação sobre a jornada de trabalho, conforme a categoria profissional.

Já em seu art. 3º, a citada Instrução Normativa SEGES-MPDG nº 6/2018 estabelece os seguintes procedimentos obrigatórios, a serem adotados no curso da execução contratual, sob responsabilidade da fiscalização administrativa:

Art. 3º. Para fins de fiscalização do cumprimento de que trata o inciso IV do art. 2º, a contratante deverá solicitar, mensalmente, por amostragem, que a contratada apresente os documentos comprobatórios das obrigações trabalhistas e previdenciárias dos empregados alocados na execução da obra, em especial, quanto:

I – ao pagamento de salários, adicionais, horas extras, repouso semanal remunerado e décimo terceiro salário;

II – à concessão de férias remuneradas e pagamento do respectivo adicional;

III – à concessão do auxílio-transporte, auxílio-alimentação e auxílio-saúde, quando for devido;

IV – aos depósitos do FGTS; e

V – ao pagamento de obrigações trabalhistas e previdenciárias dos empregados dispensados até a data da extinção do contrato.

§1º A contratante poderá solicitar, por amostragem, aos empregados da contratada, que verifiquem se as contribuições previdenciárias e do FGTS estão ou não sendo recolhidas em seus nomes, por meio da apresentação de extratos.

§2º A fiscalização por amostragem tem por objetivo permitir que todos os empregados tenham tido seus extratos avaliados ao final de um ano da contratação.

§3º O objetivo disposto §2º não impede que a análise de extratos possa ser realizada mais de uma vez em relação a um mesmo empregado.

§4º Em caso de indício de irregularidade no cumprimento das obrigações trabalhistas, previdenciárias e para com o FGTS, os fiscais ou gestores de contratos deverão oficiar os órgãos responsáveis pela fiscalização.

Claramente, a Instrução Normativa nº 6/2018 foi inspirada na Instrução Normativa nº 5/2017, estabelecendo, no caso de obras, praticamente os mesmos procedimentos que devem ser observados no caso da contratação de serviços em geral.

Um detalhe importante, no entanto, chama a atenção do leitor mais atento. A Instrução Normativa nº 6/2018 objetiva, como transcrito anteriormente, assegurar os direitos trabalhistas dos trabalhadores da empreiteira, quando da contratação, pela administração federal, de obras públicas. Tais procedimentos, que representam um encargo considerável para a fiscalização, tornam-se justificados e mesmo indispensáveis no caso da contratação de serviços terceirizados, tendo em vista a possibilidade de responsabilização subsidiária da administração contratante, nos termos da Súmula nº 331-TST. Ocorre que a Instrução Normativa nº 6/2018 refere-se especificamente à contratação de obras públicas, e não de serviços. E qual é o entendimento da justiça trabalhista nessa situação?

No âmbito da jurisprudência do TST, encontramos a Orientação Jurisprudencial nº 191, cuja redação atual é a seguinte:

> Diante da inexistência de previsão legal específica, o contrato de empreitada de construção civil entre o dono da obra e o empreiteiro não enseja responsabilidade solidária ou subsidiária nas obrigações trabalhistas contraídas pelo empreiteiro, salvo sendo o dono da obra uma empresa construtora ou incorporadora.

No Processo IRR-190-53.2015.5.03.0090, o TST definiu que o dono da obra poderá responder subsidiariamente pelas obrigações trabalhistas do empreiteiro inidôneo, mas à exceção dos entes públicos.

Como vemos, no caso específico das obras públicas, o dono da obra – a administração pública – não responde nem solidária nem subsidiariamente pelas obrigações trabalhistas contraídas pelo empreiteiro, pois essa responsabilidade cinge-se à hipótese em que o proprietário da obra for uma empresa construtora ou incorporadora – situação completamente diversa do caso da contratação de serviços, essa sim inserida nas disposições da Súmula nº 331-TST, na qual a administração contratante responde subsidiariamente caso evidenciada sua conduta culposa na fiscalização das obrigações trabalhistas.

Diante dessa situação, indaga-se: qual interesse teria a administração pública federal em realizar uma série de atividades que, como já dito, representam um considerável encargo para sua fiscalização administrativa, se não corre o risco de a ela ser imputada qualquer responsabilização pelo inadimplemento dos encargos trabalhistas de responsabilidade do seu contratado? Vemos como justificativa o fato de o país ter aprovado, para aplicação em nosso país, a Convenção nº 94, da OIT. Assim dispõe o Decreto:

> HAVENDO o Congresso Nacional aprovado pelo decreto legislativo número 20, de 1965, a Convenção nº 94, sobre as cláusulas de trabalho nos contratos firmados por autoridade pública, adotada em Genebra, a 29 de junho de 1949, por ocasião da trigésima-segunda, sessão da Conferência Geral da Organização Internacional do Trabalho.
> E HAVENDO a referida Convenção entrado em vigor, para o Brasil, de conformidade com seu artigo 11, parágrafo 3º, a 18 de junho de 1966, isto é, doze meses após a data em que foi registrada a ratificação brasileira na Repartição Internacional do Trabalho, o que se efetuou a 18 de junho de 1965;
> DECRETA que a referida Convenção, apensa por cópia ao presente decreto, seja executada e cumprida tão inteiramente como nela se contém.

O inteiro teor da Convenção nº 94-OIT está transcrito no citado Decreto.

Há, na fiscalização da execução de obras públicas, uma série de atividades a serem normalmente desempenhadas pela fiscalização da administração. Em boa hora, essa fiscalização, antes concentrada em uma única pessoa, foi dividida em duas: a técnica e a administrativa. Isso permite que o profissional da área se dedique fundamentalmente à fiscalização da obra contratada, deixando o controle das demais obrigações contratuais para outro colega, o Fiscal Administrativo. Muito bom, sem dúvida; no entanto, atribuir a este a obrigação de fiscalizar obrigações que não representam qualquer risco de responsabilização, solidária ou subsidiária, para a administração contratante parece-nos um encargo considerável. Pode-se alegar, sim, que é papel do Estado fiscalizar o cumprimento das obrigações trabalhistas dos seus terceirizados, mas que o faça por meio dos órgãos competentes, que são não só qualificados para esse mister como também adequadamente remunerados. De qualquer modo, estando o Decreto vigente, há que ser cumprido.

No mesmo sentido é o entendimento do TCU. Isso ficou marcado no Acórdão nº 719/2018-P,[79] já mencionado. Nele, a Egrégia Corte de Contas apreciou e respondeu a Consulta formulada pela Comissão de Trabalho, de Administração e Serviço Público da Câmara dos Deputados "acerca da necessidade legal de observância, por parte das licitantes, de acordos e convenções coletivas de trabalho em certames para execução de obras públicas e serviços de engenharia". Do Voto Revisor extraímos os seguintes excertos:

> A meu ver, a fundamentação que embasa a presente consulta apresenta uma aparente antinomia entre um dispositivo da revogada IN-SLTI/MPOG 2/2008 – que era aplicável precipuamente a contratos de prestação de serviço continuado com dedicação exclusiva dos trabalhadores da contratada (terceirização) – e a opinião da Consultoria Legislativa da Câmara dos Deputados, a qual, baseada nas regras de exequibilidade de propostas previstas no art. 48 da Lei 8.666/1993, reconhece a inexistência de imposição legal para observância pelas licitantes do objeto desta Consulta.
>
> Há, portanto, uma importante diferenciação conceitual na raiz desta Consulta, que não foi adequadamente ressaltada pela unidade instrutiva. Ora, não se pode conferir o mesmo tratamento jurídico a um contrato de empreitada de construção civil e a um contrato de terceirização. São instrumentos notoriamente distintos, com diferentes abordagens jurisprudenciais, em particular no que se refere a responsabilidade do contratante quanto aos encargos trabalhistas. Igualmente diverso é o foco da fiscalização contratual exercida pelo Poder Público, pois, nos contratos de terceirização, o cumprimento das obrigações trabalhistas pela contratada é uma das atividades principais da equipe de gestão contratual, enquanto nos contratos de execução de obras, tanto nas empreitadas por preço global quanto nas por preço unitário, o foco do fiscal do contrato é fidedignidade da obra com o projeto licitado, o atendimento das especificações técnicas e o quantitativo dos serviços executados.
>
> Nos contratos de terceirização, o pagamento pode ocorrer por posto ou por qualquer outra unidade de medida atrelada à mera permanência da

---

[79] Idem. Tribunal de Contas da União. *Acórdão nº 719/18-P*. Disponível em: https://pesquisa.apps.tcu.gov.br/documento/acordao-completo/719%252F2018/%2520/DTRELEVANCIA%2520desc%252C%2520NUMACORDAOINT%2520desc/0. Acesso em: 13 nov. 2024.

mão de obra terceirizada, tal como homem-mês ou homem-hora. Por outro lado, nos ajustes de execução de obras públicas, a medição dos serviços ocorre após a conclusão de cada etapa ou parcela de serviço do objeto previamente definidas (na empreitada por preço global) ou pelas quantidades de serviços efetivamente realizadas, segundo unidades de medição adotadas na planilha orçamentária (empreitada por preço unitário). Nas empreitadas, os pagamentos são sempre atrelados a resultados obtidos ou a produtos entregues, devendo-se evitar a remuneração pela simples alocação de mão de obra ou de outros recursos.

Outra relevante diferença observável entre os contratos de empreitada de construção civil e os de terceirização de mão de obra refere-se ao parâmetro de reajuste de preços para os dispêndios decorrentes da mão de obra, visto que, nos contratos de terceirização, é aplicado o instituto da repactuação, em que o equilíbrio econômico-financeiro da avença é mantido por meio do exame da variação efetiva dos custos contratuais, com data vinculada ao acordo ou à convenção coletiva utilizados para formulação do orçamento estimativo. Já nas demais espécies de contrato, inclusive os de empreitada, há mera aplicação de índices de reajuste.

Por fim, mas não menos importante, nos contratos de terceirização, os salários apresentados na proposta são, em regra, obrigatórios para a empresa contratada, não podendo ela pagar salários aos terceirizados em patamar inferior ao disposto no contrato. Por outro lado, tal obrigação não se encontra presente em outros objetos licitados.

(...)

Na leitura que fiz do Requerimento nº 145/2016-CTASP, talvez o cerne da Consulta posta pela CTASP, redigida de outra forma, possa ser sintetizada na pergunta: *"Mesmo que atendidos os requisitos de exequibilidade de preços previstos no art. 48 da Lei 8.666/1993, ainda é cabível a desclassificação de licitante por apresentar proposta com composições de preço unitário contendo salários abaixo dos pisos das convenções/acordos coletivos de trabalho?"*

Entendo que a resposta a tal questionamento é negativa, salvo se o instrumento convocatório do certame tiver disposição específica prevendo a observância dos pisos salariais previstos nos instrumentos de negociação coletiva. Para melhor entendimento da matéria, permito-me reproduzir o disposto no art. 48 da Lei 8.666/1993:

(...)

É de se reconhecer que não se encontra expressamente previsto no referido diploma legal qualquer obrigação no sentido de a Administração desclassificar licitante cuja proposta de preços desrespeitar acordos e convenções coletivas de trabalho.

21. Observo, no entanto, que nada obsta a que a Administração estipule no instrumento convocatório obrigação de a licitante não poder praticar

preços inferiores aos valores estabelecidos nos instrumentos coletivos de negociação trabalhista, de modo análogo às diversas disposições atualmente existentes na IN-Seges/MPDG 5/2017. Tal previsão encontra amparo legal no inciso I do art. 48, acima transcrito, e no art. 44, §3º, da mesma Lei, *in verbis*:

(...)

É possível a interpretação de que o termo "salários de mercado" sejam os salários acordados por meio de instrumentos de negociação coletiva, tais como dissídios e acordos. Além disso, a disposição *"ainda que o ato convocatório da licitação não tenha estabelecido limites mínimos"*, presente no art. 44, §3º, está em aparente contradição com os termos *"condições estas necessariamente especificadas no ato convocatório da licitação"*, estatuídos no art. 48, inciso II, do mesmo diploma legal. Tal antinomia vem sendo tratada pela jurisprudência do TCU no sentido de que a desclassificação de proposta por inexequibilidade deve ser objetivamente demonstrada, *a partir de critérios previamente publicados*, e deve ser franqueada oportunidade de o licitante defender sua proposta e demonstrar sua capacidade de bem executar os serviços, *nos termos e condições exigidos pelo instrumento convocatório*, antes de ter sua proposta desclassificada (v.g. Acórdãos 2.528/2012-Plenário, 1.857/2011-Plenário 1.079/2017-Plenário).

(...)

Igualmente relevante é a interpretação dos referidos dispositivos de que a inexequibilidade de itens isolados da planilha de custos não caracteriza motivo suficiente para a desclassificação da proposta (art. 48, inciso II, da Lei 8.666/1993), pois o juízo sobre a inexequibilidade, em regra, tem como parâmetro o valor global da proposta (Acórdão 637/2017-Plenário). Então, uma composição de custo unitário de licitante que apresentasse valor de salário inferior ao piso da categoria não deveria ensejar a desclassificação da empresa, visto que o preço global de sua proposta poderia ser plenamente exequível.

No máximo, há de se entender que se trata de mero erro formal, o qual, em respeito aos princípios do formalismo moderado e da seleção da proposta mais vantajosa, no máximo ensejaria que a comissão de licitação realizasse diligência solicitando a reapresentação da composição de custo unitário eivada de vício.

(...)

Dessa forma, concluo que deve ser informado ao consulente que, *nos certames objetivando a contratação de obras públicas, não há determinação legal que obrigue a Administração Pública a examinar as propostas dos licitantes para observar se estes consideraram nos seus preços as despesas com mão de obra decorrentes do cumprimento de acordo, convenção ou dissídio coletivo de trabalho, devendo ser observadas as disposições dos arts. 48 e 44, §3º, da Lei 8.666/1993, bem como os critérios de aceitabilidade de preços e outros requisitos previstos no instrumento convocatório.*

Enfatizo que não se está propondo o descumprimento de regras trabalhistas pela Administração, tampouco o desrespeito aos direitos fundamentais dos trabalhadores. Friso apenas que o viés de exame de uma proposta em um certame não é o mesmo aplicável à fase de execução contratual nem abrange a análise de conformidade da proposta com diversas outras leis esparsas, que tratem de matéria estranha ao procedimento licitatório, tais como regras trabalhistas, ambientais, previdenciárias e tributárias. Isso não quer dizer que a empresa contratada possa executar o ajuste ao arrepio dessas outras leis.

Por isso, considero que a resposta à CTASP deva ser complementada informando que as licitantes, por sua vez, estão obrigadas ao cumprimento de acordo coletivo, do qual foi signatária, bem como de disposições presentes em convenção ou dissídio coletivo de trabalho, em observância ao art. 7º, inciso XXVI, da Constituição Federal de 1988, e ao art. 611 do Decreto-Lei 5.452/1943 (Consolidação das Leis do Trabalho), que conferem caráter normativo a tais instrumentos, tornando obrigatória, assim, a sua observância nas relações de trabalho (grifos nossos).

Recomenda-se a leitura completa do Acórdão para melhor entendimento do assunto.

CAPÍTULO 25

ADITIVOS CONTRATUAIS

No curso da execução da obra/serviço, pode se tornar necessária a contratação de aditivos de acréscimo/supressão, nos limites impostos pela Lei nº 14.133/2021, arts. 124 a 126. Como regra, os aditivos, que representam uma cláusula exorbitante nos contratos administrativos, deveriam ser consequência de fatos supervenientes ou só conhecidos de forma superveniente, ou, ainda, de mudança de interesse público que implique em novas necessidades.

Assim dispõe a Lei:

Art. 124. Os contratos regidos por esta Lei poderão ser alterados, com as devidas justificativas, nos seguintes casos:

I – unilateralmente pela Administração:

a) quando houver modificação do projeto ou das especificações, para melhor adequação técnica a seus objetivos;

b) quando for necessária a modificação do valor contratual em decorrência de acréscimo ou diminuição quantitativa de seu objeto, nos limites permitidos por esta Lei;

II – por acordo entre as partes:

a) quando conveniente a substituição da garantia de execução;

b) quando necessária a modificação do regime de execução da obra ou do serviço, bem como do modo de fornecimento, em face de verificação técnica da inaplicabilidade dos termos contratuais originários;

c) quando necessária a modificação da forma de pagamento por imposição de circunstâncias supervenientes, mantido o valor inicial atualizado e vedada a antecipação do pagamento em relação ao cronograma financeiro fixado sem a correspondente contraprestação de fornecimento de bens ou execução de obra ou serviço;

d) para restabelecer o equilíbrio econômico-financeiro inicial do contrato em caso de força maior, caso fortuito ou fato do príncipe ou em decorrência de fatos imprevisíveis ou previsíveis de consequências incalculáveis, que inviabilizem a execução do contrato tal como pactuado, respeitada, em qualquer caso, a repartição objetiva de risco estabelecida no contrato.

§1º Se forem decorrentes de falhas de projeto, as alterações de contratos de obras e serviços de engenharia ensejarão apuração de responsabilidade do responsável técnico e adoção das providências necessárias para o ressarcimento dos danos causados à Administração.

§2º Será aplicado o disposto na alínea "d" do inciso II do *caput* deste artigo às contratações de obras e serviços de engenharia, quando a execução for obstada pelo atraso na conclusão de procedimentos de desapropriação, desocupação, servidão administrativa ou licenciamento ambiental, por circunstâncias alheias ao contratado.

Art. 125. Nas alterações unilaterais a que se refere o inciso I do *caput* do art. 124 desta Lei, o contratado será obrigado a aceitar, nas mesmas condições contratuais, acréscimos ou supressões de até 25% (vinte e cinco por cento) do valor inicial atualizado do contrato que se fizerem nas obras, nos serviços ou nas compras, e, no caso de reforma de edifício ou de equipamento, o limite para os acréscimos será de 50% (cinquenta por cento).

Art. 126. As alterações unilaterais a que se refere o inciso I do *caput* do art. 124 desta Lei não poderão transfigurar o objeto da contratação.

É necessário levar em consideração que a permissão legal para a realização de aditivos contratuais em obras de engenharia não deve ser entendida como um cheque em branco. "Tenho limite, então posso fazer" – não deve ser essa a melhor interpretação. Os aditivos estão previstos em lei para evitar o engessamento da administração, que poderia colocar em risco o interesse público e mesmo causar prejuízo ao erário. Afinal, o interesse público é dinâmico e, considerando-se o prazo necessário para realizar uma obra, normalmente mais elevado que uma simples aquisição de bens, por exemplo, esse interesse poderá ter modificações que só possam ser atendidas por meio de uma alteração naquilo que foi inicialmente projetado.

É nesse sentido, sem qualquer dúvida, a disposição legal. Não se pode pretender alterar um projeto pela simples vontade de um novo dirigente, que assumiu recentemente e quer colocar sua marca pessoal naquela obra. Não se pode, enfim, alterar um contrato de obras sem fundamentação.

A Lei exige justificativa para qualquer alteração contratual. Nem poderia ser de outro modo. Entende-se que o objeto licitado é aquele que melhor atende ao interesse público primário e secundário. Qual seria a razão para que seja posteriormente alterado? A justificativa deve constar dos autos do processo respectivo. No mesmo sentido o entendimento do TCU:

> 19. Em princípio, o aditamento contratual poderia ser admitido, pois se trata de nítida alteração qualitativa, que objetivamente encontra amparo no art. 65, inciso I, alínea "a", e §3º da Lei 8.666/1993. Todavia, é pacífica a jurisprudência do TCU no sentido de que as alterações do objeto licitado deveriam ser precedidas de procedimento administrativo no qual ficasse adequadamente registrada a justificativa das alterações tidas por necessárias, que deveriam ser embasadas em pareceres e estudos técnicos pertinentes, bem como deveria restar caracterizada a natureza superveniente, em relação ao momento da licitação, dos fatos ensejadores das alterações.[80]

Não pode haver compensação entre acréscimos e supressões. Cada um deles deve ser calculado *de per se*, atendendo-se ao limite estabelecido na Lei. Trata-se de entendimento já consolidado, como podemos ver a seguir:

> 9.1. com fundamento nos arts. 32, inciso II, e 34 da Lei 8.443/1992, c/c o art. 287 do Regimento Interno deste Tribunal, conhecer dos presentes embargos de declaração para, no mérito, dar-lhes provimento parcial, dando à determinação contida no subitem 9.2 do Acórdão nº 749/2010 – Plenário, a seguinte redação;
> 9.2. determinar ao (*omissis*) que, para efeito de observância dos limites de alterações contratuais previstos no art. 65 da Lei nº 8.666/1993, passe a considerar as reduções ou supressões de quantitativos de forma isolada, ou seja, o conjunto de reduções e o conjunto de acréscimos devem ser sempre calculados sobre o valor original do contrato, aplicando-se a cada um desses conjuntos, individualmente *e sem nenhum tipo de compensação entre eles*, os limites de alteração estabelecidos no dispositivo legal (...)[81] (grifo nosso).

---

[80] *Idem. Acórdão de Relação nº 3.053/16-P.* Disponível em: https://pesquisa.apps.tcu.gov.br/documento/acordao-completo/3053%252F2016/%2520/DTRELEVANCIA%2520desc%252C%2520NUMACORDAOINT%2520desc/0. Acesso em: 13 nov. 2024.

[81] *Idem. Acórdão de Relação nº 591/11-P.* Disponível em: https://pesquisa.apps.tcu.gov.br/documento/acordao-completo/591%252F2011/%2520/DTRELEVANCIA%2520desc%252C%2520NUMACORDAOINT%2520desc/0. Acesso em: 13 nov. 2024.

Temos, na jurisprudência do TCU, importante e mais recente deliberação que, levando em conta o interesse público, inseriu uma exceção nessa situação. Assim deliberou o Egrégio Tribunal:[82]

> 9.2. com fundamento no art. 1º, inciso XVII e §2º, da Lei 8.443/1992, responder ao consulente que o restabelecimento total ou parcial de quantitativo de item anteriormente suprimido por aditivo contratual, com fundamento nos §1º e 2º do art. 65 da Lei 8.666/1993, por causa de restrições orçamentárias, desde que observadas as mesmas condições e preços iniciais pactuados, não configura a compensação vedada pela jurisprudência do Tribunal de Contas da União, consubstanciada nos Acórdão 1536/2016-TCU-Plenário, rel. Bruno Dantas, e 2.554/2017-TCU-Plenário, rel. André de Carvalho, visto que o objeto licitado ficou inalterado, sendo possível, portanto, além do restabelecimento, novos acréscimos sobre o valor original do contrato, observado o limite estabelecido no §1º do art. 65 da Lei 8.666/1993;

Mais uma vez, estamos diante de uma importante deliberação, que ganha maior ênfase na medida em que trata de resposta à consulta que lhe foi formulada por autoridade competente, tendo, portanto, caráter normativo, *erga omnes*. A consulta formulada indaga o posicionamento do Tribunal diante da execução de um contrato administrativo cujo valor foi objeto de aditivo de supressão por causa de restrições orçamentárias. Posteriormente, cessadas as restrições orçamentárias, haveria a conveniência de retomar o contrato aos seus patamares iniciais, com a reposição daquilo que havia sido suprimido. No entanto, muitas vezes, a administração pública via-se impedida de fazer a reposição considerando-se a vedação à compensação entre acréscimos e supressões. Poderia, então, no momento necessário, já não existir mais limite que permitisse a recomposição, pois seria ultrapassado o limite legal de 25% do valor inicial atualizado do contrato.

Vemos que, de modo muito inteligente e absolutamente em favor do interesse público, o TCU permitiu, nessa hipótese específica, que houvesse compensação entre a supressão causada por contingenciamento orçamentário e o futuro "acréscimo", que,

---

[82] *Idem. Acórdão nº 66/21-P*. Disponível em: https://pesquisa.apps.tcu.gov.br/documento/acordao-completo/66%252F2021/%2520/DTRELEVANCIA%2520desc%252C%2520NUMACORDAOINT%2520desc/0. Acesso em: 12 jun. 2024.

efetivamente, nada acrescentaria, mas apenas faria a recomposição da contratação original, observadas, portanto, as mesmas condições e os mesmos preços iniciais pactuados, mantendo-se, nesse caso, inalterada a disponibilidade para novos acréscimos que se tornarem necessários.

Em razão dessa deliberação, a Advocacia-Geral da União (AGU), por meio da Portaria AGU nº 140, de 26 de abril de 2021, alterou o texto da sua Orientação Normativa nº 50, que passou a ser este:

> I – OS ACRÉSCIMOS E AS SUPRESSÕES DO OBJETO CONTRATUAL DEVEM SER SEMPRE CALCULADOS SOBRE O VALOR INICIAL DO CONTRATO ATUALIZADO, APLICANDO-SE DE FORMA ISOLADA OS LIMITES PERCENTUAIS PREVISTOS EM LEI AO CONJUNTO DE ACRÉSCIMOS E SUPRESSÕES, VEDADA A COMPENSAÇÃO DE ACRÉSCIMOS E SUPRESSÕES ENTRE ITENS DISTINTOS, NÃO SE ADMITINDO QUE A SUPRESSÃO DE QUANTITATIVOS DE UM OU MAIS ITENS SEJA COMPENSADA POR ACRÉSCIMOS DE ITENS DIFERENTES OU PELA INCLUSÃO DE NOVOS ITENS.
>
> II – NO ÂMBITO DO MESMO ITEM, O RESTABELECIMENTO PARCIAL OU TOTAL DE QUANTITATIVO ANTERIORMENTE SUPRIMIDO NÃO REPRESENTA COMPENSAÇÃO VEDADA, DESDE QUE SEJAM OBSERVADAS AS MESMAS CONDIÇÕES E PREÇOS INICIAIS PACTUADOS, NÃO HAJA FRAUDE AO CERTAME OU À CONTRATAÇÃO DIRETA, JOGO DE PLANILHA, NEM DESCARACTERIZAÇÃO DO OBJETO, SENDO JURIDICAMENTE POSSÍVEL, ALÉM DO RESTABELECIMENTO, A REALIZAÇÃO DE ADITAMENTOS PARA NOVOS ACRÉSCIMOS OU SUPRESSÕES, OBSERVADOS OS LIMITES LEGAIS PARA ALTERAÇÕES DO OBJETO EM RELAÇÃO AO VALOR INICIAL E ATUALIZADO DO CONTRATO.

Ao observador mais atento, parece haver uma sútil, mas importante diferença entre aquilo que decidiu o TCU e a atual redação da ON nº 50, da AGU. O TCU admitiu a exceção quando a supressão fosse decorrente de restrições orçamentárias. Não encontramos a mesma restrição na Orientação Normativa da AGU, que generalizou a possibilidade dessa compensação excepcional, independentemente do fundamento alegado para a supressão.

Nos regimes de preço global, vimos anteriormente a possibilidade de serem formalizados aditivos para corrigir distorções entre os quantitativos reais e aqueles constantes da planilha do orçamento estimado. Esses aditivos não podem ultrapassar, no seu conjunto, 10% do valor global do contrato (nos termos do Decreto Federal nº 7.983/2013, regulamento a ser aplicado quando da execução de obras com recursos federais) e estarão necessariamente computados dentro dos limites do art. 125 da NLLC. Vamos tratar neste capítulo, basicamente, dos demais aditivos, aqueles decorrentes de alterações qualitativas ou quantitativas impostas pela administração. Dizemos *impostas* porque o art. 125 da Lei de Licitações é claro: o contratado será obrigado a aceitá-las. É uma cláusula exorbitante, característica dos contratos administrativos.

O Decreto Federal já traz importantes disposições a respeito das alterações contratuais, às quais deve se juntar a jurisprudência do TCU. A Lei nº 14.133/2021 incorporou essas disposições, com o objetivo de evitar que contratações aparentemente vantajosas no início do contrato acabem por se tornar prejudiciais, inclusive com a presença de superfaturamento, como decorrência de alterações promovidas. Basicamente, a vantagem obtida na licitação deve ser mantida ao longo de toda a execução contratual, sem qualquer modificação que prejudique o interesse público.

Várias são as situações registradas pelos órgãos de controle nas quais alterações provocaram prejuízos ao erário. Por exemplo:

> 36. Nessa linha, há que se considerar, ainda, que *contribuíram igualmente para a existência dos sobrepreços apontados nos autos as excessivas alterações promovidas pelos gestores públicos*, com aumento, inclusão e supressão de itens e quantitativos de serviços, feitas durante o andamento das obras, denotando infringência aos §1º e 3º do art. 65 da Lei nº 8.666/93, bem como a precariedade do projeto básico, que afrontou o inciso IX do art. 6º e o §4º do art. 7º do aludido diploma legal.
>
> 37. Ressalto que, por mais inequívoca que seja a importância econômica e social de obras públicas, *quaisquer alterações de projetos de contratos em andamento devem-se fazer acompanhar de justificativas técnicas suficientemente detalhadas*, além do confronto mercadológico dos preços unitários dos novos itens que forem acrescentados pelos aditivos, os quais não constavam originalmente da licitação[83] (grifos nossos).

---

[83] *Idem. Acórdão de Relação nº 1.330/09-P.* Disponível em: https://pesquisa.apps.tcu.gov.br/documento/acordao-completo/1330%252F2009/%2520/DTRELEVANCIA%2520desc%252C%2520NUMACORDAOINT%2520desc/0. Acesso em: 13 nov. 2024.

Nesse sentido, o Decreto Federal nº 7.983/2013 já estabelece as seguintes regras fundamentais:

> Art. 14. A diferença percentual entre o valor global do contrato e o preço global de referência não poderá ser reduzida em favor do contratado em decorrência de aditamentos que modifiquem a planilha orçamentária.
> Parágrafo único. Em caso de adoção dos regimes de empreitada por preço unitário e tarefa, a diferença a que se refere o *caput* poderá ser reduzida para a preservação do equilíbrio econômico-financeiro do contrato em casos excepcionais e justificados, desde que os custos unitários dos aditivos contratuais não excedam os custos unitários do sistema de referência utilizado na forma deste Decreto, assegurada a manutenção da vantagem da proposta vencedora ante a da segunda colocada na licitação.
> Art. 15. A formação do preço dos aditivos contratuais contará com orçamento específico detalhado em planilhas elaboradas pelo órgão ou entidade responsável pela licitação, na forma prevista no Capítulo II, observado o disposto no art. 14 e mantidos os limites do previsto no §1º do art. 65 da Lei nº 8.666, de 1993.

Agora, com o mesmo objetivo, a Lei nº 14.133/2021 assim dispõe:

> Art. 128. Nas contratações de obras e serviços de engenharia, a diferença percentual entre o valor global do contrato e o preço global de referência não poderá ser reduzida em favor do contratado em decorrência de aditamentos que modifiquem a planilha orçamentária.
> (...)
> Art. 130. Caso haja alteração unilateral do contrato que aumente ou diminua os encargos do contratado, a Administração deverá restabelecer, no mesmo termo aditivo, o equilíbrio econômico-financeiro inicial.

Comecemos a análise pelas disposições do art. 15 do Decreto. Quando a administração necessitar de alguma alteração que implique modificação contratual, ela deverá elaborar a planilha respectiva, definindo os quantitativos e os preços a serem praticados. Afinal, se é a administração que está determinando a alteração (e só assim poderá ocorrer, pois ela é a dona da obra, a contratante), ela sabe muito bem o que quer alterar. Assim, a administração deve fazer as alterações de projeto, definindo, desse modo, os serviços que serão incluídos/alterados/suprimidos, conforme o caso, e elaborar, em seguida, a respectiva planilha de quantitativos.

Quais são os preços a serem praticados? As regras são as seguintes:

1. Para alteração de quantidades de serviços que já constam da planilha original (alteração quantitativa), o preço a ser praticado é o mesmo contratado originalmente.

2. Para inclusão de novos serviços não constantes da planilha original, o preço a ser praticado deverá ser o estabelecido nos Sistemas referenciais SINAPI ou SICRO. Nesse caso, deve-se buscar o valor constante do SINAPI/SICRO na mesma data em que foi elaborado o orçamento original, para efeito de equalização do valor do reajustamento, de que trataremos adiante.

Não é só. Nos termos do art. 130 da NLLC e do art. 14 do Decreto Federal, a diferença percentual entre o valor global do contrato e o preço global de referência – o valor estimado pela administração – não poderá ser reduzida em favor do contratado. Significa dizer que o percentual de "desconto" ofertado pelo ora contratado, no certame licitatório, deve ser mantido em todos os aditamentos contratuais.

Igual é o entendimento do TCU:

> 85. Sem embargo, a jurisprudência deste Tribunal está consolidada no sentido de que itens novos incluídos ou serviços cujos quantitativos foram acrescidos em contratos de obra pública devem se limitar aos preços unitários dos sistemas de referência, *in casu* o Sicro, mantida ainda a incidência do percentual de desconto ofertado na licitação. Nesse sentido, também está positivada a legislação atual sobre o assunto, em particular os arts. 14 e 17, §1º, do Decreto 7.983/2013.
>
> 86. Ademais, ainda que o art. 37, inciso XXI, da Constituição confira ao particular o direito à manutenção do equilíbrio econômico-financeiro, para que esse direito possa ser exercido, é preciso que os preços ofertados estejam de acordo com os parâmetros de mercado. Não há como conceber que o particular possa ser beneficiário desse direito subjetivo, tendo oferecido valores em desacordo com o critério da economicidade. Entender de forma contrária é admitir, de maneira implícita, a existência de um direito adquirido ao superfaturamento, o que, sem maiores digressões, soa despropositado.[84]

---

[84] *Idem. Acórdão de Relação nº 1.637/16-P.* Disponível em: https://pesquisa.apps.tcu.gov.br/documento/acordao-completo/1637%252F2016/%2520/DTRELEVANCIA%2520desc%252C%2520NUMACORDAOINT%2520desc/0. Acesso em: 13 nov. 2024.

Exemplifiquemos. O valor global estimado pela administração é de R$1.000,00. No certame licitatório, o licitante vencedor ofertou o valor de R$950,00. Então, o contrato será firmado com um valor 5% inferior àquele que foi estimado pela administração. Esse percentual de 5% deve ser mantido durante toda a execução contratual, isto é, em qualquer aditivo que venha a ser firmado, o valor contratado deve ser, no mínimo, 5% inferior àquele que seria obtido com os preços estimados pela administração em seu orçamento de referência.

Para completar o estudo, é preciso analisar as situações nas quais o licitante tenha cotado percentual de BDI superior ao considerado no orçamento de referência. Em princípio, como já examinado, nada a opor, tendo em vista que nenhuma disposição legal limita o percentual de BDI. No entanto, isso pode acabar por prejudicar a administração exatamente no momento das alterações contratuais, uma vez que um BDI elevado poderia encarecer o preço e mesmo ocasionar a presença de superfaturamento. Como evitar isso? A resposta vem da jurisprudência do TCU, como vemos da deliberação a seguir:

> 9.3.2.6. estabelecer, nos editais de licitação, que, na hipótese de celebração de *aditivos contratuais para a inclusão de novos serviços, o preço desses serviços será calculado considerando o custo de referência e a taxa de BDI de referência especificada no orçamento-base da licitação, subtraindo desse preço de referência a diferença percentual entre o valor do orçamento-base e o valor global do contrato obtido na licitação*, com vistas a garantir o equilíbrio econômico-financeiro do contrato e a manutenção do percentual de desconto ofertado pelo contratado, em atendimento ao art. 37, inciso XXI, da Constituição Federal e aos arts. 14 e 15 do Decreto n. 7.983/2013 (...)[85] (grifo nosso).

A atenção precisa ser redobrada nesses casos, porque o "desconto" ofertado pelo licitante, agora contratado, em relação aos preços de referência não é linear. Em um item, ele pode oferecer um desconto de x%; em outro, de y%. Podemos até ter itens da planilha

---

[85] *Idem. Acórdão de Relação nº 2.440/14-P.* Disponível em: https://pesquisa.apps.tcu.gov.br/documento/acordao-completo/2440%252F2014/%2520/DTRELEVANCIA%2520desc%252C%2520NUMACORDAOINT%2520desc/0. Acesso em: 13 nov. 2024.

para os quais o licitante ofereceu o mesmo valor de referência, sem qualquer desconto. Para atendimento às disposições da Lei, o desconto deve ser calculado em cada aditivo de acréscimo ou supressão.

Para facilitar o entendimento, vamos exemplificar com uma situação próxima à realidade. Vamos exemplificar com uma obra contratada sob o regime de empreitada por preço global, da qual extraímos os seguintes dados:
- Valor global do orçamento estimado: R$9.865.070,50.
- Valor global da proposta vencedora: R$9.531.469,12.
- Desconto obtido na licitação: 3,40%.
- BDI do contratado: 22,7%.
- BDI do orçamento de referência: 23%.

Da planilha orçamentária da obra, extraímos os seguintes dados:

(continua)

Item	Serviço	Unid.	Quant.	Preços (R$)	
				Unitário	Total
1	Trechos com laje de cobertura				
1.1	Escavação, deslocamento e carga	m³	1.344	22,92	30.804,48
1.2	Transporte de material até distância de 16 km	m³	1.344	7,71	10.362,24
1.3	Ensecadeira de parede simples, com retirada do material	m²	552	42,52	23.471,04
1.4	Concreto magro	m³	840	119,53	100.405,20
1.5	Tela Telcon ou similar	kg	29.232	1,74	50.863,68
1.6	Concreto estrutural bombeável	m³	504	134,85	67.964,40
1.7	Barbacã 4"	un	672	6,45	4.334,40

(conclusão)

Item	Serviço	Unid.	Quant.	Preços (R$)	
2	**Trecho sem laje de cobertura**				
2.1	Escavação, deslocamento e carga	m³	26.208	14,20	372.153,60
2.2	Transporte de material até distância de 11 km	m³	26.208	6,34	166.158,72
2.3	Ensecadeira de parede simples, com retirada do material	m²	10.764	30,64	329.808,96
2.4	Concreto magro	m³	16.308	119,53	1.957.901,40
2.5	Tela Telcon ou similar	kg	570.024	1,74	991.841,76
2.6	Concreto estrutural bombeável	m³	9.828	134,85	1.325.305,80
2.7	Barbacã 4"	un	13.104	6,45	84.520,80

Nessa obra, serão realizadas alterações quantitativas nos seguintes itens:

1. Concreto estrutural bombeável: acréscimo de 97 m³. O preço unitário desse item no orçamento de referência é de R$137,58. Já no contrato é de R$134,85, como vemos na tabela.

2. Concreto magro: acréscimo de 147 m³. O preço unitário desse item no orçamento de referência é de R$120,50. Já no contrato é de R$119,53, como disposto na tabela.

Nessas condições, o preço total calculado de acordo com o orçamento de referência seria:

97 m³ x R$137,58 = R$13.345,26
147 m³ x R$120,50 = R$17.713,50
Total: R$31.058,76 + 23% (BDI) = R$38.202,27

Calculado de acordo com os valores contratados, o preço seria:

97 m³ x R$134,85 = R$13.080,45
147 m³ x R$119,53 = R$17.570,91
Total: R$30.651,36 + 22,7% (BDI) = R$37.609,21

Comparando-se os dois valores calculados, verifica-se que, se a administração contratasse o aditivo pelo preço de R$37.609,21, obteria um desconto de 1,55% em relação ao preço calculado com seu orçamento de referência. Como o desconto ofertado pelo licitante, no certame licitatório, foi de 3,40%, esse percentual não poderá ser reduzido, pois favoreceria o contratado. Desse modo, o aditivo de acréscimo deve ser contratado pelo valor de R$36.903,39, correspondente ao preço obtido com o orçamento estimado, aplicado o desconto ofertado no certame. Esse procedimento denomina-se aplicação de parcela compensatória negativa. O tema já foi objeto de apreciação pelo TCU, que assim deliberou, também em sede de Consulta:[86]

> 9.2.2. em caso de necessidade de celebração de termos aditivos em contratos de obras públicas, deve ser observado o disposto nos arts. 14 e 15 do Decreto 7.983/2013, sendo necessário, para tanto, que se realize análise da planilha confrontando a situação antes e depois do aditivo pretendido para averiguar quanto à eventual redução no percentual do desconto originalmente concedido;
> (...)
> 9.2.4. nas situações em que, em virtude do aditivo, houver diminuição do desconto originalmente concedido, pode-se incluir parcela compensatória negativa como forma de se dar cumprimento ao art. 14 do Decreto 7.983/2013, ressalvada a exceção prevista em seu parágrafo único;

Como obter um orçamento discriminado a partir desse valor? É uma questão de engenharia reversa. Deve-se lembrar que o valor de R$36.903,39 é o preço final do aditivo, representando, portanto, custo mais BDI. Nesse valor total, o item 1 do aditivo (concreto estrutural bombeável) corresponde a 34,93%, e o item 2 (concreto magro) corresponde a 65,07%. Basta aplicar esses percentuais para termos o valor de cada item no aditivo de R$36.903,39. Encontraremos:

---

[86] Idem. *Acórdão nº 2.699/19-P*. Disponível em: https://pesquisa.apps.tcu.gov.br/documento/acordao-completo/2699%252F2019/%2520/DTRELEVANCIA%2520desc%252C%2520NUMACORDAOINT%2520desc/0. Acesso em: 13 nov. 2024.

Item 1: R$12.890,35
Item 2: R$24.013,04

A planilha que resultará nesse valor, elaborada pela administração, deverá ser apresentada ao contratado para conferência e posterior assinatura do termo aditivo ao contrato.

Se, nessa mesma obra, em momento posterior, a administração pretender realizar no item *Tela Telcon ou similar* um acréscimo correspondente a 876,96 kg, esse acréscimo poderia ser feito utilizando-se os preços praticados na planilha do licitante, pois o desconto ofertado nesse item, em relação ao preço constante do orçamento básico, foi de 4,25%, superior, portanto, ao desconto ofertado na licitação em relação ao valor global, que foi de 3,40%.

Toda e qualquer alteração no objeto contratado deve ser devidamente formalizada por meio de termo aditivo, não se admitindo a substituição de um serviço contratado por outro, ainda que de mesmo valor, sem a devida formalização. Os aditivos devem ser formalizados antes de a administração autorizar a realização dos serviços que deles constarem.

Já no caso de aditivos de serviços novos (alteração qualitativa) nesse mesmo contrato, teremos a seguinte situação:

Serviço a ser acrescido: SERVIÇO X
Acréscimo a ser realizado: 356 m^2
Custo unitário SINAPI na mesma data do orçamento de referência: R$57,90
Valor do BDI: 22,7% (será sempre utilizado o menor dos dois valores de BDI. Assim, se o BDI do contratado for superior ao da administração, no aditivo de serviço novo será utilizado o BDI da administração)
Preço total do aditivo: 356 m^2 x 57,90 = 20.612,40 + 22,7% = R$25.291,41 − 3,40% = R$24.431,50

De um lado, podemos dizer que a nova Lei espancou uma discussão que havia no âmbito doutrinário. Determinada corrente afirmava, à época da Lei nº 8.666/1993, que o limite para as alterações − 25% ou, excepcionalmente, 50% − seria aplicável exclusivamente no caso de modificações quantitativas, ficando as alterações qualitativas fora dessa limitação. O TCU já afastara essa possibilidade de interpretação, por meio da Decisão nº 215/1999-P,[87] que, aliás, criou situação excepcional interessante:

> a) tanto as alterações contratuais quantitativas – que modificam a dimensão do objeto – quanto as unilaterais qualitativas – que mantêm intangível o objeto, em natureza e em dimensão, estão sujeitas aos limites preestabelecidos nos §1º e 2º do art. 65 da Lei nº 8.666/93, em face do respeito aos direitos do contratado, prescrito no art. 58, I, da mesma Lei, do princípio da proporcionalidade e da necessidade de esses limites serem obrigatoriamente fixados em lei;
>
> b) nas hipóteses de alterações contratuais consensuais, qualitativas e excepcionalíssimas de contratos de obras e serviços, é facultado à Administração ultrapassar os limites aludidos no item anterior, observados os princípios da finalidade, da razoabilidade e da proporcionalidade, além dos direitos patrimoniais do contratante privado, desde que satisfeitos cumulativamente os seguintes pressupostos:
>
> I – não acarretar para a Administração encargos contratuais superiores aos oriundos de uma eventual rescisão contratual por razões de interesse público, acrescidos aos custos da elaboração de um novo procedimento licitatório;
>
> II – não possibilitar a inexecução contratual, à vista do nível de capacidade técnica e econômico-financeira do contratado;
>
> III – decorrer de fatos supervenientes que impliquem em dificuldades não previstas ou imprevisíveis por ocasião da contratação inicial;
>
> IV – não ocasionar a transfiguração do objeto originalmente contratado em outro de natureza e propósito diversos;
>
> V – ser necessárias à completa execução do objeto original do contrato, à otimização do cronograma de execução e à antecipação dos benefícios sociais e econômicos decorrentes;
>
> VI – demonstrar-se – na motivação do ato que autorizar o aditamento contratual que extrapole os limites legais mencionados na alínea "a", supra – que as consequências da outra alternativa (a rescisão contratual, seguida de nova licitação e contratação) importam sacrifício insuportável ao interesse público primário (interesse coletivo) a ser atendido pela obra ou serviço, ou seja gravíssimas a esse interesse; inclusive quanto à sua urgência e emergência;

---

[87] Idem. Decisão nº 215/99-P. Disponível em: https://pesquisa.apps.tcu.gov.br/documento/acordao-completo/*/KEY:ACORDAO-COMPLETO-83865/NUMACORDAOINT%20asc/0. Acesso em: 13 nov. 2024.

Com a nova Lei, entendemos que essa interpretação não pode mais ser aplicada. Afinal, em seu art. 125, a Lei dispõe que o limite deverá ser aplicado nas alterações unilaterais a que se refere o inc. I do *caput* do art. 124, que engloba tanto as unilaterais qualitativas como as unilaterais quantitativas.

De outro lado, nova discussão doutrinária surgiu. Se a Lei, literalmente, estabelece que o limite de 25% deve ser aplicado às alterações unilaterais, há quem interprete que, nas alterações consensuais, não haveria limite estabelecido na Lei. Não entendemos assim, mesmo invocando os mesmos argumentos já citados da Decisão nº 215/1999-P, do TCU, em sua alínea "a". Aliás, o art. 124, inc. II, da nova Lei relaciona expressamente quais são as alterações consensuais admitidas. São quatro situações possíveis, e nenhuma delas abrange a possibilidade de alteração qualitativa ou quantitativa do objeto. Entendemos que, por si só, essa expressa disposição legal afasta a discussão sobre a possibilidade de existir ou não algum tipo de limitação para as alterações qualitativas consensuais.

A Lei nº 8.666/1993 trazia, em relação a esse tema, interessante disposição, que não foi reproduzida na NLLC. Permitia, em seu art. 65, §2º, inc. II, que as supressões contratuais consensuais atingissem até 100% do valor contratado. Em havendo concordância por parte do contratado, a administração poderia realizar supressões que não estariam limitadas a 25% do valor inicial atualizado do contrato. Considerávamos essa disposição interessante, pois não trazia impactos ao erário, não prejudicava o contratado, pois com ela concordava necessariamente e dava maior liberdade à administração para suprimir itens constante da avença. Com a não reprodução dessa disposição pela nova Lei, tais supressões passariam a estar contidas dentro do limite de 25% estabelecido para as alterações em geral. No entanto, o art. 137, §2º, inc. I, prevê expressamente o direito do contratado à extinção do contrato na hipótese de supressão do objeto além do limite de 25% do valor inicial atualizado. Tal condição deixa claro que, em não utilizando esse direito, o contratado estaria concordando com a supressão, que poderia ir até 100%, portanto.

Finalmente, em relação aos aditivos, lembramos que devem ser firmados, como regra, antes de ser autorizada a execução. Contudo, a Lei nº 14.133/2021, percebendo a dificuldade muitas vezes encontrada pela administração contratante na realização dessa formalização, o que poderia criar embaraços ao andamento normal dos trabalhos, trouxe exceção interessante:

Art. 132. A formalização do termo aditivo é condição para a execução, pelo contratado, das prestações determinadas pela Administração no curso da execução do contrato, salvo nos casos de justificada necessidade de antecipação de seus efeitos, hipótese em que a formalização deverá ocorrer no prazo máximo de 1 (um) mês.

Assim, diante de situação justificada no processo, a administração poderá, excepcionalmente, autorizar a execução do aditivo, situação em que deverá providenciar sua formalização, a ser processada no prazo máximo de 1 mês.

MANUTENÇÃO DO EQUILÍBRIO DA EQUAÇÃO ECONÔMICO-FINANCEIRA

A manutenção do equilíbrio da equação econômico-financeira nos contratos de obras e serviços de engenharia não constitui mera discricionariedade da administração. A Constituição Federal vigente, no art. 37, inc. XXI, dispõe que, nas contratações realizadas pela administração pública, serão mantidas as condições efetivas da proposta, nos termos da Lei, o que significa dizer que deve ser mantido o equilíbrio da equação econômico-financeira.

O pressuposto é que o orçamento de referência representa a média dos valores praticados no mercado considerando-se os parâmetros utilizados em sua elaboração. Um orçamento de obra pública elaborado com base nos preços vigentes no mês de junho de 2024 (por exemplo, elaborado com base no SINAPI de junho/2024) representa a média dos preços de mercado nesse momento. Nos termos da Constituição Federal de 1988, essas condições devem ser mantidas integralmente durante toda a vigência do contrato. Assim, qualquer fator que influencie a equação econômico-financeira contratada, afastando-a da realidade, deve implicar a aplicação do instituto do reequilíbrio.

O que seria a equação econômico-financeira? É uma equação matemática que relaciona os encargos assumidos pelo contratado com o valor que receberá por força da execução de suas obrigações. Teremos:

$$\text{ENCARGOS} = \text{REMUNERAÇÃO}$$

Presume-se que essa equação estará equilibrada no momento inicial do contrato. Deve, assim, ser mantida equilibrada durante toda a execução da avença.

Existem fatores exógenos e fatores endógenos que podem causar um desequilíbrio nessa balança. Os fatores endógenos são representados fundamentalmente pelas alterações que a administração contratante determinar no objeto. Já tratamos das alterações contratuais no capítulo anterior desta obra e verificamos que elas causam desequilíbrio na equação econômico-financeira, aumentando (aditivo de acréscimo) ou reduzindo (aditivos de supressão) os encargos do contratado. Vimos, igualmente, que a administração irá alterar o valor contratado sempre que determinar uma alteração contratual.

De outra banda, existem os fatores exógenos, sobre os quais nem a administração nem o contratado têm controle. Temos, por exemplo, a inflação, que ocasiona a perda do poder aquisitivo da moeda; temos as alterações legais, que podem ora aumentar, ora diminuir os encargos do contratado; temos eventos da natureza, que podem impactar a execução do objeto; etc. Alguns desses fatores são previsíveis (com a inflação); alguns são imprevisíveis (como os eventos da natureza).

A Lei nº 14.133/2021 traz duas hipóteses para a atualização dos preços contratados quando se manifestarem fatores exógenos, em cumprimento às disposições constitucionais: o reajustamento e a revisão. A primeira deve ser utilizada quando estivermos diante de situações previsíveis; a segunda, ser aplicada nas situações imprevisíveis ou até nas situações previsíveis, mas de consequências incalculáveis.

Por sua vez, o reajustamento pode ser aplicado de duas formas: por meio da figura do reajustamento em sentido estrito e da figura da repactuação. Temos, assim:

```
                                    ┌─ Reajustamento em sentido estrito
                    ┌─ Reajustamento ┤
Reequilíbrio da     │                └─ Repactuação
equação         ────┤
econômico-          │
financeira          └─ Revisão
```

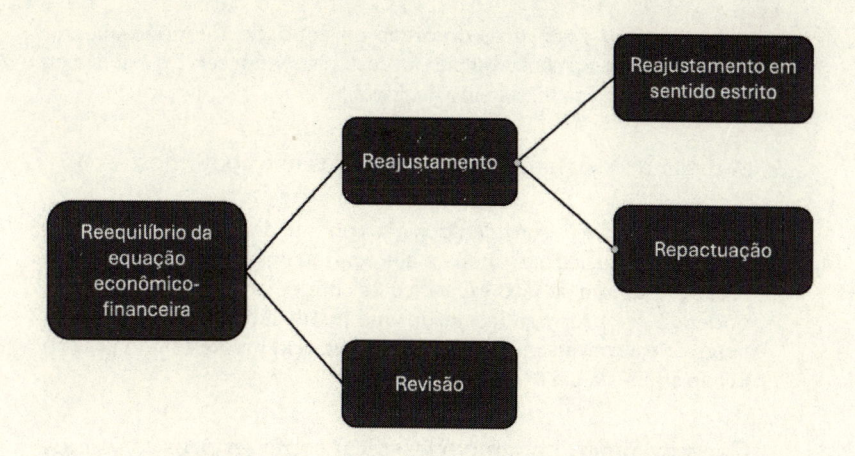

O reajustamento é o instituto a ser utilizado para reequilíbrio da equação quando o desequilíbrio for causado exclusivamente pela inflação, ou seja, pela perda do poder aquisitivo da moeda. Reajustar significa atualizar o preço inicialmente contratado.

A figura da repactuação tem uma aplicação específica, como dispõe a própria Lei:

> Art. 135. Os preços dos contratos para serviços contínuos com regime de dedicação exclusiva de mão de obra ou com predominância de mão de obra serão repactuados para manutenção do equilíbrio econômico-financeiro, mediante demonstração analítica da variação dos custos contratuais, com data vinculada:
> I – à da apresentação da proposta, para custos decorrentes do mercado;
> II – ao acordo, à convenção coletiva ou ao dissídio coletivo ao qual a proposta esteja vinculada, para os custos de mão de obra.

Para o tema tratado nesta obra, a repactuação deverá ser aplicada nas contratações de serviços de engenharia por meio de serviços classificados como contínuos, nos quais existam a dedicação exclusiva de mão de obra ou a predominância de mão de obra. O que são serviços contínuos? Invocamos a definição constante da Instrução Normativa SEGES/MPDG nº 5, de 2017:

> Art. 15. Os serviços prestados de forma contínua são aqueles que, pela sua essencialidade, visam atender à necessidade pública de forma permanente e contínua, por mais de um exercício financeiro, assegurando a integridade do patrimônio público ou o funcionamento

das atividades finalísticas do órgão ou entidade, de modo que sua interrupção possa comprometer a prestação de um serviço público ou o cumprimento da missão institucional.

A mesma IN define assim os serviços não contínuos:

> Art. 16. Os serviços considerados não continuados ou contratados por escopo são aqueles que impõem aos contratados o dever de realizar a prestação de um serviço específico em um período predeterminado, podendo ser prorrogado, desde que justificadamente, pelo prazo necessário à conclusão do objeto, observadas as hipóteses previstas no §1º do art. 57 da Lei nº 8.666, de 1993.

Genericamente, podemos classificar como serviços contínuos aqueles referentes à manutenção predial. Serviço não contínuo seria aquele de, por exemplo, substituição do piso de determinado ambiente.

Pela Lei nº 14.133/2021, os contratos de serviços contínuos podem ser formalizados por um prazo inicial de até 5 anos, com possibilidade de prorrogação para até atingir 10 anos.

Os serviços contínuos englobam mão de obra e insumos (materiais e equipamentos). Como deve ser aplicada a repactuação para esses serviços? Comecemos examinando as disposições da Lei nº 10.192, de 14 de fevereiro de 2001:

> Art. 2º. (...)
> §1º É nula de pleno direito qualquer estipulação de reajuste ou correção monetária de periodicidade inferior a um ano.

Compatibilizando as disposições do art. 135 da NLLC com aquelas constantes do §1º do art. 2º da Lei nº 10.192/2001, devemos entender:

1. Em relação à mão de obra, o licitante deverá cotar em sua proposta o piso salarial então vigente na data de sua apresentação. Esse piso terá sido fixado na data-base da categoria envolvida no contrato. A primeira repactuação do valor da mão de obra deve ocorrer na próxima data-base da categoria. Exemplo: data-base da categoria no dia 1º de fevereiro de cada ano. Proposta apresentada no mês de junho, utilizando o valor

do piso salarial vigente desde 1º de fevereiro. O contrato terá vigência a partir de 1º de setembro. Em 1º de fevereiro do ano seguinte, deverá ser concedida a primeira repactuação da mão de obra. A segunda ocorrerá 1 ano depois, e assim sucessivamente.

2. Em relação aos insumos, o licitante deverá cotar em sua proposta os valores vigentes no mercado na data de sua apresentação. A primeira repactuação ocorrerá 1 ano depois. Exemplo: proposta apresentada no mês de junho. Contrato com vigência a partir de 1º de setembro. A primeira repactuação do valor dos insumos ocorrerá em junho do ano seguinte, e assim sucessivamente.

Uma característica da repactuação é que esta somente será concedida quando solicitada pelo interessado. Não havendo solicitação, nada será pago. Essa solicitação deverá ser acompanhada da documentação correspondente, ou seja, novo Acordo, Convenção ou Dissídio Coletivo de Trabalho, no caso da mão de obra, e comprovação dos novos preços praticados no mercado, para os insumos. Se o interessado não fizer a solicitação e firmar aditivo de prorrogação do prazo contratual, terá precluído seu direito a essa repactuação. Da mesma forma ocorrerá no final da vigência do contrato. Assim dispõe a NLLC:

> Art. 131. A extinção do contrato não configurará óbice para o reconhecimento do desequilíbrio econômico-financeiro, hipótese em que será concedida indenização por meio de termo indenizatório.
> Parágrafo único. O pedido de restabelecimento do equilíbrio econômico-financeiro deverá ser formulado durante a vigência do contrato e antes de eventual prorrogação nos termos do art. 107 desta Lei.

Vemos, na nova Lei de Licitações, que o estabelecimento das regras do reajustamento não é uma consequência do prazo previsto para execução das obrigações contratuais pelo contratado. De acordo com o art. 92, *todo* contrato administrativo deve conter cláusula estabelecendo:

> Art. 92. São necessárias em todo contrato cláusulas que estabeleçam:
> (...)

V – o preço e as condições de pagamento, os critérios, a data-base e a periodicidade do reajustamento de preços e os critérios de atualização monetária entre a data do adimplemento das obrigações e a do efetivo pagamento;

Em relação ao reajustamento em sentido estrito, este deve ser utilizado em todas as outras hipóteses de contrato que não tratarem de serviço contínuo com dedicação exclusiva de mão de obra ou de predominância de mão de obra. É o caso, portanto, das obras públicas. Reajustamento em sentido estrito tem diferenças fundamentais em relação à figura da repactuação. A uma, a variação do valor deve ser calculada em função de um índice expressamente estabelecido no edital ou no próprio instrumento de contrato. A duas, porque, ao contrário da repactuação, deve ser aplicado de ofício pela administração, independentemente, desse modo, de qualquer requerimento nesse sentido. Trata-se do mero cumprimento de disposição constitucional, para a aplicação da qual todos os elementos necessários já constam do edital. Inversamente à repactuação, em que a administração depende da informação do contratado em relação, por exemplo, à variação do valor da mão de obra decorrente de novo Acordo, Convenção ou Dissídio Coletivo de Trabalho, para a aplicação do reajustamento em sentido estrito não há necessidade de qualquer informação adicional.

Três são as condições necessárias para a aplicação dessa forma de reequilíbrio: a periodicidade, o índice a ser aplicado e o marco inicial para a contagem da periodicidade. Esta é anual, como estabelece a já citada Lei nº 10.192/2001. O índice a ser utilizado deve ser, sempre que possível, relativo especificamente àquele setor da economia envolvido no objeto do contrato. No caso de obras e serviços de engenharia, recomenda-se a utilização do Índice Nacional de Custo da Construção (INCC), calculado pela Fundação Getulio Vargas (FGV), considerada o principal indicador de custo da construção civil em nosso país. Resta definir, então, qual será o marco inicial adotado para a contagem da anualidade.

Como vimos, a Lei nº 10.192/2001, em seu art. 3º, traz duas hipóteses para a definição desse marco inicial. São hipóteses excludentes: o contrato deve usar a primeira ou a segunda, nunca as duas na mesma situação. A primeira hipótese legal é a contagem do prazo a partir da data-limite para apresentação das propostas. Essa hipótese deve ser utilizada quando o valor contratado não tem data referencial. Considera-se, assim, que o valor proposto e contratado é válido para a data-limite de apresentação da oferta, que é a data da sessão pública de abertura da licitação, último momento em que os licitantes podem apresentar suas propostas.

A outra hipótese legal é a contagem do prazo a partir da data do orçamento a que a proposta se referir. Essa situação será adotada quando o orçamento apresentado se referir a uma data específica, devidamente definida no instrumento convocatório. É exatamente o caso das obras e dos serviços de engenharia.

A Lei nº 14.133/2021 posicionou-se em favor de uma dessas hipóteses. É a conclusão que tiramos da leitura do art. 25:

> Art. 25. O edital deverá conter o objeto da licitação e as regras relativas à convocação, ao julgamento, à habilitação, aos recursos e às penalidades da licitação, à fiscalização e à gestão do contrato, à entrega do objeto e às condições de pagamento.
>
> (...)
>
> §7º Independentemente do prazo de duração do contrato, será obrigatória a previsão no edital de índice de reajustamento de preço, com data-base vinculada à data do orçamento estimado e com a possibilidade de ser estabelecido mais de um índice específico ou setorial, em conformidade com a realidade de mercado dos respectivos insumos.
>
> §8º Nas licitações de serviços contínuos, observado o interregno mínimo de 1 (um) ano, o critério de reajustamento será por:
>
> I – reajustamento em sentido estrito, quando não houver regime de dedicação exclusiva de mão de obra ou predominância de mão de obra, mediante previsão de índices específicos ou setoriais;
>
> II – repactuação, quando houver regime de dedicação exclusiva de mão de obra ou predominância de mão de obra, mediante demonstração analítica da variação dos custos.

Comecemos por analisar as disposições do §8º do art. 25, que distingue a aplicação do reajustamento em sentido estrito e da repactuação, deixando clara a situação específica do uso deste último instrumento e que a aplicação do reajustamento em sentido estrito será feita em função de um índice.

Já o §7º do art. 25 traz condição fundamental, que nem sempre era bem entendida até então. Independentemente do prazo de vigência do contrato, as regras do reajustamento devem dele constar. "Mas como?", indagam alguns. A periodicidade mínima não é de 1 ano? Sim, mas precisamos considerar a partir de quando essa anualidade será contada. Dispõe o §7º do art. 25 que a periodicidade será contada a partir da data do orçamento estimado, o orçamento de referência. Tal condição sempre foi, é e sempre será importantíssima no caso da contratação de obras públicas.

Quando analisamos, no Capítulo 13, a elaboração do orçamento, vimos que este deve, como regra, adotar como referencial os Sistemas oficiais SINAPI ou SICRO. Esses sistemas, divulgados publicamente, apresentam preços mensais. Desse modo, quando o profissional responsável pela elaboração do orçamento estimado for executar sua tarefa, deverá consultar qual é a última atualização disponível no sistema.

Por exemplo, vamos supor que o orçamento vai ser elaborado no mês de fevereiro de 2024. Ao consultar o Sistema SINAPI, o profissional verifica que a última atualização disponível se refere ao mês de janeiro de 2024. É com esse referencial, portanto, que ele irá elaborar o orçamento estimado. Essa data, janeiro de 2024, deve estar expressamente mencionada na planilha de quantitativos e preços.

Imaginemos, agora, que a licitação seja divulgada em abril, com sessão de abertura marcada para maio de 2024. Pergunta-se: seria possível aos licitantes apresentarem suas propostas com base nos preços vigentes nesse mês de maio? A resposta é negativa.

Não podemos esquecer que uma das condições básicas dos certames licitatórios para contratação de obras e serviços de engenharia é que o valor global estimado é o máximo aceitável. Assim, em nenhuma hipótese o licitante poderá ofertar valor superior a esse máximo, pois sua proposta seria desclassificada, com fundamento no art. 59, inc. III, da Lei nº 14.133/2021: serão desclassificadas propostas que permanecerem acima do orçamento estimado para a contratação.

Por certo, considerando as condições da economia brasileira, na qual prevalece o princípio da livre-iniciativa e a inflação é positiva, rotineiramente, os preços vigentes no mês de maio de 2024 devem ser superiores, na média, aos preços vigentes no mês de janeiro de 2024. Desse modo, se elaborasse sua proposta com valores atualizados, o licitante acabaria por encontrar um preço global superior ao estimado, que é o máximo.

Assim, os licitantes se veem obrigados a apresentar propostas com valores correspondentes à mesma data referencial adotada pela administração, data essa, repetimos, registrada obrigatoriamente no instrumento convocatório.

A data do orçamento a que a proposta se referir, no caso de licitações cuja obra seja a área de engenharia, será, então, a data do referencial SINAPI/SICRO utilizado na elaboração do orçamento estimado – no exemplo mencionado, o mês de janeiro de 2024.

Define-se, assim, que o contratado teria direito ao primeiro reajustamento quando completada a anualidade contada a partir da data do orçamento a que a proposta se referir. Independentemente de quando tivesse sido assinado o contrato e iniciada a execução da obra, o primeiro reajustamento seria concedido obrigatoriamente no mês de janeiro de 2025.

Não se conta a anualidade, portanto, a partir da data de assinatura do contrato. Não existe essa hipótese na legislação. Não se conta a partir da data-limite para apresentação da proposta, pois, no caso da engenharia, o licitante não pode apresentar valores atualizados em sua oferta.

O TCU tem recomendado que, sempre que possível, a administração procure atualizar o orçamento estimado na época em que for divulgado o aviso de licitação. É uma tentativa de licitar com valores mais atualizados, mas, ainda assim, sempre haverá uma data referencial anterior àquela em que houver a efetiva realização e conclusão do certame. Ademais, não podemos esquecer que a atualização do orçamento gera um encargo que não é pequeno. Muitas e muitas vezes, isso acabaria por gerar embaraços para a administração, quem sabe até prejudicando outras atividades.

Da jurisprudência da Corte de Contas, obtemos:

> 9.5. recomendar ao Ministério do Planejamento, Desenvolvimento e Gestão que:
> 9.5.1. em futuras licitações de obras públicas, quando se demonstrar demasiadamente complexa e morosa a atualização da estimativa de custo da contratação, adote como marco inicial para efeito de reajustamento contratual a data-base de elaboração da planilha orçamentária, nos termos do art. 40, inciso XI, da Lei 8.666/1993 e do art. 3º, §1º, da Lei 10.192/2001 (...).[88]

---

[88] Idem. *Acórdão de Relação nº 19/17-P*. Disponível em: https://pesquisa.apps.tcu.gov.br/documento/acordao-completo/*/NUMACORDAO%253A19%2520ANOACORDAO%253A2017%2520COLEGIADO%253A%2522Plen%25C3%25A1rio%2522/DTRELEVANCIA%2520desc%252C%2520NUMACORDAOINT%2520desc/0. Acesso em: 13 nov. 2024.

Do Voto apresentado pelo Relator nesse processo, destaca-se o seguinte excerto:

22. Sopesando os problemas advindos da falta de atualização do orçamento e o ônus de realizar nova pesquisa de mercado, parece-me adequada uma terceira opção, aventada pela peça inicial da empresa representante, pois o problema seria parcialmente mitigado caso a database para efeitos de reajustamento contratual fosse referenciada à data de elaboração do orçamento estimativo da contratação, e não à data da entrega da proposta – critério utilizado no edital do MPOG.

23. Enfatizo que não há nenhuma ilegalidade no critério de reajuste previsto na Concorrência nº 2/2015, que se encontra integralmente aderente ao disposto nas Leis 8.666/1993 e 10.192/2001:

> *Art. 40. O edital conterá no preâmbulo o número de ordem em série anual, o nome da repartição interessada e de seu setor, a modalidade, o regime de execução e o tipo da licitação, a menção de que será regida por esta Lei, o local, dia e hora para recebimento da documentação e proposta, bem como para início da abertura dos envelopes, e indicará, obrigatoriamente, o seguinte:*
> *(...)*
> *XI – critério de reajuste, que deverá retratar a variação efetiva do custo de produção, admitida a adoção de índices específicos ou setoriais, desde a data prevista para apresentação da proposta, ou do orçamento a que essa proposta se referir, até a data do adimplemento de cada parcela;"*
> *"Art. 3º Os contratos em que seja parte órgão ou entidade da Administração Pública direta ou indireta da União, dos Estados, do Distrito Federal e dos Municípios, serão reajustados ou corrigidos monetariamente de acordo com as disposições desta Lei, e, no que com ela não conflitarem, da Lei nº 8.666, de 21 de junho de 1993.*
> *§1º A periodicidade anual nos contratos de que trata o caput deste artigo será contada a partir da data limite para apresentação da proposta ou do orçamento a que essa se referir.*

24. Como se vê, o gestor público pode adotar discricionariamente dois marcos iniciais distintos para efeito de reajustamento dos contratos: (i) a data limite para apresentação da proposta; e (ii) a data do orçamento. Ocorre que o segundo critério se mostra mais robusto, pois reduz os problemas advindos de orçamentos desatualizados em virtude do transcurso de vários meses entre a data-base da estimativa de custos e a data de abertura das propostas.

25. Por esse motivo, entendo pertinente recomendar ao MPOG que, em futuras licitações de obras públicas, quando se demonstrar

demasiadamente complexa a atualização da estimativa orçamentária da contratação, adote como marco inicial para efeito de reajustamento contratual a data-base de elaboração da planilha orçamentária.[89]

É válido ressaltar que o procedimento indicado como exemplo não causa prejuízos nem vantagens para ninguém. De um lado, o licitante poderia imaginar que estaria sendo prejudicado, pois seria obrigado a apresentar proposta em maio de 2024, com valores vigentes em janeiro de 2024. Em contrapartida, o primeiro reajustamento ocorrerá logo em janeiro de 2025. De outra banda, a administração poderia imaginar que ela estaria prejudicada, pois firmaria um contrato e poucos meses após já seria obrigada a conceder o primeiro reajustamento. No entanto, o contrato já terá sido firmado com valores defasados, que o reajustamento apenas corrigirá. Ninguém ganha; ninguém perde! Ou, mais propriamente: *todos ganham*!

Como SINAPI e SICRO apresentam valores referenciais mensais, pergunta-se: a partir de qual dia do mês deverá ser aplicado o reajustamento? Admita-se, considerando o exemplo citado, que o primeiro reajustamento deva ser concedido no mês de janeiro de 2025. Em qual dia desse mês deve ser feita essa aplicação? Tal situação já foi examinada e pacificada pelo TCU, como vemos a seguir:

> 9.2 determinar ao (*omissis*) que:
>
> 9.2.1 estabeleça já a partir dos editais de licitação e em seus contratos, de forma clara, se a periodicidade dos reajustes terá como base a data-limite para apresentação da proposta ou a data do orçamento, observando-se o seguinte:
>
> 9.2.1.1 se for adotada a data-limite para apresentação da proposta, o reajuste será aplicável a partir do mesmo dia e mês do ano seguinte;
>
> 9.2.1.2. *se for adotada a data do orçamento, o reajuste será aplicável a partir do mesmo dia e mês do ano seguinte se o orçamento se referir a um dia específico, ou do primeiro dia do mesmo mês do ano seguinte caso o orçamento se refira a determinado mês;*
>
> 9.2.2. para o reajustamento dos contratos, observe que a contagem do período de um ano para a aplicação do reajustamento deve ser feita a partir da data base completa, na forma descrita no item 9.1.1, de modo

---

[89] *Ibidem* (grifos do original).

a dar cumprimento ao disposto na Lei nº 10.192/2001, em seus arts. 2º e 3º, e na Lei nº 8.666/93, em seu art. 40, inciso XI;"[90] (grifo nosso).

No exemplo disposto, o contratado teria direito ao reajustamento a partir do dia 1º de janeiro de 2025, considerando que o orçamento baseado no SINAPI/SICRO se refere a determinado mês, e não a um dia específico. Para os reajustamentos seguintes, continuará sendo obedecida a regra da anualidade: 1º de janeiro de 2026, e assim sucessivamente.

Para concluir este capítulo, deve-se destacar que a aplicação do reajustamento deve ser automática, realizada de ofício pela administração contratante, independentemente de qualquer solicitação da contratada. Como já vimos, é uma imposição constitucional, que precisa ser cumprida sem qualquer condição adicional. Não se pode alegar que o contratado é quem deve solicitar o reajustamento do valor contratado. A iniciativa deve partir da administração. Essa condição deve, inclusive, estar expressa no instrumento convocatório.

A respeito do automatismo na aplicação do instituto do reajustamento, destacamos:

> A diferença entre repactuação e reajuste é que *este é automático* e deve ser realizado periodicamente, mediante a simples aplicação de um índice de preço, que deve, dentro do possível, refletir os custos setoriais. Naquela, embora haja periodicidade anual, não há automatismo, pois é necessária a demonstração da variação dos custos do serviço"[91] (grifo nosso).

> "1. Havendo previsão contratual expressa no sentido de que os contratos celebrados com prazo de vigência superior a doze meses terão seus valores anualmente reajustados por índice adotado em lei, ou na falta de previsão específica, pelo Índice Nacional de Preços ao Consumidor – INPC, *o reajuste é um direito da empresa, o qual a Administração Pública não pode se escusar a cumprir*, devendo, portanto, adimplir com o devido reajuste contratual a cada período de 12 (doze) meses de duração do contrato.

---

[90] Idem. *Acórdão de Relação nº 1.707/03-P*. Disponível em: https://pesquisa.apps.tcu.gov.br/documento/acordao-completo/1707%252F2013/%2520/DTRELEVANCIA%2520desc%252C%2520NUMACORDAOINT%2520desc/0. Acesso em: 13 nov. 2024.

[91] Idem. *Acórdão de Relação nº 1.374/06-P*. Disponível em: https://pesquisa.apps.tcu.gov.br/documento/acordao-completo/1374%252F2006/%2520/DTRELEVANCIA%2520desc%252C%2520NUMACORDAOINT%2520desc/0. Acesso em: 13 nov. 2024.

(...)

5. *O reajuste contratual deverá ser automático*, sem que a parte contratada necessite requerê-lo expressamente, mas havida a manifestação da empresa pleiteando o reajuste, *não cabe a alegação de que ocorreu a preclusão lógica do direito de receber a diferença dos preços reajustáveis retroativamente*"[92] (grifos nossos).

Em devendo ser pago de ofício pela administração, não há que se falar em preclusão lógica para o reajuste em sentido estrito. Afinal, se a administração não o pagar, cometerá um erro. E ninguém pode se beneficiar de sua própria torpeza, como dispõe o brocardo latino *Nemo auditur propriam turpitudinem allegans*.

Interessante análise foi feita pela AGU e pela Controladoria-Geral da União (CGU) a respeito do automatismo na aplicação do reajuste em sentido estrito. Estamos falando do Parecer nº 00079/2019-DECOR/CGU/AGU. Na sua parte inicial, o Parecer CGU/AGU reconhece a obrigatoriedade da administração de conceder, de ofício, o reajustamento do valor contratado para aplicar adequadamente as disposições constitucionais. Propõe, no entanto, uma alternativa como exceção:

V. EM REGRA, *NÃO HÁ PRECLUSÃO LÓGICA DO DIREITO AO REAJUSTE*, POIS NÃO HÁ A POSSIBILIDADE DA PRÁTICA DE ATO INCOMPATÍVEL COM OUTRO ANTERIORMENTE PRATICADO, JÁ QUE PARA A SUA CONCESSÃO EXIGE-SE APENAS A MERA APLICAÇÃO DE OFÍCIO PELA ADMINISTRAÇÃO PÚBLICA DE ÍNDICE PREVISTO CONTRATUALMENTE.

VI. *EXCEÇÃO* EXISTE NA HIPÓTESE EM QUE AS PARTES, COM PREVISÃO *EXPRESSA NO EDITAL E NO CONTRATO, ACORDEM A OBRIGAÇÃO DE PRÉVIO REQUERIMENTO DO CONTRATADO PARA A CONCESSÃO DO REAJUSTE. E NESTE CASO ESPECÍFICO SERIA POSSÍVEL ENTENDERMOS PELA PRECLUSÃO LÓGICA, SE TRANSCORRIDO O PERÍODO PARA O REAJUSTE, O CONTRATADO NÃO REQUERER* A SUA CONCESSÃO E CONCORDAR EM PRORROGAR A VIGÊNCIA CONTRATUAL POR MAIS UM PERÍODO, MANTIDAS AS DEMAIS CONDIÇÕES INICIALMENTE PACTUADAS.

VII. VISANDO TUTELAR A ANÁLISE DA VANTAJOSIDADE PARA A PRORROGAÇÃO CONTRATUAL (ART. 57, INC. II, DA LEI Nº

---

[92] *Idem*. Tribunal de Justiça do Distrito Federal e dos Territórios. *Processo: 20130111760847APO*. Disponível em: http://www.tjdft.jus.br. Acesso em: 13 nov. 2024.

8.666/93), CASO TENHA TRANSCORRIDO O PRAZO PARA O REAJUSTE SEM A SUA CONCESSÃO, E CHEGADO O MOMENTO DA PRORROGAÇÃO CONTRATUAL, QUANDO, ENTÃO, SERÁ O VALOR NÃO REAJUSTADO QUE SERÁ PARÂMETRO PARA A OBTENÇÃO DE PREÇOS E CONDIÇÕES MAIS VANTAJOSAS PARA A ADMINISTRAÇÃO, *RECOMENDA-SE A NEGOCIAÇÃO, COM A CONTRATADA, PARA QUE ESTA ABDIQUE DO REAJUSTE,* MANTENDO A VANTAJOSIDADE NECESSÁRIA PARA GARANTIR A PRORROGAÇÃO CONTRATUAL (grifos nossos).

A proposta do Parecer é fazer inserir no edital da licitação e no termo de contrato, seu anexo obrigatório, condição estabelecendo a necessidade do contratado de requerer a concessão do reajustamento em sentido estrito, hipótese em que este não mais deveria ser concedido de ofício, desde que o contratado não tenha impugnado o edital e tenha assinado o contrato correspondente. Nessa hipótese, como dispõe o Parecer, em tendo havido prorrogação contratual ou a extinção do contrato sem a concessão do reajustamento (por não ter sido solicitado), precluiria o direito do contratado de solicitá-lo posteriormente.

Em relação à repactuação, em sendo uma forma de reajustamento, também, em tese, deveria prevalecer a impossibilidade de preclusão do direito. No entanto, no Acórdão nº 1.827/2008-Plenário, o TCU se manifestou de forma divergente:[93]

> 5. A partir da data em que passou a viger as majorações salariais da categoria profissional que deu ensejo à revisão, a contratada passou deter o direito à repactuação de preços. Todavia, ao firmar o termo aditivo de prorrogação contratual sem suscitar os novos valores pactuados no acordo coletivo, ratificando os preços até então acordados, a contratada deixou de exercer o seu direito à repactuação pretérita, dando azo à ocorrência de preclusão lógica.

Desse Acórdão, transcrevemos, a seguir, longo trecho do Voto do Ministro-Relator, que abordou com grande propriedade a questão posta em relação à preclusão lógica do instituto da

---

[93] *Idem. Acórdão de Relação nº 1.827/08-P.* Disponível em: https://pesquisa.apps.tcu.gov.br/documento/acordao-completo/1827%252F2008/%2520/DTRELEVANCIA%2520desc%252C%2520NUMACORDAOINT%2520desc/0. Acesso em: 13 nov. 2024.

repactuação. Ainda que se possa dele discordar (afinal, o direito é uma ciência de interpretação, e não uma ciência exata), e alguns doutrinadores o fazem, há que se reconhecer a profundidade da análise realizada nesse Voto e a lógica de sua conclusão:

> 43. Em relação ao ponto em discussão no presente feito, um dos posicionamentos possíveis considera que a data do requerimento pela contratada, acompanhado da respectiva planilha de custos, definiria o momento a partir do qual seria devida, se aprovada pela Administração, a repactuação dos preços contratados.
>
> 44. Contudo, sendo a repactuação contratual um direito que decorre de lei (artigos 40, inciso XI, e 55, inciso III, da Lei nº 8.666/93) e, tendo a lei vigência imediata, forçoso reconhecer que não se trata, aqui, de atribuição, ou não, de efeitos retroativos à repactuação de preços.
>
> 45. A questão ora posta diz respeito à atribuição de eficácia imediata à lei, que concede ao contratado o direito de adequar os preços do contrato administrativo de serviços contínuos aos novos preços de mercado. Em outras palavras, a alteração dos encargos durante a execução contratual deve resultar na compatibilização da remuneração da contratada, de modo que se mantenha inalterada a equação financeira do ajuste. O direito à repactuação decorre de lei, enquanto que apenas o valor dessa repactuação é que dependerá da Administração e da negociação bilateral que se seguirá.
>
> 46. Assim, a partir da data em que passou a viger as majorações salariais da categoria profissional que deu ensejo à revisão, a contratada passou a deter o direito à repactuação de preços.
>
> 47. Vale destacar, ainda, que a repactuação de preços poderia dar-se mediante apostilamento, no limite jurídico, já que o artigo 65, §8º, da Lei nº 8.666/93, faz essa alusão quanto ao reajuste. Contudo, não seria antijurídico e seria, inclusive, mais conveniente que fosse aperfeiçoada por meio de termo aditivo, uma vez que a repactuação tem como requisitos a necessidade de prévia demonstração analítica quanto ao aumento dos custos do contrato, a demonstração de efetiva repercussão dos fatos alegados pelo contratado nos custos dos preços inicialmente pactuados e, ainda, a negociação bilateral entre as partes. E, para reforçar o entendimento ora exposto, vale mencionar que o referido termo aditivo teria natureza declaratória, e não constitutiva de direitos, pois apenas reconheceria o direito à repactuação preexistente.
>
> 48. De mais a mais, importa destacar que a IN MARE nº 18/97, como ato normativo integrante da legislação regulamentar, não pode ser interpretada de forma a atingir objetivos distintos dos princípios que regem a atuação administrativa, em especial o princípio da vedação do enriquecimento sem justa causa pela Administração em detrimento do particular contratado. E, sendo a vedação ao enriquecimento sem

causa um princípio de direito, deve ser observado pela Administração Pública, em especial na execução de seus contratos.

49. Como é cediço, o contrato administrativo, por parte da Administração, destina-se ao atendimento do interesse público, mas, por parte do contratado, objetiva um lucro, por meio da remuneração consubstanciada nas cláusulas econômicas e financeiras. E esse lucro há que ser assegurado nos termos iniciais do ajuste, durante a execução do contrato, o que se dará por meio da preservação da relação inicial encargo/remuneração. Isso porque, se, de um lado, a Administração tem o poder de modificar o projeto e as condições de execução do contrato para adequá-lo às exigências supervenientes do interesse público, de outro, o contratado tem o direito de ver mantida a equação financeira originariamente estabelecida no ajuste diante de situações específicas que passam a onerar o cumprimento do contrato.

50. Portanto, em vista de todas as razões apresentadas, considero que a repactuação de preços, sendo um direito conferido por lei ao contratado, deve ter sua vigência reconhecida imediatamente desde a data da convenção ou acordo coletivo que fixou o novo salário normativo da categoria profissional abrangida pelo contrato administrativo a ser repactuado.

51. Oportuno ressaltar a necessidade de a Administração contratante comparar as planilhas de custos e formação de preços fornecidas pela contratada no momento da apresentação da proposta e do requerimento de repactuação, com vistas a verificar se ocorreu ou não a efetiva repercussão dos eventos majoradores nos custos do pactuado originalmente.

52. Além disso, a Administração, por intermédio da negociação bilateral, deve envidar esforços no sentido de, sem prejudicar a adequada relação econômico-financeira do contrato, reduzir custos para a atividade administrativa, certificando-se de que os preços – caso aprovada a repactuação – encontram-se de acordo com os valores de mercado de modo a verificar se a contratação continua vantajosa para a Administração.

53. Insta ressaltar que esse entendimento não exclui a aplicação da Instrução Normativa nº 2, de 30/4/2008, do Ministério do Planejamento, Orçamento e Gestão, que dispõe sobre regras para a contratação de serviços continuados ou não, em especial de seu artigo 41, inciso III. Ao contrário, alinha-se às diretrizes ali contidas.

54. Ocorre que a hipótese ora sob exame apresenta algumas particularidades que impedem a ampla aplicação da tese até aqui exposta.

55. O Contrato nº 20/2005 foi firmado em 25/4/2005. Decorrido o interregno de um ano da data do acordo que serviu de base para a proposta, a partir de 1/5/2005, data-base que ensejou o primeiro acordo

coletivo ocorrido após a vigência do contrato, a contratada passou a deter o direito à repactuação de preços.

56. Em 2006, foi firmado o Terceiro Termo Aditivo, que teve por objeto a prorrogação do contrato por mais 12 (doze) meses – de 25/4/2006 a 25/4/2007 (fls. 269/270, anexo 2, v. 1). Segundo dispõe o artigo 57, inciso II, da Lei nº 8.666/93, os contratos de prestação de serviços a serem executados de forma contínua poderão ter a sua duração prorrogada por iguais e sucessivos períodos com vistas à obtenção de preços e condições mais vantajosas para a administração, limitada a (60) sessenta meses.

57. A lei reconhece que a prorrogação pode acarretar a alteração das condições originais da contratação não apenas em relação aos prazos contratuais. Apesar de as cláusulas iniciais do contrato serem mantidas inalteradas, as cláusulas relacionadas aos preços podem ser revistas em respeito ao equilíbrio econômico-financeiro da contratação.

58. Nos termos acima expostos, considero que, nas hipóteses de prestação de serviços contínuos, cada prorrogação caracteriza um novo contrato. Uma vez assinado o termo aditivo, o contrato original não mais pode ser repactuado.

59. Desse modo, no momento da assinatura do Terceiro Termo Aditivo caberia à contratada, caso ainda não tivesse postulado, suscitar seu direito à repactuação, cujos efeitos retroagiriam à 1/5/2005, database que ensejou a celebração de novo acordo coletivo que alterou o salário da categoria profissional. Contudo, o que aconteceu foi tão somente a alteração do prazo contratual, ratificando-se todas as demais cláusulas e condições estabelecidas no contrato original (fls. 269/270, anexo 2, v. 1).

60. Ao aceitar as condições estabelecidas no termo aditivo sem suscitar os novos valores pactuados no acordo coletivo, a empresa Poliedro deixou de exercer o seu direito à repactuação pretérita. Em outros termos, a despeito do prévio conhecimento da majoração salarial decorrente do acordo coletivo ocorrido em maio de 2005, a empresa contratada agiu de forma oposta e firmou novo contrato com a Administração por meio do qual ratificou os preços até então acordados e comprometeu-se a dar continuidade à execução dos serviços por mais 12 (doze) meses.

61. Por conseguinte, considero que a solicitação de repactuação contratual feita pela empresa Poliedro em 10/4/2007, com efeitos retroativos a 1/5/2005, encontra óbice no instituto da preclusão lógica. Com efeito, há a preclusão lógica quando se pretende praticar ato incompatível com outro anteriormente praticado. *In casu*, a incompatibilidade residiria no pedido de repactuação de preços que, em momento anterior, receberam a anuência da contratada. A aceitação dos preços propostos pela Administração quando da assinatura da prorrogação contratual envolve uma preclusão lógica de não mais questioná-los com base na majoração salarial decorrente do acordo coletivo ocorrido em maio de 2005.

62. *A contrario sensu*, ao se admitir que os efeitos da repactuação pudessem retroagir a períodos anteriores à data da assinatura do termo aditivo de prorrogação contratual, o juízo discricionário feito pela Administração acerca da conveniência e oportunidade em prorrogar o contrato (juízo este baseado na qualidade dos serviços prestados e na adequação dos preços até então praticados) restaria comprometido. É nesse sentido que o artigo 57, inciso II, da Lei nº 8.666/93, ao dispor sobre a possibilidade de prorrogação dos contratos de prestação de serviços a serem executados de forma contínua, estabelece, como finalidade, a "obtenção de preços e condições mais vantajosas para a administração".

63. Ressalto que a aplicação de um instituto processual tal qual a preclusão ao feito sob exame decorre do entendimento de que a execução de um contrato é um processo, composto por diversos atos, que concede direitos e impõe obrigações às partes.

64. Por outro lado, na data da solicitação da repactuação por parte da empresa Poliedro (10/4/2007), estava em vigor o Terceiro Termo Aditivo, cuja vigência abrangia o período de 25/4/2006 a 25/4/2007. Assim, tendo em vista que os efeitos da repactuação somente podem incidir sobre contrato em vigor, entendo que o termo a quo a ser adotado para a incidência dos efeitos da repactuação contratual solicitada deve ser 1/5/2006, primeira data-base ocorrida após a vigência do Terceiro Termo Aditivo. A partir de 1/5/2006, portanto, a empresa contratada passou a deter direito à nova repactuação dos preços do contrato em vigor.

65. A adoção da data-base como termo a quo para a incidência dos efeitos da repactuação contratual justifica-se pelo fato de que, regra geral, os efeitos do acordo ou convenção coletiva de trabalho que dispõe sobre majoração salarial retroagem à data-base da categoria que deu ensejo à revisão.

66. Desse modo, considerando que, a partir da data-base, a empresa passa a arcar com o incremento dos custos da mão de obra ocasionado pela majoração salarial decorrente do acordo coletivo, a tese ora defendida encontra amparo nos princípios da justa correspondência das obrigações e da vedação ao enriquecimento sem causa, conforme já abordado nos itens 48 e 49 deste Voto.

67. Contudo, vale destacar a rara possibilidade de que, em situações diferenciadas, o sindicato da categoria profissional abrangida pelo contrato administrativo a ser repactuado pode optar por abrir mão dessa retroatividade, fazendo com que os efeitos da repactuação apenas vigorem a partir da data da conclusão do acordo, convenção ou dissídio coletivo de trabalho.

68. Oportuno mencionar, ainda, aquelas hipóteses em que as negociações para a celebração do acordo ou convenção de trabalho, ou a solução do dissídio coletivo eventualmente instaurado, se prolonguem por algum tempo após a data-base da categoria profissional abrangida pelo

contrato administrativo e, nesse intervalo, a Administração convoque o contratado para uma prorrogação contratual.

69. Nesse caso, o contratado estaria impossibilitado de postular a repactuação contratual no momento da assinatura do termo aditivo, pois, segundo já mencionado, um dos requisitos para a repactuação é a necessidade de registro do acordo ou convenção coletiva de trabalho no Ministério do Trabalho. Assim, caberá ao contratado inserir no termo aditivo a ser celebrado cláusula por meio da qual resguarde seu direito à repactuação, a ser exercido tão logo disponha do instrumento relativo ao acordo ou à convenção devidamente registrado.

Para esclarecer outras dúvidas a respeito da aplicação do reajustamento, recomendamos a leitura do regulamento federal, o Decreto nº 1.054, de 7 de fevereiro de 1994.

A terceira forma de promover o reequilíbrio da equação econômico-financeira é o instituto da revisão, também chamada de recomposição ou, como alguns denominam, de reequilíbrio, confundindo o gênero com a espécie. A revisão é a forma de reequilibrar um contrato administrativo quando o desequilíbrio for causado por fatos imprevisíveis ou até previsíveis, mas de consequências incalculáveis, ao contrário, portanto, do reajustamento, que decorre de fatos previsíveis. A NLLC trata da revisão em seu art. 124:

> Art. 124. Os contratos regidos por esta Lei poderão ser alterados, com as devidas justificativas, nos seguintes casos:
> (...)
> II – por acordo entre as partes:
> (...)
> d) para restabelecer o equilíbrio econômico-financeiro inicial do contrato em caso de força maior, caso fortuito ou fato do príncipe ou em decorrência de fatos imprevisíveis ou previsíveis de consequências incalculáveis, que inviabilizem a execução do contrato tal como pactuado, respeitada, em qualquer caso, a repartição objetiva de risco estabelecida no contrato.

Por ser decorrente de fatos não previstos, a revisão não estará contemplada no contrato administrativo. Será aplicada, portanto, quando couber, com fundamento nas próprias disposições da Lei. A regra é não termos revisão nos contratos, pois a situação normal é a inocorrência de fatos imprevisíveis. Porém, se ocorrerem, deverão ser invocados pelo interessado como fundamento de um requerimento de revisão.

A revisão pode ocorrer em favor do contratado, quando for ele o prejudicado pelos fatos imprevistos, ou em favor da administração, nas situações em sentido contrário. A criação de um novo tributo que impacte o valor do contrato especificamente pode ser motivação para o contratado solicitar a revisão: estaremos diante da figura conhecida como Fato do Príncipe. Em sentido inverso, a extinção de um tributo que tenha sido inserido no cálculo do preço contratado justificará a aplicação da revisão em favor da administração.

A revisão, por constituir uma situação excepcional, deve ser encarada com muita cautela. Infelizmente, é comum os construtores de obras públicas, no curso da execução da avença, alegarem a revisão como fator para justificar reequilíbrio, quando, na realidade, não estão presentes os fatos que podem ensejá-la, ou, em outras ocasiões, alegarem-na como fundamento em fatos efetivamente anormais, mas que não causam impacto àquele contrato especificamente.

Outra cautela é a necessidade de, se concedida, serem descontados seus efeitos por ocasião do futuro reajustamento em sentido estrito. Se não o fizermos, teremos o fato extraordinário impactando duas vezes o valor do contrato, com evidentes prejuízos ao erário.

PAGAMENTO DE FATURAS

O pagamento das faturas relativas à obra contratada será realizado de acordo com as regras a seguir.

a) *Pagamento de faturas em obras contratadas pelos regimes de preço global*

O pagamento será realizado rigorosamente de acordo com o que estabelece o cronograma físico-financeiro da obra e o respectivo eventograma. Em nenhuma hipótese haverá antecipação de pagamento.

Concluída a etapa do cronograma, o Fiscal Técnico fará a verificação detalhada da execução, considerando as condições contratadas e as disposições dos projetos básico e executivo. O Fiscal Técnico não poderá fazer atestação da execução se os serviços previstos para a parcela não estiverem completamente executados, no caso de obras executadas em regime de preço global. A ausência da execução ou a execução parcial de qualquer serviço previsto para a parcela implicará a impossibilidade de pagamento desta, iniciando-se imediatamente o processo para apuração da responsabilidade pelo atraso, que poderá implicar, em sendo culpa do contratado, a aplicação de penalidades, especialmente a multa moratória.

Em nenhuma hipótese será permitida a compensação da inexecução de qualquer serviço programado para a parcela com a execução antecipada de serviço previsto para parcela futura, o que constitui "química", caracterizando irregularidade gravíssima.

Por sua vez, o Fiscal Administrativo fará a verificação da regularidade documental em relação às certidões de regularidade previdenciária e fiscal que foram exigidas da contratada, bem como em relação ao cumprimento das suas obrigações trabalhistas, especialmente quanto ao pagamento de salários correspondentes ao mês anterior.

Em sendo constatada a completa regularidade técnica e administrativa, os dois fiscais, em conjunto, encaminharão a fatura ao Gestor do Contrato, atestando a execução. Cabe ao Gestor, após examinar a documentação recebida da fiscalização, encaminhar a fatura ao setor financeiro da Prefeitura, autorizando o pagamento. O Gestor não poderá autorizar o pagamento se não houver regularidade atestada pelos Fiscais.

b) *Pagamento de faturas em obras contratadas pelos regimes de empreitada por preço unitário e tarefa*

O Fiscal Técnico, além de verificar o atendimento de todas as condições contratadas e as disposições dos projetos básico e executivo, deverá medir rigorosamente todos os serviços realizados nessa etapa do cronograma físico-financeiro, para efeito de atestação. O relatório contendo essas informações será encaminhado ao Gestor do Contrato.

O Fiscal Administrativo fará a verificação da regularidade documental, em relação às certidões de regularidade previdenciária e fiscal que foram exigidas da contratada, bem como em relação ao cumprimento das suas obrigações trabalhistas, especialmente quanto ao pagamento de salários correspondentes ao mês anterior. Será elaborado um relatório, a ser encaminhado ao Gestor do Contrato.

De posse dos dois relatórios, o Gestor do Contrato deverá autorizar o pagamento exclusivamente dos serviços que foram executados, de acordo com a medição realizada pelo Fiscal Técnico, independentemente dos serviços previstos para a etapa, pois, nesses regimes, os quantitativos contratados foram estimados, obrigando-se a administração, por meio de seu representante técnico, a pagar exclusivamente os quantitativos executados.

A respeito da realização de pagamentos, assim dispõe a Lei nº 14.133/2021:

> Art. 141. No dever de pagamento pela Administração, será observada a ordem cronológica para cada fonte diferenciada de recursos, subdividida nas seguintes categorias de contratos:
>
> I – fornecimento de bens;
>
> II – locações;
>
> III – prestação de serviços;
>
> IV – realização de obras.
>
> §1º A ordem cronológica referida no *caput* deste artigo poderá ser alterada, mediante prévia justificativa da autoridade competente e posterior comunicação ao órgão de controle interno da Administração e ao tribunal de contas competente, exclusivamente nas seguintes situações:
>
> I – grave perturbação da ordem, situação de emergência ou calamidade pública;
>
> II – pagamento a microempresa, empresa de pequeno porte, agricultor familiar, produtor rural pessoa física, microempreendedor individual e sociedade cooperativa, desde que demonstrado o risco de descontinuidade do cumprimento do objeto do contrato;
>
> III – pagamento de serviços necessários ao funcionamento dos sistemas estruturantes, desde que demonstrado o risco de descontinuidade do cumprimento do objeto do contrato;
>
> IV – pagamento de direitos oriundos de contratos em caso de falência, recuperação judicial ou dissolução da empresa contratada;
>
> V – pagamento de contrato cujo objeto seja imprescindível para assegurar a integridade do patrimônio público ou para manter o funcionamento das atividades finalísticas do órgão ou entidade, quando demonstrado o risco de descontinuidade da prestação de serviço público de relevância ou o cumprimento da missão institucional.
>
> §2º A inobservância imotivada da ordem cronológica referida no *caput* deste artigo ensejará a apuração de responsabilidade do agente responsável, cabendo aos órgãos de controle a sua fiscalização.
>
> §3º O órgão ou entidade deverá disponibilizar, mensalmente, em seção específica de acesso à informação em seu sítio na internet, a ordem cronológica de seus pagamentos, bem como as justificativas que fundamentarem a eventual alteração dessa ordem.

Recorrentemente, tem sido suscitada dúvida a respeito da possibilidade da realização de pagamentos antecipados. Vale recordar que a Lei nº 4.320, de 17 de março de 1964, assim dispõe: "Art. 62. O pagamento da despesa só será efetuado quando ordenado após sua regular liquidação".

Aparentemente, temos aí uma vedação absoluta à antecipação de pagamento. Lembremos, no entanto, que existem situações excepcionais que precisam ser examinadas e decididas. Há casos em que, no mercado, ou se paga uma parcela antecipada, ou não se consegue alcançar o objetivo. É a situação, por exemplo, dos equipamentos fabricados sob encomenda, como elevadores, escadas rolantes, grupos geradores de grande porte, transformadores de energia etc. Como agir nessas situações? A Lei nº 14.133/2021 traz a regra, mas, expressamente, admite exceção:

> Art. 145. Não será permitido pagamento antecipado, parcial ou total, relativo a parcelas contratuais vinculadas ao fornecimento de bens, à execução de obras ou à prestação de serviços.
> §1º A antecipação de pagamento somente será permitida se propiciar sensível economia de recursos ou se representar condição indispensável para a obtenção do bem ou para a prestação do serviço, hipótese que deverá ser previamente justificada no processo licitatório e expressamente prevista no edital de licitação ou instrumento formal de contratação direta.
> §2º A Administração poderá exigir a prestação de garantia adicional como condição para o pagamento antecipado.
> §3º Caso o objeto não seja executado no prazo contratual, o valor antecipado deverá ser devolvido.

Além da exigência de garantias, o pagamento antecipado deve implicar uma segunda cautela. Deve ser expressamente previsto no edital da licitação, de modo a criar igualdade de condições entre todos os participantes do certame. É vedado promover alteração contratual para realizar pagamento antecipado, como vemos em expressa disposição da nova Lei, pois tal condição implicaria vantagem ao contratante, que poderia ter se sagrado vencedor da licitação exatamente por conhecer antecipadamente essa possibilidade, ao contrário de seus concorrentes. Assim dispõe a Lei:

> Art. 124. Os contratos regidos por esta Lei poderão ser alterados, com as devidas justificativas, nos seguintes casos:

(...)
II – por acordo entre as partes:
(...)
c) quando necessária a modificação da forma de pagamento por imposição de circunstâncias supervenientes, mantido o valor inicial atualizado e *vedada a antecipação do pagamento em relação ao cronograma financeiro fixado sem a correspondente contraprestação de fornecimento de bens ou execução de obra ou serviço;* (grifo nosso)

CAPÍTULO 28

PAGAMENTOS REFERENTES À ADMINISTRAÇÃO LOCAL

A administração local constituirá obrigatoriamente um item da planilha de quantitativos e preços, o orçamento da obra, por ser um valor quantificável.

Os pagamentos referentes a esse item devem estar obrigatoriamente vinculados ao desenvolvimento da obra, constituindo-se um valor proporcional.

Exemplo: se o custo total da administração local for de 100 e, na primeira parcela do cronograma, foi executado um percentual correspondente a 4% da obra, o valor correspondente à administração local, nesse mês, corresponderá a 4% do valor total desse item, ou seja, 4.

Dessa forma, é vedado o pagamento do item referente à administração local por meio de um valor fixo mensal, tendo em vista que isso poderá ocasionar um descasamento entre esse item e o efetivo desenvolvimento da obra. Nessa hipótese vedada, se praticada, teríamos a ocorrência de superfaturamento, por pagamento acima do realmente devido.

Devemos ter cautela, ainda, em relação ao pagamento da administração local nos casos em que houver atrasos na execução dos trabalhos contratados. Se o atraso for causado pela empreiteira contratada, não haveria cabimento, em tese, para o acréscimo do valor do item Administração Local, pois caberia a ela arcar com os custos decorrentes de sua própria ineficiência.

Se, no entanto, a administração contratante conceder uma prorrogação no prazo de execução, isso caracterizará, como regra, que não foi a contratada que deu causa a essa necessidade de prorrogação do prazo. Assim, nessa hipótese, regularmente, o valor do item Administração Local poderá ser acrescido. A situação deve ser examinada detidamente em cada caso, para verificar a procedência ou não do acréscimo de valor.

CAPÍTULO 29

RECEBIMENTO DO OBJETO

Recebida a obra definitivamente, dá-se plena quitação ao contratado, atestando-se, dessa forma, o cumprimento das suas obrigações contratuais. A partir daí, cumpridas, igualmente, as obrigações contratuais por parte da administração contratante, aí incluindo a liberação da garantia que eventualmente havia sido exigida, o prédio construído/reformado poderá ser ocupado.

A Lei nº 14.133/2021 trata do recebimento do objeto do contrato em seu art. 140:

> Art. 140. O objeto do contrato será recebido:
> I – em se tratando de obras e serviços:
> a) provisoriamente, pelo responsável por seu acompanhamento e fiscalização, mediante termo detalhado, quando verificado o cumprimento das exigências de caráter técnico;
> b) definitivamente, por servidor ou comissão designada pela autoridade competente, mediante termo detalhado que comprove o atendimento das exigências contratuais;
> (...)
> §1º O objeto do contrato poderá ser rejeitado, no todo ou em parte, quando estiver em desacordo com o contrato.
> §2º O recebimento provisório ou definitivo não excluirá a responsabilidade civil pela solidez e pela segurança da obra ou serviço nem a responsabilidade ético-profissional pela perfeita execução do contrato, nos limites estabelecidos pela lei ou pelo contrato.
> §3º Os prazos e os métodos para a realização dos recebimentos provisório e definitivo serão definidos em regulamento ou no contrato.
> §4º Salvo disposição em contrário constante do edital ou de ato normativo, os ensaios, os testes e as demais provas para aferição da boa

execução do objeto do contrato exigidos por normas técnicas oficiais correrão por conta do contratado.

§5º Em se tratando de projeto de obra, o recebimento definitivo pela Administração não eximirá o projetista ou o consultor da responsabilidade objetiva por todos os danos causados por falha de projeto.

§6º Em se tratando de obra, o recebimento definitivo pela Administração não eximirá o contratado, pelo prazo mínimo de 5 (cinco) anos, admitida a previsão de prazo de garantia superior no edital e no contrato, da responsabilidade objetiva pela solidez e pela segurança dos materiais e dos serviços executados e pela funcionalidade da construção, da reforma, da recuperação ou da ampliação do bem imóvel, e, em caso de vício, defeito ou incorreção identificados, o contratado ficará responsável pela reparação, pela correção, pela reconstrução ou pela substituição necessárias.

Particularmente, no caso de obras e serviços de engenharia, o recebimento será feito em dois momentos, denominados recebimento provisório e recebimento definitivo. O primeiro só poderá ser providenciado após a execução completa de todas as etapas definidas no cronograma físico da obra. Se existir alguma pendência nessa execução, a etapa do cronograma não poderá ser considerada cumprida, devendo ser analisada a culpabilidade pela situação, uma vez que, em se tratando de culpa exclusiva do contratado, caberá a aplicação da penalidade, em sendo ele declarado em mora. Se a etapa não for recebida, não poderá ser realizado o recebimento provisório, uma vez que o pressuposto fundamental é o cumprimento das obrigações por parte da contratada, com a atestação por parte da fiscalização. Da jurisprudência do TCU, podemos citar:

> 9.1.4. abstenham-se de realizar o recebimento provisório de obras com pendências a serem solucionadas pela construtora, uma vez que o instituto do recebimento provisório, previsto no art. 73, inc. I, da Lei nº 8.666/93, não legitima a entrega provisória de uma obra inconclusa, mas visa resguardar a Administração no caso de aparecimento de vícios ocultos, surgidos após o recebimento provisório (...).[94]

---

[94] Idem. *Acórdão nº 853/2013-P*. Disponível em: https://pesquisa.apps.tcu.gov.br/documento/acordao-completo/853%252F2013/%2520/DTRELEVANCIA%2520desc%252C%2520NUMACORDAOINT%2520desc/0. Acesso em: 13 nov. 2024.

Caberá ao contratado comunicar formalmente à administração a conclusão dos trabalhos avençados. Se a administração constatar, nesse momento, que, efetivamente, todas as etapas do cronograma já foram devidamente recebidas pela fiscalização, atestando sua execução, deverá providenciar o recebimento provisório do objeto do contrato. Esse recebimento deverá ser providenciado no prazo estabelecido no edital, pois a nova Lei não mais o fixou (veja-se o §3º do art. 140).

Prescreve a Lei nº 14.133/2021 que o recebimento provisório deverá ser realizado pelo responsável pelo acompanhamento e pela fiscalização da execução contratual, mediante termo circunstanciado. Trata-se, portanto, de atividade a ser desenvolvida fundamentalmente pelo Fiscal Técnico, que deverá realizar um levantamento completo, uma vistoria detalhada na obra, com o objetivo de constatar o possível aparecimento de vícios que não estavam visíveis por ocasião do recebimento das etapas do cronograma, mas que se manifestaram posteriormente. Lembre-se: todas as parcelas do cronograma já foram devidamente recebidas. Significa dizer que, por ocasião do recebimento provisório, o Fiscal Técnico não fará nova verificação da execução desses trabalhos. Cabe a ele, repetimos, verificar o possível surgimento de falhas não constatadas anteriormente, por estarem ocultas. Exemplo prático que se dá é a questão das instalações hidráulicas. Na etapa correspondente do cronograma, elas foram recebidas, atestando o fiscal técnico sua execução. Por ocasião do recebimento provisório, esse mesmo fiscal vai constatar se não surgiu posteriormente algum vazamento que, nesse momento, precisará ser registrado, para ser corrigido.

Nesse levantamento completo, o fiscal técnico será acompanhado por um preposto da contratada. Concluído o levantamento, será elaborado um documento, legalmente denominado termo detalhado, no qual as falhas encontradas serão devidamente registradas. As duas partes (fiscal técnico e preposto) assinarão o documento, cabendo, então, a partir daí, à contratada providenciar a correção das falhas porventura anotadas.

Podemos ter, também, a situação em que nenhuma falha foi encontrada nessa vistoria realizada conjuntamente. Nesse caso, tal fato será devidamente registrado no termo detalhado.

Concomitantemente, o fiscal administrativo realizará, igualmente, um levantamento em relação a toda a documentação que tenha sido exigida durante a obra, verificando a existência ou não de pendências que, em existindo, também deverão ser registradas no termo circunstanciado.

A partir daí, fica a administração aguardando nova comunicação por parte do contratado, dando ciência da conclusão dos reparos identificados no termo circunstanciado. Também nesse caso a nova Lei não mais fixou prazo para realização do recebimento definitivo. O importante é considerar que, nele, nenhuma pendência mais poderá ser considerada, sendo os trabalhos considerados integralmente executados. A própria Lei, no art. 73, inc. I, alínea "a", dispõe que o recebimento definitivo será feito após vistoria que comprove a adequação do objeto aos termos contratuais.

Em não havendo vícios apontados por ocasião do recebimento provisório, aguarda-se o assim denominado prazo de observação. É um prazo que deve ficar em torno de 60 dias, durante o qual a obra realizada será devidamente acompanhada, para constatação do surgimento, se for o caso, de algum novo vício, não identificado por ocasião do recebimento provisório e que demande algum tipo de correção às expensas do contratado.

Fato interessante é que, enquanto no recebimento provisório a Lei dispõe expressamente que ele será realizado "pelo responsável por seu acompanhamento e fiscalização", no definitivo a prescrição é diferente. Diz o texto legal que ele deverá ser realizado "por servidor ou comissão designada pela autoridade competente".

Deixa claro o legislador que a ideia é atribuir o recebimento definitivo a servidores, devidamente qualificados, que não acompanharam diretamente a execução da obra nem realizaram o provisório. Está aí sendo aplicado o princípio da segregação de atividades, de modo a evitar que eventuais falhas que não tenham sido constatadas pela fiscalização durante a execução da obra e no recebimento provisório permaneçam não registradas por ocasião do definitivo. Outras pessoas, com outros olhares e outras observações, devem, então, ser encarregadas dessa atividade, tornando mais perfeita e adequada a visualização dos serviços realizados.

Nesse mesmo sentido já se posicionou o TCU, como podemos ver no excerto a seguir:

14. Conforme dispõe a Lei de Licitações, o recebimento da obra é dividido em dois estágios. O primeiro, provisório, é feito pelo responsável pelo acompanhamento e fiscalização, em até quinze dias da comunicação escrita da conclusão da obra pelo contratado da obra; já o segundo, por servidor ou comissão designada pela autoridade competente, após o decurso do prazo de observação ou de vistoria que comprove a adequação do objeto aos termos contratuais.

15. Assim, é demonstrado o cuidado do legislador nesta etapa da obra, pois resguarda seu recebimento pela vontade do fiscal do contrato combinada com a do servidor ou da comissão designada pela autoridade competente. Para enfatizar essa intenção, estão explícitas na Lei n. 8.666/1993 exceções, no caso de obras e serviços, apenas para aquelas de valor até o previsto no art. 23, inciso II, alínea *a*, da aludida norma, desde que não se componham de aparelhos, equipamentos e instalações sujeitos à verificação de funcionamento e produtividade. Ressalte-se que a obra em questão não se enquadra nessa situação.[95]

Para o recebimento definitivo, além da vistoria final, alguns documentos devem ser exigidos. Trata-se de documentação indispensável para a regularização da obra, que precisa ser providenciada pela construtora e entregue para a administração. Elucidativo nesse aspecto é o já citado Acórdão nº 853/2013-P, da jurisprudência do TCU, do qual destacamos:

> 9.1.2. incluam cláusulas em edital e em contrato que estabeleçam a obrigação de o contratado, em conjunto com a Administração Pública, providenciar a seguinte documentação como condição indispensável para o recebimento definitivo de objeto:
> 9.1.2.1. "*as built*" da obra, elaborado pelo responsável por sua execução;
> 9.1.2.2. comprovação das ligações definitivas de energia, água, telefone e gás;
> 9.1.2.3. laudo de vistoria do corpo de bombeiros aprovando a obra;
> 9.1.2.4. carta "habite-se", emitida pela prefeitura; e
> 9.1.2.5. certidão negativa de débitos previdenciários específica para o registro da obra junto ao Cartório de Registro de Imóveis (...).

Agora sim, realizado o recebimento definitivo, o prédio poderá ser ocupado pela administração. Antes disso não, pois a obra

---

[95] Idem. *Acórdão nº 2.696/2013-P*. Disponível em: https://pesquisa.apps.tcu.gov.br/documento/acordao-completo/2696%252F2013/%2520/DTRELEVANCIA%2520desc%252C%2520NUM ACORDAOINT%2520desc/0. Acesso em: 13 nov. 2024.

não foi considerada entregue, estando, ainda, sob responsabilidade da contratada. Ocupação antecipada caracterizará, dessa forma, recebimento definitivo antecipado, ficando a administração pública responsável pelo imóvel a partir de então. Em qualquer hipótese, o recebimento definitivo deverá implicar a liberação da garantia eventualmente prestada pelo contratado e retida até então, pois o contrato será considerado executado, com o cumprimento das obrigações por parte dos contratantes.

CAPÍTULO 30

GARANTIA QUINQUENAL

A Lei nº 14.133/2021, no art. 140, §6º, dispõe sobre a garantia da obra após o seu recebimento definitivo. A Lei fala sobre o prazo mínimo de 5 anos, admitindo o estabelecimento de prazo superior a esse desde que previsto no edital e no contrato. Assim dispõe a NLLC:

Art. 140. O objeto do contrato será recebido:

I – em se tratando de obras e serviços:

a) provisoriamente, pelo responsável por seu acompanhamento e fiscalização, mediante termo detalhado, quando verificado o cumprimento das exigências de caráter técnico;

b) definitivamente, por servidor ou comissão designada pela autoridade competente, mediante termo detalhado que comprove o atendimento das exigências contratuais;

(...)

§1º O objeto do contrato poderá ser rejeitado, no todo ou em parte, quando estiver em desacordo com o contrato.

§2º O recebimento provisório ou definitivo não excluirá a responsabilidade civil pela solidez e pela segurança da obra ou serviço nem a responsabilidade ético-profissional pela perfeita execução do contrato, nos limites estabelecidos pela lei ou pelo contrato.

§3º Os prazos e os métodos para a realização dos recebimentos provisório e definitivo serão definidos em regulamento ou no contrato.

§4º Salvo disposição em contrário constante do edital ou de ato normativo, os ensaios, os testes e as demais provas para aferição da boa execução do objeto do contrato exigidos por normas técnicas oficiais correrão por conta do contratado.

§5º Em se tratando de projeto de obra, o recebimento definitivo pela Administração não eximirá o projetista ou o consultor da responsabilidade objetiva por todos os danos causados por falha de projeto.

§6º Em se tratando de obra, o recebimento definitivo pela Administração não eximirá o contratado, pelo prazo mínimo de 5 (cinco) anos, admitida a previsão de prazo de garantia superior no edital e no contrato, da responsabilidade objetiva pela solidez e pela segurança dos materiais e dos serviços executados e pela funcionalidade da construção, da reforma, da recuperação ou da ampliação do bem imóvel, e, em caso de vício, defeito ou incorreção identificados, o contratado ficará responsável pela reparação, pela correção, pela reconstrução ou pela substituição necessárias.

Trata-se de disposições semelhantes àquela que já encontrávamos no Código Civil brasileiro em vigor (Lei nº 10.406/2002), especificamente em seu Capítulo VIII, DA EMPREITADA. Particularmente, o art. 618 do CC assim dispõe:

Art. 618. Nos contratos de empreitada de edifícios ou outras construções consideráveis, o empreiteiro de materiais e execução responderá, durante o prazo irredutível de cinco anos, pela solidez e segurança do trabalho, assim em razão dos materiais, como do solo.
Parágrafo único. Decairá do direito assegurado neste artigo o dono da obra que não propuser a ação contra o empreiteiro, nos cento e oitenta dias seguintes ao aparecimento do vício ou defeito.

Essa disposição legal ficou conhecida como garantia quinquenal de empreitada, responsabilizando diretamente o construtor pela solidez e pela segurança da obra, em razão tanto dos materiais empregados como das características e do comportamento do solo. O CC prescreve, no entanto, um prazo para que o empreiteiro seja acionado pelo dono da obra – no caso tratado neste livro, a administração pública. Esse prazo é de 180 dias, contado a partir do aparecimento do vício ou do defeito de construção. Cabe ao órgão/entidade, constatada a existência do vício, acionar a construtora para que faça o devido reparo, às suas expensas. Essa notificação deve ser formal, feita dentro do prazo prescrito legalmente.

A Orientação Técnica OT-IBR 003/2011, do Ibraop, estabelece parâmetros para o monitoramento da qualidade das obras públicas durante o período de garantia quinquenal, orientando a administração pública sobre como agir quando houver necessidade de acionar os responsáveis para correção de vícios/defeitos surgidos.[96] A OT adota as seguintes definições:

> *3.1 Garantia Quinquenal*: período de 5 anos, definido pelo art. 618 do Código Civil, no qual os executores têm responsabilidade objetiva pelos defeitos verificados nas obras.
>
> *3.2 Responsabilidade Objetiva*: aquela que estabelece que as pessoas jurídicas de direito público ou privado responderão diretamente pelos danos causados a terceiros, independentemente de dolo ou culpa.
>
> *3.3 Excludentes de Culpabilidade*: são situações que, quando devidamente provadas, afastam qualquer responsabilidade do agente, inclusive a responsabilidade objetiva. São elas tão somente: caso fortuito, motivo de força maior, culpa exclusiva de terceiros e inexistência do defeito.
>
> *3.4 Caso Fortuito e Motivo de Força Maior*: são acontecimentos imprevisíveis, inevitáveis e estranhos à vontade das partes.
>
> *3.5 Obrigação de Fazer*: é uma prestação não financeira exigida pelo autor numa demanda judicial, na qual, nos termos dos art. 632 e 633 do Código de Processo Civil, o devedor é citado para satisfazer a obrigação no prazo que o juiz assinalar.
>
> *3.6 Valor da Causa*: é a correspondência financeira da prestação exigida pelo Autor numa demanda judicial. Trata-se de informação essencial nos processos judiciais, fornecida pelo Autor logo na petição inicial.
>
> *3.7 Empreiteiro*: para efeitos desta Orientação Técnica consideram-se empreiteiro, o executor e o contratado.

As seguintes orientações, transcritas da Orientação Técnica do Ibraop, são importantes para o acionamento da garantia quinquenal:

> *5. CONTROLE DO DESEMPENHO*
>
> 5.1 Para garantir o direito de acionar os responsáveis pelos vícios construtivos, a Administração Pública deve implementar controle sobre o desempenho das obras contratadas e recebidas.
>
> 5.2 O controle sobre o desempenho deve permanecer, em regra, até o término da garantia quinquenal estabelecida pelo art. 618 do Código Civil.
>
> 5.2.1 O início da garantia quinquenal coincide com a data de recebimento da obra.
>
> 5.2.2 Determinadas obras ou serviços, por sua natureza ou prazo de validade dos próprios materiais empregados, não são garantidos pelo

---

[96] IBRAOP. OT-IBR 003/2011. Disponível em: www.ibraop.org.br/wp-content/uploads/2013/06/OT-IBR-003-2011.pdf. Acesso em: 13 nov. 2024.

prazo de cinco anos estabelecidos em lei, devendo ser monitorados durante os períodos próprios de sua vida útil. São eles, exemplificativamente: serviços de capinação, roço/roçada, limpeza e desobstrução de dispositivos de drenagem, pintura (sinalização) de faixas de rodovias ou vias urbanas e pintura de edificações.

5.3 Ainda que ultrapassado o período de garantia quinquenal, a Administração Pública pode notificar os responsáveis pelos defeitos constatados nas obras para que os corrijam sem ônus ao Erário. Para isso, deve averiguar se o empreendimento ainda se encontra dentro do seu período de vida útil e realizar uma inspeção mais detalhada, uma vez que passará a assumir o ônus da prova.

5.4. A Administração Pública deve realizar avaliações periódicas da qualidade das obras, após seu recebimento, preferencialmente a cada 12 (doze) meses.

6. PROCEDIMENTOS DE CAMPO

6.1 As inspeções às obras devem ser realizadas por profissionais habilitados, com experiência suficiente para reconhecer os diversos tipos de defeitos e avaliar se são de fato precoces.

6.2 Os profissionais precisam ir a campo munidos dos instrumentos necessários à identificação, localização e registro dos defeitos, de acordo com a obra a ser avaliada.

6.3 Todos os defeitos encontrados devem ser individualmente referidos em formulários próprios, para cada tipo de obra, como exemplificativamente os constantes nos anexos desta Orientação Técnica.

6.3.1 Os formulários de registro devem indicar, com precisão adequada, a localização e a espécie de cada defeito encontrado.

6.3.2 Os defeitos que sejam flagrantemente decorrentes de caso fortuito, motivo de força maior ou culpa exclusiva de terceiros não devem ser relatados para notificação aos executores da obra, posto que caberão à Administração Pública as suas correções. Não obstante, estes devem constar nos formulários com uma legenda que os relacione às cláusulas de exclusão de culpabilidade aplicáveis.

6.4 Os profissionais devem, ainda, realizar registro fotográfico de cada tipo de defeito relatado.

7. NOTIFICAÇÃO DOS RESPONSÁVEIS E PROCESSO ADMINISTRATIVO

7.1 Concluídos os procedimentos de campo e havendo defeitos anotados, a Administração Pública deve instaurar, de imediato, o competente processo administrativo, que se iniciará com a notificação extrajudicial do empreiteiro responsável.

7.1.1 A notificação deve ser acompanhada dos formulários com os registros de todos os defeitos encontrados e das fotografias exemplificativas.

7.1.2 Na notificação deve ser estabelecido um prazo para o início dos serviços de correção dos defeitos, excluindo-se os que estejam relacionados a cláusulas excludentes de culpabilidades, ou para a apresentação da defesa.

7.2 Caso a empreiteira responsável se comprometa a executar as reparações, a Administração Pública deve se certificar de que as soluções apresentadas por aquela, caso divirjam das suas, são as mais adequadas para garantir que os serviços não sejam meramente paliativos, ou seja, que durem por toda a vida útil da obra.

7.2.1 A equipe técnica expressamente designada pela Administração Pública para a fiscalização dos serviços de correção dos defeitos deve realizar o controle tecnológico, em consonância com as normas vigentes, imprescindível para sua aceitação.

7.3 Caso a empreiteira responsável encaminhe uma peça de defesa, a Administração Pública deve verificar se todos os defeitos relacionados foram objeto de contra-argumentos e se aquela restringiu sua tese às quatro excludentes de culpabilidade.

7.3.1 Após a análise da peça de defesa, a Administração Pública deve emitir relatório técnico que, concluindo pela sua procedência, recomende o arquivamento do processo, ou, concluindo pela improcedência, fundamente nova notificação ao executor, desta feita para o início imediato dos serviços.

7.3.2 Essa nova notificação deve ser acompanhada de planilha orçamentária que descreva os serviços a serem executados, com suas respectivas quantidades e preços. Quanto a esta, ainda cabe defesa por parte do executor.

7.4 A instauração ou instrução do Processo Administrativo não impede que, em casos urgentes, a Administração Pública execute os serviços de reparação. Nesse caso, deve comunicar previamente o fato, informando do respectivo orçamento, à empreiteira responsável para posterior ressarcimento.

8. ENCAMINHAMENTOS PARA AÇÃO JUDICIAL

8.1 Caso a empreiteira não inicie no prazo estipulado os serviços solicitados (subitens 7.1.2 ou 7.3.1) ou deixe de apresentar a competente peça de defesa (subitens 7.1.2 ou 7.3.2), a Administração Pública deve encerrar o Processo Administrativo, concluindo pela responsabilização do executor, e remetê-lo para a Procuradoria-Geral da unidade federativa, ou outro Órgão de equivalente função, solicitando a demanda do devido processo judicial.

8.1.1 Considerando que os defeitos observados nas inspeções normalmente se agravam com o passar do tempo, deve-se solicitar que a Procuradoria-Geral, ou outro Órgão de equivalente função, pleiteie uma obrigação de fazer ao invés da indenização pelo valor da causa.

8.1.2 Dado o regular transcurso do processo administrativo e a urgência em se iniciarem os reparos, uma vez que sua postergação acarreta o agravamento dos defeitos e perigo ou desconforto aos usuários, o ofício de notificação deve também requisitar um pedido de antecipação de tutela e a arbitragem de uma multa diária pelo não cumprimento.

8.2 A instauração ou instrução do Processo Judicial não impede que, em casos urgentes, a Administração Pública execute os serviços de reparação. Neste caso, deve comunicar previamente o fato, informando do respectivo orçamento, à Procuradoria-Geral, ou outro Órgão de equivalente função, para que tome todas as providências legais que assegurem o posterior ressarcimento dos custos.

CAPÍTULO 31

OUTRAS INOVAÇÕES IMPORTANTES DA LEI Nº 14.133/2021

Vamos destacar, neste capítulo final, algumas inovações importantes da Lei, que podem impactar positivamente as obras públicas. Comecemos falando da garantia de execução contratual, estabelecida no art. 96. Temos novidades em relação à legislação anterior. Assim dispõe o art. 96:

> Art. 96. A critério da autoridade competente, em cada caso, poderá ser exigida, mediante previsão no edital, prestação de garantia nas contratações de obras, serviços e fornecimentos.
> §1º Caberá ao contratado optar por uma das seguintes modalidades de garantia:
> I – caução em dinheiro ou em títulos da dívida pública emitidos sob a forma escritural, mediante registro em sistema centralizado de liquidação e de custódia autorizado pelo Banco Central do Brasil, e avaliados por seus valores econômicos, conforme definido pelo Ministério da Economia;
> II – seguro-garantia;
> III – fiança bancária emitida por banco ou instituição financeira devidamente autorizada a operar no País pelo Banco Central do Brasil.
> IV – título de capitalização custeado por pagamento único, com resgate pelo valor total.
> §2º Na hipótese de suspensão do contrato por ordem ou inadimplemento da Administração, o contratado ficará desobrigado de renovar a garantia ou de endossar a apólice de seguro até a ordem de reinício da execução ou o adimplemento pela Administração.
> §3º O edital fixará prazo mínimo de 1 (um) mês, contado da data de homologação da licitação e anterior à assinatura do contrato, para a prestação da garantia pelo contratado quando optar pela modalidade prevista no inciso II do §1º deste artigo.

Temos uma nova modalidade de garantia, que são os títulos de capitalização. De outra banda, também constituem inovação as disposições do §2º do art. 96, que prevê a possibilidade de, nos casos de suspensão da execução contratual por inadimplemento das obrigações da administração ou por ordem desta, o contratado ficar desobrigado de renovar a garantia ou endossar a apólice de seguro, durante esse período da suspensão, até que ocorra o reinício da execução.

Temos mais uma novidade: o termo de contrato não poderá ser assinado antes de o futuro contratado realizar a prestação da garantia. O §3º, transcrito anteriormente, estabelece um prazo mínimo de 1 mês a partir da homologação da licitação e sempre anterior à assinatura do contrato, para que a garantia seja prestada, quando ele optar pela modalidade seguro-garantia. Essa condição modifica o que constava da Instrução Normativa SEGES/MPDG nº 5, de 2017, que estabelecia a apresentação da garantia após a assinatura do contrato (Anexo II-F, item 3.1.a).

Uma terceira novidade em relação à garantia consta do art. 98, *in verbis*:

> Art. 98. Nas contratações de obras, serviços e fornecimentos, a garantia poderá ser de até 5% (cinco por cento) do valor inicial do contrato, autorizada a majoração desse percentual para até 10% (dez por cento), desde que justificada mediante análise da complexidade técnica e dos riscos envolvidos.

Pela legislação antiga, a elevação do percentual da garantia para até 10% estava condicionada às situações de contratação de obras de grande vulto. Agora, essa possibilidade está mais aberta: qualquer que seja o valor da contratação, a garantia pode ser elevada para até 10%, desde que haja, no processo, justificativa fundamentada na análise da complexidade técnica do objeto a ser contratado e dos riscos envolvidos. Ora, obras de engenharia têm, como regra, complexidade técnica, até por se tratar de atividade reservada a profissionais que tenham qualificação adequada. Por outro lado, considerando especialmente a grande quantidade de obras públicas não concluídas em nosso país, não se podem desprezar os riscos envolvidos na contratação, sempre tendentes a causar prejuízos ao erário. Desse modo, consideramos ser fácil justificar adequadamente a motivação que possibilita trabalhar, nas contratações de obras pela administração pública, com garantia correspondente a 10% do valor do contrato.

Finalmente, em relação à garantia contratual, temos uma quarta novidade, constante do art. 102:

> Art. 102. Na contratação de obras e serviços de engenharia, o edital poderá exigir a prestação da garantia na modalidade seguro-garantia e prever a obrigação de a seguradora, em caso de inadimplemento pelo contratado, assumir a execução e concluir o objeto do contrato, hipótese em que:
> I – a seguradora deverá firmar o contrato, inclusive os aditivos, como interveniente anuente e poderá:
> a) ter livre acesso às instalações em que for executado o contrato principal;
> b) acompanhar a execução do contrato principal;
> c) ter acesso a auditoria técnica e contábil;
> d) requerer esclarecimentos ao responsável técnico pela obra ou pelo fornecimento;
> II – a emissão de empenho em nome da seguradora, ou a quem ela indicar para a conclusão do contrato, será autorizada desde que demonstrada sua regularidade fiscal;
> III – a seguradora poderá subcontratar a conclusão do contrato, total ou parcialmente.
> Parágrafo único. Na hipótese de inadimplemento do contratado, serão observadas as seguintes disposições:
> I – caso a seguradora execute e conclua o objeto do contrato, estará isenta da obrigação de pagar a importância segurada indicada na apólice;
> II – caso a seguradora não assuma a execução do contrato, pagará a integralidade da importância segurada indicada na apólice.

Essa modalidade é denominada seguro-garantia com cláusula de retomada. O objetivo é ter as obras públicas concluídas, ainda que a empreiteira contratada venha a abandonar o contrato antes da conclusão do objeto. Nessa hipótese, a seguradora deverá providenciar a conclusão da obra, podendo fazê-lo diretamente ou por meio de uma subcontratação. As regras estão dispostas no art. 102 da NLLC. Trata-se de uma modalidade de garantia em que há participação direta da seguradora no contrato e em seus aditivos, como interveniente anuente, nele atuando de forma mais objetiva, desde a formação do vínculo até a entrega do objeto.

Alguns classificam essa novidade como sendo a aplicação no Brasil do instituto do *step-in rights*, técnica contratual oriunda dos países anglo-saxônicos; outros classificam como sendo a aplicação em nosso país da figura do *performance bond*, seguro-garantia que tem origem do direito americano.

É, sim, o seguro-garantia, mas com diferenças significativas. A uma, deixa de haver a opção de escolha da modalidade de garantia pelo contratado, passando a ser uma exigência da administração. A duas, a seguradora assume a obrigação de concluir o objeto, o que fará com que ela seja mais seletiva na contratação do seguro, realizando uma análise mais aprofundada do tomador, levando em consideração o risco que estará assumindo. A três, haverá a sua participação formal no contrato, como interveniente anuente. A quatro, haverá a possibilidade de ter livre acesso ao canteiro da obra, acompanhando diretamente a atuação do contratado em relação ao cumprimento das obrigações que lhe foram impostas, prevenindo-se sobre a possibilidade de assumi-las.

Em havendo uma extinção do contrato, a seguradora assumirá o ônus, podendo optar entre duas escolhas: providenciar a conclusão da obra, diretamente ou por intermédio de uma subcontratada, ou pagar à administração a totalidade da importância segurada indicada na apólice.

De um lado, registram-se grandes vantagens para a administração. Afinal, ao dificultar (elevando preços) ou mesmo negar a contratação, as seguradoras já estarão fazendo uma prévia avaliação dos licitantes, contribuindo para que o resultado do certame licitatório seja vantajoso, assumindo os riscos da inexecução. De outro lado, não há dúvida de que o valor do prêmio do seguro será repassado à administração, embutido no valor proposto pelo licitante, e será um valor mais elevado que a garantia rotineira. Aliás, a administração deve cuidar de embutir esse valor, igualmente, em seu orçamento estimado.

O art. 99 da NLLC traz uma disposição complementar:

> Art. 99. Nas contratações de obras e serviços de engenharia de grande vulto, poderá ser exigida a prestação de garantia, na modalidade seguro-garantia, com cláusula de retomada prevista no art. 102 desta Lei, em percentual equivalente a até 30% (trinta por cento) do valor inicial do contrato.

Em razão desse complemento, temos visto diversos doutrinadores se manifestarem no sentido de que o seguro-garantia com cláusula de retomada só seria aplicável a obras/serviços de engenharia classificados como de grande vulto. Não entendemos dessa forma. Consideramos que as regras desse tipo de seguro-garantia estão no art. 102 da nova Lei, que não traz limitações ao dispor que pode ser aplicado na contratação de obras e serviços de engenharia em geral. O art. 99 não é autônomo; traz apenas uma particularidade, ao mencionar as contratações de grande vulto, limitando, nesse caso, o seguro-garantia a 30% do valor inicial. Tanto é assim que o próprio art. 99 remete ao art. 102 as disposições gerais sobre o tema.

Outra novidade que queremos abordar neste capítulo final é a possibilidade da contratação de obras e serviços de engenharia na administração pública direta, autárquica e fundacional com a utilização Sistema de Registro de Preços (SRP). Não vamos nos alongar na análise da aplicação do SRP, pois já o fizemos em obra específica, cuja leitura recomendamos.[97] Permitimo-nos, entretanto, lembrar que o SRP é uma forma de contratação inteligentemente criada para contratações rotineiras, para as quais não existe certeza em relação ao quantitativo que se pretende atingir nem tampouco em relação à época em que a necessidade ocorrerá. Espera-se haver a necessidade de contratar, mas não se tem certeza se essa necessidade será concretizada, quando o será e, se o for, em que quantitativo.

Na nova Lei, o assunto é tratado assim:

> Art. 85. A Administração poderá contratar a execução de obras e serviços de engenharia pelo sistema de registro de preços, desde que atendidos os seguintes requisitos:
> I – existência de projeto padronizado, sem complexidade técnica e operacional;
> II – necessidade permanente ou frequente de obra ou serviço a ser contratado.

Na Lei nº 8.666/1993, o SRP era reservado aos processos de aquisição de bens. Posteriormente, com o advento da Lei

---

[97] REIS, Paulo Sérgio de Monteiro. *Sistema de Registro de Preços*: uma forma inteligente de contratar. Teoria e prática. Belo Horizonte: Fórum, 2020. 191 p.

nº 10.520/2002, foi estendido para as contratações de serviços comuns. À época da pandemia, a legislação específica previu a possibilidade do uso do SRP nas contratações de obras e serviços de engenharia, mas essa legislação teve vigência somente durante aquele período.

Embora não autorizada expressamente na lei geral antiga, a utilização do SRP para obras já se fazia presente, por exemplo, no estado do Paraná, quando o governo estadual o utilizou para alguns programas específicos, como a instalação de prédios para biblioteca em diversos Municípios.

É claro que, em se tratando de obras cuja necessidade deve se repetir ao longo do tempo, o SRP tem destinação mais específica na engenharia. A própria Lei nº 14.133/2021 exige a existência de projeto padronizado, sem complexidade técnica e operacional, além da necessidade permanente ou frequente daquela obra ou daquele serviço. Contudo, sem dúvida, existem diversas obras públicas e serviços de engenharia para as quais o SRP pode ser muito útil, valendo citar, como exemplos, construção de abrigos nas paradas de ônibus, construção de calçadas, conjuntos habitacionais para atendimento sob demanda da população etc.

Recomendamos a leitura da Nota Técnica IBR nº 01/2024, do Ibraop, a respeito do tema, oportunidade em que o Instituto fez uma detida análise nas vantagens e desvantagens da utilização.[98]

---

[98] O texto completo da Nota Técnica pode ser lido em: www.ibraop.org.br/wp-content/uploads/2024/05/Nota-Tecnica_IBR_SRP_obras2.pdf (acesso em: 13 jun. 2024).

REFERÊNCIAS

ALTOUNIAN, Cláudio Sarian. *Obras públicas*: licitação, contratação, fiscalização e utilização. 2. ed. rev. e ampl. Belo Horizonte: Fórum, 2010.

BRASIL. Conselho Federal de Arquitetura e Urbanismo (CAU/BR). Disponível em: http://arquiteturaurbanismotodos.org.br/cau-br. Acesso em: 7 jun. 2024.

BRASIL. Conselho Federal de Engenharia e Agronomia (Confea). Disponível em: www.confea.org.br. Acesso em: 7 jun. 2024.

BRASIL. Instituto Brasileiro de Auditoria de Obras Públicas (Ibraop). Disponível em: www.ibraop.org.br. Acesso em: 7 jun. 2024.

BRASIL. Superior Tribunal de Justiça (STJ). Disponível em: www.stj.jus.br. Acesso em: 7 jun. 2024.

BRASIL. Tribunal de Contas da União. Disponível em: www.tcu.gov.br. Acesso em: 7 jun. 2024.

CURVA ABC. *In*: WIKIPÉDIA: The Free Encyclopedia. Disponível em: https://pt.wikipedia.org/wiki/Curva_ABC. Acesso em: 7 jun. 2024.

JUSTEN FILHO, Marçal. *Comentários à lei de licitações e contratos administrativos*. 17. ed. São Paulo: Revista dos Tribunais, 2016.

KAHN, L. *Forma e design*. 1. ed. São Paulo: Martins Fontes, 2010.

PINI WEB. Disponível em: www.piniweb.com.br. Acesso em: 7 jun. 2024.

REIS, Paulo Sérgio de Monteiro. *Sistema de Registro de Preços*: uma forma inteligente de contratar. Teoria e prática. Belo Horizonte: Fórum, 2020. 191 p.

TAVARES Filho, Arthur C.; LASSANCE, Guilherme. Transições entre os planos conceitual e material da concepção arquitetônica em Louis I. Kahn. *Arquitetura Revista*, v. 4, n. 1, p. 33, 2008.

TRIBUNAL DE JUSTIÇA DO DISTRITO FEDERAL E DOS TERRITÓRIOS (TJDFT). Disponível em: www.tjdft.jus.br. Acesso em: 7 jun. 2024.

Esta obra foi composta em fonte Palatino Linotype, corpo 10,5
e impressa em papel Pólen Bold 70g (miolo) e Supremo 250g (capa)
pela Gráfica Star7.